Tableau Populaire De La Revolution Et De La Terreur...

H. Terrier de Loray

TABLEAU

POPULAIRE

DE LA RÉVOLUTION

ET

DE LA TERREUR,

PAR M. H. TERRIER DE LORAY.

PARIS,

JACQUES LECOFFRE ET Cie, LIBRAIRES,

Rue du Vieux-Colombier, 29.

1852.

DE

TABLEAU POPULAIRE

DE LA RÉVOLUTION

ET DE LA TERREUR.

IMPRIMERIE DE J. JACQUIN, A BESANÇON.

TABLEAU

POPULAIRE

DE LA RÉVOLUTION

ET

DE LA TERREUR,

PAR M. H. TERRIER DE LOBAY.

PARIS,

JACQUES LECOFFRE ET Cie, LIBRAIRES,

Rue du Vieux-Colombier, 29.

1852.

TABLEAU POPULAIRE

DE LA RÉVOLUTION

ET DE LA TERREUR.

———————

I.

La France avant la Révolution.

Les dernières années du dix-huitième siècle ont vu s'accomplir en France des événements mémorables, et de
nature à exercer une grande influence sur les destinées futures des peuples. On vit alors une réforme d'administration entreprise avec sincérité par le gouvernement, con-
trariée par des passions envieuses et un esprit de révolte
indomptable, dégénérer en une subversion totale de la société, et s'achever dans le sein de l'oppression la plus
sanglante qui ait jamais déshonoré les annales d'une nation. C'est cette histoire douloureuse et funeste dont nous
nous proposons de retracer quelques traits. D'autres,

1

avant nous, ont fait le récit , et trop souvent même l'apo-
logie, de ces scènes de meurtre et de confusion. Ils ont ad-
miré quelquefois la ténacité des bourreaux, la sombre
énergie des tyrans, les proportions gigantesques du crime,
là où nous n'admirerons que la magnanimité des victimes
et l'héroïsme d'une résistance sans espoir. Mais tel est l'intérêt attaché à cette époque formidable, telle est la redoutable connexité qu'elle conserve avec les événements de
nos jours et avec ceux de l'avenir, qu'on ne saurait trop
appeler les peuples à méditer sur les enseignements qu'elle
renferme. Puisse notre génération s'instruire par les
fautes de celle qui l'a précédée ! Puissent tant de cruelles
épreuves n'être pas perdues pour celles qui la suivront !

Dans les siècles passés, comme de nos jours, l'état politique des peuples a été soumis à de fréquents changements.
La passion du pouvoir, l'incapacité des gouvernants, le
mécontentement légitime ou factice des populations, l'appât des jouissances, les jalousies, les haines, ont produit
dans tous les États des troubles intérieurs, et l'histoire de
certains peuples n'est, en grande partie, que celle de
leurs révolutions. Les nations chez lesquelles cette triste
loi de l'humanité reçut le plus fréquemment son application ne furent ni les plus grandes, ni les plus heureuses.
Mais la révolution accomplie en France eut un caractère
qui en fait un événement sans précédent dans les annales
du monde, et ce caractère est celui-ci : Les hommes qui
l'opérèrent ne se bornèrent pas à ébranler le pouvoir politique, à substituer, dans le gouvernement de l'État, de
nouvelles influences aux anciennes, à conquérir des droits
et des libertés; ils eurent pour but de saper les bases de
tout pouvoir, d'établir le règne d'une licence sans frein
sur les ruines de toute morale, de détruire les antiques
liens de la famille, et de se soustraire à l'autorité de Dieu

même, en proscrivant tout culte et toute religion. En un mot, ils rejetèrent avec mépris toutes les vérités, tous les principes consacrés par l'expérience, et se flattèrent de créer une société nouvelle, sans morale, sans croyances et sans traditions. Voilà ce qui fait de l'œuvre entreprise par les hommes de 89 une œuvre unique dans l'histoire des peuples, souverainement mauvaise et vicieuse dans son essence. Ce ne fut pas seulement une de ces révolutions trop communes dans la vie des nations ; ce fut la Révolution proprement dite, et ceux qui y concoururent prirent le nom de révolutionnaires, titre que dès lors s'honorèrent de porter tous les hommes ennemis de l'ordre et des lois, tous les fauteurs de l'impiété, des injustices, des troubles civils et des trahisons politiques.

La monarchie française arrivait à la fin du xviii° siècle avec une constitution qui comptait plus de mille années de durée, avec un passé plein de gloire, une puissance accrue, de siècle en siècle, par l'adjonction successive des diverses provinces qui forment aujourd'hui le sol national, une prospérité matérielle tendant sans cesse à se développer, et une force militaire qui rendait la France arbitre de toutes les querelles soulevées sur le continent européen. Mais l'antiquité de la constitution française, cause de vénération et de confiance pour les esprits sages, devait en motiver la ruine aux yeux des novateurs avides de changements. Il est vrai que cette constitution n'avait pu traverser les longues périodes d'années pendant lesquelles une civilisation raffinée avait succédé à la plus grossière barbarie, sans demander des modifications, et sans avoir besoin de s'approprier aux tendances du nouvel état social. Mais, dans ces lois sanctionnées par l'expérience et par la sagesse des générations, dans ces institutions fondées sur les habitudes des peuples, dans ces Codes qui se transmettaient avec les mœurs plutôt que par les écrits, dans ces antiques coutumes, dans ces ordonnances, fruit du travail d'une longue lignée de ministres qui furent la gloire du pays, que de choses ont été emportées par la tempête révolutionnaire, et dont les esprits sérieux se prennent à regretter le naufrage! Et, dans ces temps où les constitutions les plus savantes périssent les unes sur les autres et sont frappées dès leur naissance d'une précoce caducité, n'est-il pas permis de concevoir quelque admiration pour celle qui, sans interruption, a régi la France durant mille années, et qui, la prenant des mains de Charlemagne, l'a conduite, à travers les siècles et les épreuves, jusqu'au degré de puissance et de gloire où elle a été trouvée par la Révolution!

D'après cette antique constitution, les trois ordres du clergé, de la noblesse et du tiers-état, représentant les divers intérêts de la nation, partageaient avec la Royauté l'exercice du pouvoir, et concouraient à supporter les charges publiques, conformément aux institutions et aux coutumes. L'influence politique du clergé datait de l'époque où les peuples du Nord s'étant répandus sur toute la surface de l'Europe, le bruit des armes et les désordres de l'empire romain avaient fait négliger la culture des lettres et des sciences. Les églises et les monastères, asiles respectés par les barbares souvent plus qu'ils ne le furent par les armées civilisées, devinrent les lieux où les connaissances humaines s'abritèrent contre la tempête, en attendant des jours plus sereins. Il en résulta que les évêques et les clercs, auxquels leurs vertus incontestées avaient, dès longtemps, acquis une salutaire influence, prirent sur les gouvernants un ascendant nécessaire, au point que l'on put, avec raison, dire de la France, que c'était *une monarchie fondée par des évêques.* Cette participation du clergé aux affaires publiques, à une époque où l'abus de la force était si commun, avait été non-seulement utile, mais indispensable, pour arracher l'Europe à la barbarie, et pour opérer la fusion des différentes races que les invasions avaient agglomérées sur le même sol. L'influence politique du clergé, fondée sur d'innombrables services et sur l'assentiment de la nation, se conserva pendant de longs siècles, et, jusqu'à l'époque de la Révolution, l'on vit les dignitaires de l'Eglise occuper dans l'Etat les postes les plus élevés.

Le pouvoir de la noblesse, comme tous les pouvoirs fondés sur les nécessités sociales, avait pris naissance à une époque qui précède toutes les données historiques ; et pour en assigner l'origine, il faudrait, sans doute, remonter jusqu'aux temps des migrations primitives des peuples et à l'établissement des premières tribus sur le sol de notre patrie. L'histoire nous montre, en effet, chez tous les peuples certaines familles qui ont en partage une influence héréditaire, une sorte de participation à la souveraineté, constituant ce qu'on appelle la noblesse, et elle nous atteste que jamais aucune révolution n'a enlevé le pouvoir à ces familles, sans qu'aussitôt il s'en élevât d'autres pour prendre la direction de la société et former une nouvelle aristocratie. Aucune nation n'acquit quelque puissance et ne parvint à une grandeur véritable, sans être régie par une classe de citoyens conservant, avec l'unité dans les vues du gouvernement, le dépôt des traditions et des lumières propres à en assurer la marche. Les annales de Rome, de l'Egypte et de tant d'autres peuples dans l'antiquité ; l'histoire de presque toutes les nations modernes, soit qu'elles aient adopté la forme républicaine, comme l'Etat de Venise, soit qu'elles se soient constituées en monarchie, comme l'Angleterre, est la démonstration constante de cette vérité, qui suffirait à expliquer l'ascendant obtenu par la noblesse en France. Les circonstances particulières de notre histoire contribuèrent encore à l'accroître. A l'époque où les peuples du Nord envahirent nos contrées, la domination romaine en avait réduit les populations à un état de détresse qui la rendait intolérable. Les abus du gouvernement, les exactions des préposés, le poids d'impôts exorbitants exigés avec barbarie, avaient soumis à une véritable servitude et poussé au désespoir une partie des habitants. Dans plusieurs provinces, ils avaient abandonné la culture des terres, préférant au régime de cette civilisation décrépite les chances de la guerre et du pillage. Ainsi, les dévastations produites par l'invasion des Barbares s'augmentaient de celles auxquelles se livraient les habitants, et le désordre, accru par le désordre même, devenait irrémédiable. Le pays était couvert de ruines, les campagnes dépeuplées, la race nationale décimée. Des hommes de génie qui surgirent dans ces conjonctures critiques, Clovis et Charlemagne, en France, Gondebaud, en Bourgogne, ne désespérèrent pas de fermer tant de plaies, et appelèrent à les seconder les chefs et les nobles qui possédaient les principales terres du pays, les uns venus avec les nouveaux conquérants, les autres appartenant à l'ancienne race, mais de telle sorte que, selon toutes les probabilités, chacun d'eux commandait aux hommes de sa nation. Derrière ces chefs puissants et belliqueux, les populations se rangèrent en foule ; par eux la sécurité revint, la culture se rétablit, le sol sortit de ses ruines. A eux fut confié le soin de défendre les habitants contre les déprédations, de rendre la justice et d'administrer sous la juridiction du roi. En retour de ces charges imposées aux nobles, et eu égard aux fréquentes absences auxquelles les assujétissait le besoin de la guerre, les habitants se soumirent envers eux à certains services plus ou moins onéreux. De là, l'origine des priviléges nobiliaires et des droits féodaux.

Il faut remarquer que, dans la constitution féodale, le seigneur, qui avait dans sa dépendance des vassaux réunis autour de son château, était lui-même le vassal d'un autre seigneur plus puissant, comte ou duc, vassal à son tour du roi. S'il y avait des droits d'un côté, de l'autre il existait des obligations rigoureuses ; ou plutôt, les rapports de chacun des membres de cette hiérarchie, au-dessus comme au-dessous de lui, n'étaient qu'un échange d'obligations et de services. Envers le vassal, obligation de protection, de justice, d'administration, de tutelle pour les mineurs ; envers le suzerain, obligation de service, c'est-à-dire de l'accompagner à la guerre, gratuitement, seul ou accompagné d'un certain nombre d'hommes ; obligation de reconnaître sa juridiction, quand on était appelé en justice ; obligation de subsides dans les circonstances déterminées par le droit de l'époque. Ainsi, de la base jusqu'au sommet, partout des devoirs spéciaux et des liens en même temps que des priviléges. Les vassaux réunis en communes en exercèrent d'importants, les uns consignés dans des chartes concédées par les seigneurs, les autres qui remontaient jusqu'à l'époque de leur fondation et aux jours de la domination romaine. Généralement, les communes étaient en possession du droit de nommer leurs magistrats, d'administrer leurs propriétés, de pourvoir à leur police, de s'armer et de s'imposer. Sous ces rapports divers, on doit reconnaître qu'elles ont été loin de tirer avantage des changements survenus dans la législation, et que la Révolution n'a pas craint de faire au système de centralisation établi par elle le sacrifice de leur indépendance.

Dans l'origine, il n'était aucune des obligations féodales qui n'eût sa raison d'exister, ou plutôt, selon toutes les vraisemblances, toutes avaient pris naissance dans une convention libre et dans un accord commun des parties. Le

droit des prestations dues au seigneur provenait des ab-
senees auxquelles le contraignait, lui et quelquefois ses
serviteurs, le besoin de la défense commune. Le droit de
main-morte ou de reversibilité de certains biens des vassaux morts sans héritiers d'un degré déterminé était la
conséquence naturelle des concessions de propriétés faites
par les seigneurs, lorsqu'ils cherchèrent à attirer dans les
centres de population les habitants dispersés par les troubles de l'invasion : au surplus, ce droit avait disparu de
longues années avant la révolution, et Louis XVI, au commencement de son règne, en abolit les derniers vestiges. Le
petit nombre d'autres droits qui existaient avaient une origine analogue. Mais à mesure que les mœurs de la nation
se polirent, que le gouvernement devint plus régulier, que
l'autorité royale s'affermit, les devoirs des vassaux chan-
gèrent de nature, et les liens de la féodalité se relâchèrent.
L'établissement des armées permanentes et soldées eut pour
effet de faire cesser l'obligation du service pour les gentilshommes, qui y portaient souvent une indiscipline funeste.
D'ailleurs, la noblesse d'épée, décimée par de longues
guerres et par des batailles meurtrières, ne suffisait plus
aux nécessités de la défense nationale. Bien qu'elle conti-
nuât à faire du métier des armes sa profession ordinaire,
un nouvel élément, celui des milices communales, entra
dans la composition des armées. Dès lors, quelques-uns
des droits de la noblesse, destitués d'obligations réciproques,
devinrent une anomalie qui appelait une réforme, lorsque
les bruits précurseurs de la Révolution se firent entendre.

Du reste, tels avaient été les obstacles opposés à la constitution de la puissance française, telles avaient été les difficultés de ce laborieux enfantement, que partout les priviléges et les concessions royales marquaient la route par
laquelle avait dû passer la royauté pour conduire la nation

au degré de force et de prospérité où nous la voyons aujourd'hui. Partout on rencontrait des prérogatives, non-seulement en faveur de la noblesse et du clergé, mais en faveur de la bourgeoisie, de la science, des arts, du peuple : ou plutôt, dans la pensée du législateur, tous les priviléges octroyés devaient, en définitive, tourner à l'avantage de celui-ci. De là vient que, si les idées d'égalité qui font peser un niveau inflexible sur la société moderne n'étaient ni comprises, ni appliquées dans le moyen-âge, les idées de liberté avaient, bien plus que de nos jours, un caractère vif, profond et rationnel, qui se manifeste dans les luttes opiniâtres de tous les corps de l'Etat pour le maintien de leurs franchises. Chacun alors combattait pour le maintien de ses priviléges : nul n'enviait ceux des autres.

Nous avons parlé des priviléges reconnus aux membres du clergé, aux nobles, aux villes, dans l'intérêt de la sécurité publique, de la diffusion de la morale, du maintien d'une sage liberté. Il était important aussi, dans l'intérêt de l'Etat, d'imprimer à l'industrie et aux arts divers un essor favorable, et cette nécessité nouvelle devint la source des priviléges accordés aux corporations et jurandes. Dès lors les ouvriers d'un même métier, réunis en corps, formèrent dans l'Etat une foule d'aggrégations particulières ayant leurs syndics, leurs bannières, leurs droits, leur législation. Chaque corporation jouissait, en quelque sorte, du monopole de l'industrie à laquelle elle se consacrait, et élevait des barrières difficiles à franchir, contre l'intrusion des étrangers. Les fils des maîtres et des compagnons, membres-nés de l'association, étaient exemptés des redevances d'apprentissage, et, par une sage disposition, fondée sur les mœurs, se trouvaient engagés à suivre la condition de leur père. Les prérogatives accordées à chacune des corporations, en les défendant contre les industries similaires, prévenaient les effets d'une concurrence ruineuse ; et la famille de l'artisan, confiante dans l'avenir, n'avait point à redouter les crises et les désespoirs au milieu desquels s'alimentent les révolutions. « Sans doute, dit un écrivain socialiste, on ne connaissait point alors cette fébrile ardeur du gain qui enfante quelquefois des prodiges, et l'industrie n'avait point cet éclat, cette puissance qui aujourd'hui éblouissent ; mais, du moins, la vie du travailleur n'était point troublée par d'amères jalousies, par le besoin de haïr son semblable, par l'impitoyable désir de le ruiner en le dépassant. Quelle union touchante, au contraire, entre les artisans d'une même industrie ! Loin de se fuir, ils se rapprochaient l'un de l'autre, pour se donner des encouragements réciproques et se rendre de mutuels services. Grâce au principe d'association, le voisinage éveillait une rivalité sans haine. Les artisans se faisaient, en quelque sorte, l'un à l'autre, une fraternelle concurrence. »

L'intérêt de la science fit concéder par les rois des priviléges importants aux corps institués pour la répandre. Loin d'opposer à l'enseignement public ces entraves dont la Révolution s'est plue à l'entourer, la monarchie cherchait, par la concession de prérogatives nombreuses, par l'appât des récompenses et de la liberté civile, à attirer les savants et à propager le goût utile des études. Les universités, soustraites à la juridiction civile ordinaire, avaient leurs tribunaux, où leurs membres, en cas de litige ou de délit, avaient le droit d'être jugés. Les étudiants, comme les professeurs, étaient exempts des péages publics, et, dans les quartiers qu'ils habitaient, ils pouvaient interdire l'exercice de toute profession gênante pour l'étude. Ils avaient même le droit d'y choisir un loyer à leur convenance et d'en déposséder le locataire qui l'occupait. Ces priviléges, qui faisaient fléchir le droit civil lui-même, ne semblaient pas exorbitants, parce qu'ils étaient la condition de la prospérité des institutions où l'on puisait les connaissances humaines à cette époque. En les proscrivant, on se fût condamné à la barbarie et à la dégradation.

Le royaume de France, resserré, à son origine, dans d'étroites limites, dénué de puissance et de vitalité, s'était, par la politique habile des rois, agrandi et fortifié jusqu'à former le magnifique ensemble que nous voyons aujourd'hui. Quelquefois les armes et la conquête avaient contribué à obtenir ce but; plus souvent les négociations et les traités; presque toujours ceux-ci avaient affermi et sanctionné ce que les premières avaient commencé. Ainsi, la plupart des provinces de la France s'étaient trouvées réunies au sol national au moyen de pactes et de capitulations qui formaient pour elles de véritables chartes. De là, un nouvel ordre de priviléges infiniment respectables, puisqu'ils étaient la condition de l'annexion de plusieurs contrées au sol français. On ne s'étonnait donc point de voir certaines taxes onéreuses pour quelques provinces, inconnues dans d'autres, et des lignes de douanes, répandues sur la surface du pays, le diviser en plusieurs régions commerciales. Des priviléges relatifs à la milice étaient conférés à certaines villes, à certains bailliages. Des provinces avaient stipulé le maintien de leurs droits politiques et municipaux, tandis que d'autres étaient administrées directement par des préposés royaux. Dans celles-là, des assemblées périodiques, tenues avec une grande solennité, réglaient tout ce qui concernait le gouvernement intérieur du pays, fixaient le mode de prélèvement des impôts, s'abonnaient avec le souverain pour le chiffre des contributions et celui du contingent militaire, jugeaient par des délégués les contestations administratives, exécutaient les travaux publics, déterminaient la quotité des prestations, nommaient et révoquaient les agents ; enfin, exerçaient, avec les attributions de nos conseils généraux, une grande partie de celles des préfets et des conseils de préfecture. Depuis ces assemblées d'Etats, célèbres dans la vieille histoire de nos provinces, jusqu'à celles des simples communautés, où les chefs de famille se réunissaient sous le chêne séculaire pour conférer des intérêts locaux, partout régnait une liberté sans entraves, exempte de ce contrôle lointain et inintelligent dont l'effet inévitable est d'anéantir en France tout esprit public. Chacun alors prenait à la marche des affaires publiques un intérêt réel, parce qu'il avait une part efficace à leur direction, et qu'il voyait en quelque sorte, sous ses yeux, le résultat de ses efforts et de son dévouement. Chaque cité, chaque bourg, « chaque village de France, dit Montesquieu, était une capitale ; il n'y en a aujourd'hui qu'une grande : chaque partie de l'Etat était un centre de puissance ; aujourd'hui, tout se rapporte à un centre, et ce centre est, pour ainsi dire, l'Etat même. » Le temps devait venir, en effet, où, en achevant d'abolir ces droits particuliers ou en essayant de faire jouir toutes les parties du pays de l'unité de législation, on en viendrait, sous l'empire des idées révolutionnaires, à établir une égalité de dépendance, une uniformité d'arbitraire qui, de l'aveu des écrivains libéraux eux-mêmes, devait être la ruine de nos antiques franchises. « Nous avons vu, dit l'un d'eux (1), la vieille société périr, et avec elle, une foule d'institutions démocratiques et de magistratures indépendantes qu'elle portait dans son sein, faisceaux puissants de droits privés, vraies républiques dans la monarchie. Ces institutions, ces magistratures ne partageaient pas, il est vrai, la souveraineté ; mais elles lui opposaient partout des limites que l'honneur défendait

(1) M. Royer-Collard, ch. des députés, janvier 1822.

avec opiniâtreté. Pas une n'a survécu, et nulle autre ne s'est élevée à leur place; la Révolution n'a laissé debout que des *individus*. La dictature qui l'a terminée a consommé, sous ce rapport, son ouvrage. De cette société en poussière est sortie la centralisation; il ne faut pas chercher ailleurs son origine. La centralisation n'est pas arrivée, comme d'autres doctrines, le front levé, avec l'autorité d'un principe; elle a pénétré modestement, comme une conséquence, une nécessité. En effet, là où il n'y a que des individus, toutes les affaires qui ne sont pas les leurs sont les affaires publiques, les affaires de l'Etat. Là où il n'y a pas de magistrats indépendants, il n'y a que des délégués du pouvoir. C'est ainsi que nous sommes devenus *un peuple d'administrés*, sous la main de fonctionnaires responsables, centralisés eux-mêmes dans le pouvoir dont ils sont les ministres. »

La bourgeoisie, qu'on entendait quelquefois s'élever contre les priviléges nobiliaires, en avait aussi dont elle était justement jalouse. La bourgeoisie, comme son nom l'indique, comprenait les habitants des villes ou bourgs exerçant un négoce, un art libéral, une profession industrielle. Grâces aux faveurs dont les rois avaient, de tout temps, été prodigues envers elle, cette classe de citoyens avait vu, de siècle en siècle, augmenter son importance et ses richesses; son intelligence des affaires commerciales, son esprit de calcul, la connaissance de la législation au moyen de laquelle sa légitime ambition cherchait à s'introduire dans les rangs de la noblesse, lui avaient acquis, dans l'Etat, une véritable et juste influence.

Le premier de ses priviléges consistait à former, sous la dénomination de tiers-état, l'un des trois ordres appelés aux réunions des Etats-Généraux de la nation. Ce droit, il faut bien le remarquer, constituait un privilége véritable;

car, dans l'origine, les membres du tiers-état ne recevaient aucune délégation du peuple des campagnes, qui forme la grande majorité de la nation, et ne représentaient que les intérêts mercantiles et industriels des villes desquelles ils avaient reçu leur mandat. Par la nature des choses, les populations rurales étaient représentées aux Etats-Généraux par les députés de la noblesse, qui partageait avec elles la propriété du sol, et dont presque tous les intérêts étaient communs avec les leurs. « La population des villes, disaient les notables en 1788, n'est peut-être pas la dixième partie de celle des campagnes; c'est cependant sous ce rapport qu'il se trouve deux natures d'intérêts bien différents. Les habitants des campagnes sont les vendeurs, ceux des villes sont les acheteurs; les uns sont les producteurs, les autres sont les consommateurs. L'agriculture est la principale profession des uns; l'industrie et le commerce sont la principale profession des autres. Mais ces intérêts précieux des campagnes sont précisément les mêmes que ceux des seigneurs. Ils peuvent avoir des difficultés particulières avec leurs vassaux, qui, dans ce cas, doivent trouver un libre accès devant les tribunaux; mais les intérêts publics sont absolument identiques. Les seigneurs ne peuvent augmenter les revenus de leurs fermes, de leurs dîmes et champarts, de leurs moulins et de tous leurs droits, qu'autant que leurs terres sont peuplées, qu'il y a de l'émulation pour la culture, et qu'elle est protégée; enfin, ils ne peuvent être riches qu'autant que leurs vassaux sont aisés; et c'est sous ce double rapport de droits et d'identité d'intérêts que les seigneurs laïques et ecclésiastiques étaient autrefois les véritables et les seuls représentants des campagnes, tandis que le tiers-état représentait le commerce et l'industrie des villes. » Il est vrai que dans les dernières réunions des Etats-Généraux, ces principes ne furent pas strictement appliqués, et que les campagnes concoururent, dans une certaine proportion, à l'élection des membres du tiers-état. Mais le privilége de la bourgeoisie n'en subsista pas moins, car, par la force inévitable des choses, les députés du tiers continuèrent à être choisis parmi les habitants des villes, dont l'influence dicta nécessairement les choix. Les habitants des campagnes n'en eurent pas davantage des représentants de leur ordre, et ils en eurent dont les intérêts étaient entièrement opposés aux leurs.

Au surplus, ce privilége attribué à la bourgeoisie n'était pas le seul qu'elle exerçât. La noblesse, en vertu de sa constitution, ne pouvait se livrer au négoce; presque toutes les opérations mercantiles étaient interdites à ses membres. Les familles nobles, appauvries par les expéditions militaires ou par le faste de la cour, eussent bientôt perdu la prépondérance que donne la richesse, si les coutumes de l'époque n'eussent mis obstacle à la division des patrimoines au moyen des substitutions et des dispositions en faveur des aînés. Quoi qu'il en soit, cet état de choses constituait un véritable privilége pour la bourgeoisie, qui, possédant le monopole du commerce national, crut promptement en forces, en nombre et en opulence. Toutes les fonctions publiques non réservées à la noblesse, c'est-à-dire presque toutes les fonctions rétribuées, étaient dévolues aux membres de la bourgeoisie. C'est à eux qu'appartenaient les places de magistrature inférieure, d'officiers de justice, de secrétaires d'ambassade, de consuls, d'administration civile et militaire, depuis les plus humbles jusqu'à celles de premiers commis des ministères, par lesquelles ils gouvernaient l'Etat. Les offices de finances, autrefois si lucratifs, étaient également leur partage, et, soit en prenant à ferme les revenus de l'Etat, soit en prenant part aux opérations compliquées et ruineuses auxquelles le Trésor eut recours dans les derniers temps de la monarchie, un certain nombre de familles étaient parvenues à réaliser des fortunes colossales, et à se créer des existences qui devenaient, pour le peuple, une occasion de récriminations et de scandale.

Ainsi, dans toute la hiérarchie sociale du moyen-âge, depuis la base jusqu'au sommet, on rencontrait des droits particuliers, des prérogatives de personnes ou de corporations, des franchises, en un mot des priviléges. Tous ces priviléges, et bien d'autres que nous aurions pu énumérer, fondés, dans l'origine, sur l'avantage réel de la société et sur l'utilité commune des citoyens, avaient puissamment contribué au développement de la grandeur du pays; tous pouvaient invoquer pour leur maintien les principes de la stricte équité; tous, lorsqu'ils furent institués, s'équilibraient d'une manière si parfaite, qu'au jugement des deux esprits les plus compétents (1), le gouvernement féodal est le plus parfait et le mieux tempéré qu'on ait vu dans le monde. Toutefois, la succession des siècles et des événements, l'instabilité des mœurs et des tendances, avaient amené les esprits à considérer plusieurs d'entre eux comme incompatibles avec la forme moderne des sociétés, et les privilégiés de tout ordre et de toute classe, aussi bien que les hommes du gouvernement, étaient d'accord pour reconnaître la nécessité d'une réforme. Faudrait-il s'étonner qu'après tant de siècles de fixité dans les principes du gouvernement et de stabilité dans les institutions, on sentit le besoin d'y introduire des modifications? Quelques années se sont à peine écoulées depuis le renouvellement de notre législation, et, malgré la vigilance constante des pouvoirs

(1) Montesquieu, *Esp. des lois*, l. xi, ch. viii; de Maistre, *Cons. sur la France*, ch. iv.

publics, malgré les lumières que la presse, la discussion et le régime actuel de gouvernement portent dans le sein des administrations, des abus nombreux, des inégalités flagrantes, des priviléges manifestes ont pris la place de ceux que signalaient, avec tant d'éclat, les publicistes du xviiie siècle. Instruits que les sociétés humaines, sans cesse livrées à un vague et stérile besoin d'agitation et de changement, poursuivent néanmoins leurs destinées conformément à des principes éternels et immuables, les gouvernants procéderont avec prudence et mesure à l'œuvre d'amélioration qui leur est confiée, et le peuple prêtera une oreille défiante aux promesses illusoires dont les factieux sont si prodigues envers lui.

Disons enfin que cet ancien système de gouvernement, dont une question de finances devait occasionner la chute, était, au point de vue de l'impôt, plus qu'aucun autre favorable aux populations. Il était même organisé de manière à ce qu'aucune charge pécuniaire ne pesât sur la nation, et tout concourt à démontrer que, dans l'origine de la monarchie, aucun tribut n'était levé par le prince, qui pouvait seulement, conformément au système germain, exiger le service personnel de la milice (1). Pendant plusieurs siècles, le souverain dut pourvoir aux dépenses de l'administration publique avec les seuls revenus de son domaine, comme les seigneurs avec les revenus de leurs seigneuries; les Capitulaires de Charlemagne contiennent de précieux détails sur cet objet. Plus tard, les besoins du Trésor royal venant à s'accroître, divers droits consentis dans les assemblées de la nation, sur la circulation des

(1) Les dîmes, que la piété des peuples avait consenti à payer pour l'entretien du clergé, étaient le seul genre de contribution connu à cette époque.

marchandises, sur la vente des boissons, sur la consommation du sel, furent successivement établis, et formèrent les différentes branches de contributions indirectes dont s'alimentèrent les finances de l'Etat. Ce n'est qu'à la fin du quinzième siècle, lorsque la monarchie comptait déjà mille années de durée et que les longues guerres des Anglais eurent épuisé le Trésor, quand les armées permanentes furent organisées, que l'on établit, sous la dénomination de *taille*, des impôts directs, d'abord temporaires, et qui ne tardèrent pas à devenir fixes. Enfin, l'insuffisance de ces ressources força le gouvernement à recourir aux vingtièmes et à la capitation. Ces dernières contributions étaient perçues sur toute espèce de revenus, et nulle classe de citoyens n'en était exceptée. Quant à la taille qui était prélevée pour l'entretien des armées, elle se divisait en personnelle, frappant tous les habitants du royaume, et réelle, dont la noblesse était exemptée, comme concourant à la défense du pays par le service personnel. Depuis que les usages de la guerre s'étaient modifiés, cette exemption n'avait plus la même raison de subsister, et quelques financiers croyaient trouver, dans cette extension de la taille aux terres nobiliaires et ecclésiastiques, une ressource propre à combler une portion notable du découvert du Trésor. L'expérience fit voir combien leurs calculs étaient peu fondés, et combien étaient exagérées les plaintes élevées à ce sujet. Cet impôt, disaient les notables, « ne compose pas le cinquième des charges publiques, et c'est à cette partie seule que les deux premiers ordres ne contribuent pas tout à fait dans la même proportion que le troisième; mais tous leurs fermiers y contribuent; presque toutes leurs terres sont affermées et l'exemption de la taille, réduite aux seuls domaines qu'ils font valoir par leurs mains, bornée même à un nombre de charrues, ne répond peut-être pas à un cinquantième de cette cinquième partie des charges publiques dont il est ici parlé. Cependant, les membres des deux premiers ordres s'empressent d'exprimer ici, chacun individuellement, que leur vœu le plus ardent est que les Etats-Généraux fassent disparaître toute inégalité à cet égard.... »

Lorsque ceux-ci se réunirent, la somme totale des contributions publiques, en y comprenant le produit des dîmes, s'élevait à 630 millions environ, et la nation, en se rappelant que, du temps de Louis XIV, Colbert faisait face avec cent millions à toutes les dépenses de l'Etat, trouvait, avec quelque apparence de raison, le nouveau chiffre exorbitant. Il s'élève aujourd'hui à 1,300 millions.

II.

Préludes de la Révolution.

Louis XVI, en montant sur le trône de ses pères, se trouva en présence de la double difficulté qui naissait de réformes politiques à réaliser et d'embarras financiers à conjurer. Une administration habile et ferme serait, sans doute, parvenue à en triompher ; mais une semblable tâche effraya un prince d'un caractère irrésolu et défiant de lui-même. Aussi, quand l'empressement des courtisans, qui s'éloignaient du cadavre de Louis XV pour se tourner vers la puissance nouvelle, eut appris à Louis XVI et à Marie-Antoinette qu'ils étaient en possession de la couronne, ils se jetèrent à genoux, en s'écriant : *Seigneur, nous sommes appelés trop jeunes à régner ! Seigneur, prenez notre inexpérience sous votre garde!*

Le nouveau souverain avait alors vingt ans. Dès sa jeunesse, il avait manifesté, avec un caractère sérieux, des habitudes graves et une régularité de mœurs que les séductions de la cour et du pouvoir n'altérèrent jamais. Doué d'une intelligence heureuse, d'une prodigieuse mémoire, d'un esprit tourné vers l'application, il avait acquis, par une éducation studieuse et formée dans la retraite, une érudition vaste, qui le mettait à même de pénétrer dans les détails de toutes les affaires. Il possédait sur les sciences, sur l'histoire, sur la géographie, des connaissances de nature à étonner les esprits les plus profondément versés dans ces matières. Mais il vivait dans un temps où la connaissance des hommes et l'étude des passions qui les agitent eussent été plus utiles encore.

Dieu, qui lui avait refusé les lumières nécessaires pour discerner les piéges dont l'entourait la malignité de ses ennemis, lui avait donné une âme droite et désireuse du bien. De tous les hommes qui concoururent à la Révolution, il fut, sans contredit, celui qui poursuivit avec le plus de sincérité la réalisation des mesures utiles au peuple, le redressement de ses griefs, le soulagement de ses misères. Il avait le sentiment profond de sa bonne foi, et, affligé des obstacles que rencontraient dans mille intérêts coalisés ses projets de réforme et ses vues de gouvernement, il s'écriait avec découragement : *Il n'y a que Turgot et moi qui aimions le peuple !*

La conduite du nouveau monarque fut, dès les premiers jours de son règne, conforme aux sentiments qu'il exprimait. Il appela auprès de lui des ministres populaires et déterminés à entrer avec résolution dans la voie des améliorations ; il fit droit aux réclamations soulevées au nom des campagnes, en abolissant les corvées exécutées pour l'entretien des routes ; il répondit aux vœux exprimés par les économistes et les publicistes de l'époque en détruisant les corporations, en proclamant la liberté du commerce, en faisant disparaître les vestiges de la législation féodale, qui n'avait plus sa raison dans les mœurs nouvelles de la nation. Créer sur une large base des institutions provinciales, rétablir l'ancienne égalité en matière d'impôts, constituer l'unité de législation en matière civile, commerciale et administrative, tout en respectant les droits acquis et les coutumes utiles, telles étaient les mesures qui devaient suivre ces premiers essais tentés sous le ministère de Turgot. Mais déjà se révélaient les difficultés qui s'attachent à toutes les innovations, surtout lorsqu'elles sont accomplies par des esprits systématiques peu accoutumés à faire la part des nécessités de la politique et de la mobilité de l'opinion. Des plaintes s'élevaient de toutes parts, et des résistances opiniâtres venaient neutraliser les intentions droites de Louis XVI. Une partie de la noblesse, entraînée par les avantages apparents du régime constitutionnel dont l'Angleterre offrait le modèle, accusait la lenteur et la timidité de cet esprit de réforme dont elle devait devenir victime; une autre partie, justement inquiète des progrès de l'esprit révolutionnaire, condamnait, au contraire, tout changement qui aurait eu pour résultat d'abandonner les institutions nationales traditionnelles, pour adopter celles d'un pays étranger où l'esprit public différait profondément de celui du peuple français. La bourgeoisie entendait avec peine parler du remaniement d'un système de finances qui, au moyen de cinquante mille emplois, de complications obscures et de désordres invétérés, alimentait un nombre infini de familles bourgeoises, et fournissait à plusieurs d'entre elles le moyen de rivaliser avec l'aristocratie par le luxe et la richesse, et souvent de la dépasser. Tandis que cette classe, principalement adonnée aux spéculations du négoce, applaudissait à la destruction des entraves du commerce et à la liberté de circulation des grains proclamée par les nouvelles ordonnances, les paysans s'armaient contre des mesures qui, dans leur pensée, devaient provoquer la cherté des denrées les plus nécessaires, et, par la guerre dite *des farines,* ils réclamaient tumultueusement les anciennes prohibitions. C'est ainsi que, voyant les pensées de son ministre mal comprises ou suivies de mauvais succès, un mécontentement universel accompagner l'exécution des plans qu'il formait pour l'utilité publique, assailli de conseils, d'avertissements, de remontrances qui livraient à mille combats son esprit incertain, Louis XVI hésita sur la pente des réformes, s'arrêta; puis, cédant à des inspirations nouvelles, s'avança encore, et livra ainsi le secret de ses indécisions à des ennemis qui surent trop bien en profiter. On vit les ministres qui se succédaient dans les conseils du prince se hâter de détruire les travaux de leurs prédécesseurs, et, dans ce conflit de vues et de pensées, dans cette incertitude de direction et de but, la partie remuante de la nation de plus en plus invoquée comme arbitre, et appelée à seconder de ses prétendues lumières un gouvernement défiant à l'excès de ses propres forces. Un déluge de publications, de libelles, de pamphlets, servaient d'armes à cette guerre, dans laquelle on vit successivement succomber le consciencieux Turgot, le présomptueux Necker et le hardi Calonne. Ainsi, le désordre qui était dans les choses tendait à passer dans les esprits, et bientôt dans le cœur de cette génération, qui s'avançait aveuglément vers la plus lamentable des catastrophes.

Pour triompher d'embarras si multipliés, ce n'eût pas été trop de l'harmonie de toutes les forces sociales, de l'accord de tous les dévouements et de toutes les volontés. Loin de là, on voyait, non-seulement les systèmes opposés, mais surtout les intérêts d'ambition et les passions de caste se liguer, dans une commune résistance à l'œuvre de Louis XVI, avec la secte philosophique, secondée par les ténébreuses machinations des sociétés secrètes.

Le peuple véritable, celui surtout qui féconde nos campagnes, sachant que, sous toutes les formes de gouvernement, l'accès des hautes positions politiques lui serait également fermé, n'accordait qu'une attention médiocre aux spéculations et aux discussions qui n'avaient pour but que de remettre en d'autres mains les rênes de l'Etat. Gouvernants pour gouvernants, il eût préféré probablement ceux auxquels il était accoutumé, et, en sollicitant des améliorations tant de fois annoncées, il avait peine à s'expliquer les motifs qui en reculaient la réalisation. Mais de semblables débats passionnaient vivement des hommes qu'une éducation libérale et une position acquise par un travail industrieux semblaient inviter à la participation des honneurs et du pouvoir. Forts de leur nombre et de leurs richesses, les avantages accordés à la bourgeoisie ne leur suffisaient plus, et, désireux d'occuper promptement les plus hauts postes de l'Etat, ils refusaient de s'astreindre aux règles qui faisaient de la noblesse et de l'influence le prix de longs efforts et d'un labeur héréditaire. On attaqua donc avec violence le système d'après lequel les emplois publics étaient conférés. Certaines charges, celles de magistrature entre autres, non-seulement étaient exercées gratuitement, mais encore étaient devenues une ressource souvent utile pour l'Etat, qui, dans des moments de gêne, les avait cédées à des familles dont elles étaient la propriété. Cette coutume, semblable à celle qui existe aujourd'hui pour certains offices, était loin d'avoir les inconvénients que lui attribuaient les préjugés révolutionnaires. Les jeunes gens, préparés à la magistrature par une éducation en quelque sorte professionnelle, portaient dans leurs fonctions des mœurs graves

et un esprit éclairé qui avaient fait des parlements français
une institution aussi distinguée par ses lumières que par
son indépendance. Toutefois, le système de la vénalité des
charges commença à être signalé avec passion comme inique
et monstrueux, et mille agressions contre des droits fondés
et des positions existantes, mille attaques dans lesquelles
l'avantage de la nation était mis en oubli, pour faire place
à des prétentions personnelles et impatientes, rendirent de
plus en plus difficiles à réaliser les plans que se proposait le
vertueux monarque, dans l'intérêt de son peuple.

Une grande partie de la bourgeoisie, une fraction même
de la noblesse, confondaient leurs tendances et leurs vues
avec celles de la secte philosophique qui, durant le xviiie
siècle, avait pris dans toute l'Europe une redoutable extension. Cette secte, issue du protestantisme, dont elle était
le développement naturel, était née en Angleterre, à la
suite des révolutions qui avaient relâché tous les liens sociaux dans ce pays ; mais l'intelligence pratique du peuple
anglais ne lui avait jamais permis d'y jeter de bien profondes racines. Introduite en France par quelques écrivains
auxquels la corruption de leur esprit et de leurs mœurs
avait acquis une triste célébrité, elle avait pris de rapides
accroissements au milieu des désordres de la régence du duc
d'Orléans et des luttes déplorables de l'esprit janséniste
contre l'Eglise. Soustraire l'homme à toute obligation morale,
livrer une guerre implacable à la religion, à ses représentants, à ses institutions, tel est le plan que des hommes
qui se paraient du manteau de la philosophie poursui-
virent avec une rare habileté pendant tout le cours du
siècle dernier. Connaissant les résistances que rencontre-
raient dans le cœur du peuple des idées qui lui enlevaient
ses consolations et sa dignité en lui laissant toutes ses
misères, ils s'adressèrent exclusivement aux classes ins-

truites, et qu'un intime sentiment d'orgueil soulevait contre
l'influence des prêtres et des doctrines chrétiennes. Les
philosophes se bornaient, dans le principe, à attaquer ce
qu'ils appelaient les abus, et affectaient, par une tactique
encore commune de nos jours, de séparer la religion d'a-
vec ses ministres, les ordres religieux, les coutumes et les
traditions catholiques. Ils savaient à propos désavouer en
public des écrits jugés trop hardis, pour les reconnaître en
secret, et, par un profond système d'hypocrisie et de mensonge, ils parvinrent à acquérir une importance telle, qu'on
les vit bientôt diriger la conduite de tous les gouvernements
de l'Europe. C'est ainsi qu'ils obtinrent également les sympathies et le concours d'une partie de la noblesse de cour,
et que, par un aveuglement qu'on aurait peine à comprendre, si l'on connaissait moins les secrets mystères de corruption que renferme le cœur humain, la plupart des rois et
des ministres se faisaient gloire de suivre les doctrines des
philosophes : coupable complicité, que leurs revers et les
calamités publiques devaient promptement expier. Tandis
que les adeptes de la philosophie, désireux d'obtenir la faveur des puissants et les profits du pouvoir, prodiguaient
aux rois et aux classes lettrées les plus basses flatteries, on
les voyait en toute occasion, dans leurs conversations, dans
leurs correspondances et jusque dans leurs livres, affecter
pour le peuple vivant de son travail le mépris le plus or-
gueilleux. La grande accusation que Voltaire, leur chef,
portait contre les Jésuites, était d'avoir subordonné l'autorité du souverain aux droits de la nation. Il écrivait à Di-
derot : *Je vous recommande l'infâme* (c'est ainsi qu'il désignait la religion) : *il faut la détruire chez les honnêtes
gens et la laisser à la canaille, grande et petite, pour laquelle elle est faite.* Et ailleurs : *Nous ne nous soucions
pas que nos manœuvres soient éclairées.* Un de ses disci-

ples, en l'exhortant à détruire l'*infâme*, ajoutait : *Je ne dis pas chez la canaille, qui n'est pas digne d'être éclairée et à laquelle tous les jougs sont propres ; je dis chez ceux qui veulent penser.*

C'était du sein de fêtes splendides et galantes, dans les soupers somptueux du baron d'Holbach, où les saillies d'un esprit railleur se mêlaient aux enivrements des voluptés les plus raffinées, que les philosophes, après avoir fait entendre quelques phrases stériles sur les besoins du peuple, préparaient les armes dont ils se servaient ensuite contre la religion et contre les croyances qui servent de fondement à la société. Mais au-dessous d'eux, dans une ombre pleine de mystères et de dangers, s'ourdissait une conspiration plus détestable encore, qui ne craignait pas d'attaquer directement les rois et les pouvoirs civils, aussi bien que les cultes. Nous voulons parler des sociétés secrètes : elles existaient depuis longtemps déjà par la franc-maçonnerie, lorsqu'elles prirent en Allemagne, vers la fin du siècle dernier, un caractère et des proportions redoutables, et, en se perpétuant depuis lors, elles sont devenues pour la société un péril toujours vivant. Un Bavarois, nommé Weishaupt, homme d'une nature dépravée, mais d'un génie audacieux et plein de ressources, formula, sous le nom d'illuminisme, le code de toutes les sociétés qui, sous des appellations diverses, ont inondé la France, et joué un rôle souvent prépondérant dans l'histoire de nos révolutions. Là, le seul culte est l'athéisme ; les principes de morale se résument dans l'absence de tout frein, et les adeptes le proclament en refusant de reconnaître aucune distinction entre la vertu et le vice. Le but que poursuivent ces associations, en politique, est la destruction de toute autorité, de toute magistrature ; la puissance paternelle elle-même est un abus qu'il faut extirper en même temps que les préjugés de la famille ; le père ferait injure à ses enfants, s'il prétendait conserver ses droits au delà du terme où ils cessent d'avoir besoin de sa protection.

L'on n'est pas étonné de retrouver dans le système de Weishaupt (s'il est permis d'appeler de ce nom une conception dont le dernier terme serait le retour de l'humanité à l'état sauvage) les formules dont se servent encore aujourd'hui les agitateurs pour émouvoir les passions des masses, et qui se résument par l'abolition de la religion, de la famille et de la propriété. Mais ses plans, mis au jour à la suite d'une procédure où en furent dévoilés tous les mystères, méritent surtout de fixer l'attention par l'organisation profonde qu'il donne à sa société et qui fait la puissance de celles dont elle a été le type. Loin de dévoiler aux nouveaux initiés l'objet véritable de la société, on cherche à les y attacher en leur présentant quelque but moral de bienfaisance ou de secours mutuels, et par là on se procure peu à peu sur leur esprit une influence funeste. On s'en sert pour dépraver leurs mœurs, irriter leurs passions, leur inspirer la haine de l'autorité, et, dans l'âge des illusions et de l'inexpérience, on obtient aisément d'eux des promesses fatales et des serments dont ils ne peuvent se dégager sans s'exposer à de graves périls. Si le nouvel adepte paraît correspondre aux vues qu'on a sur lui, on le fait pénétrer peu à peu dans les mystères de l'association, en accompagnant cette initiation de cérémonies et de pactes formidables. Si sa conscience ou sa timidité font craindre des hésitations, si on ne juge pas utile à l'œuvre commune de lui en dévoiler les secrets, il reste dans les grades inférieurs, et, soldat obscur d'une entreprise de destruction, il sert aveuglément, et quelquefois en la désavouant, une cause imposée à son ignorance et à son irréflexion. Telle est la combinaison généralement adoptée pour l'organisation des

sociétés secrètes, qui ont survécu aux désastres de la Révolution, et se sont même propagées sur toute la surface du
pays, pour y entretenir une fermentation funeste au rétablissement de l'ordre et au retour d'une situation calme et
prospère. Elles eurent une influence incontestée sur les événements dont nous retraçons l'histoire, et l'on vit leurs
membres figurer dans ces comités et dans ces tribunaux sanguinaires qui impriment une physionomie si lugubre à l'é-
poque de nos divisions civiles.

Outre les difficultés inhérentes aux choses et aux circonstances, Louis XVI rencontrait donc dans la malignité
ou dans l'aveuglement des hommes des obstacles que sa
confiante bonne foi fortifiait, quand elle croyait les conjurer. La classe moyenne, entraînée par sa haine imprévoyante
contre la noblesse, s'était jetée dans la double conspiration
de la philosophie et des sociétés secrètes. Celles-ci, par leurs
affiliés, avaient pénétré jusque dans les conseils du monarque et trouvaient un moyen de triomphe dans ses incertitudes, aussi bien que dans les résolutions qu'elles parvenaient à lui inspirer. Dans le but de rallier autour d'un
drapeau commun tous les mécontentements et toutes les
passions mauvaises, elles s'étaient donné pour chef apparent
le duc d'Orléans, prince qui porta l'amour du pouvoir et
d'une honteuse popularité jusqu'à vouer son nom à une
éternelle infamie, en se couvrant du sang de Louis XVI,
son parent. Il cherchait dès lors, par une attitude hostile
au gouvernement, à se présenter comme l'expression des intérêts de la Révolution qui se préparait ; mais, ne rachetant
par aucune qualité brillante un dérèglement de mœurs et
des inclinations vicieuses qui éloignaient de lui l'estime
publique, incapable même de diriger les conspirations dont
on l'accusait, il laissait à d'obscurs affidés le soin d'ourdir,
à leurs risques et périls, des complots et de nouer des in-

trigues dont il se réservait de recueillir le fruit. Sa pusillanimité l'empêcha, en maintes circonstances, de prendre
l'initiative des mesures énergiques que les ennemis de la
royauté attendaient de lui, et il découragea souvent ses
partisans par sa timidité et son manque de résolution. Mais,
trop peu hardi pour contraindre la fortune, il était assez
clairvoyant pour prévoir qu'elle finirait par le porter, lui
ou sa famille, sur le pavois de la Révolution à laquelle il se
vouait. Il estima assez peu la génération qu'elle devait former, pour espérer que son crime deviendrait un titre auprès d'elle, et il ne se trompa point. Elle l'adopta dans la
personne de son fils, et l'on put croire un instant que Louis-
Philippe, couronné par la Révolution, jouirait sans contestation du prix du déshonneur paternel. Mais une semblable adoption, accomplie au mépris de la morale et des
principes essentiels à la stabilité des sociétés, ne pouvait
produire que des fruits de désordre, et les hommes doués
de quelque pénétration purent prévoir dès lors de futures
tempêtes et des épreuves nouvelles.

Cependant les douze premières années du règne de Louis
XVI s'étaient écoulées au milieu des tiraillements produits
par les changements journaliers de ministres et de direction.
On avait tour à tour essayé de tous les systèmes vantés par
les novateurs comme devant servir d'issue à la situation, et
ces remèdes, prétendus infaillibles, n'avaient fait qu'empirer le mal. Des expédients ruineux ajoutaient chaque jour
au désordre des finances, et un déficit croissant menaçait
l'Etat d'un désastre prochain. Les contributions publiques,
qui sont portées aujourd'hui au chiffre de 1,300 millions,
s'élevaient alors à 650 millions, en y comprenant le produit
des dîmes, et il ne semblait pas possible d'accroître une
charge si lourde pour la nation. Dans ces conjonctures, le
ministre Calonne résolut de réunir, sous le nom d'*assem-*

blée des notables, les hommes les plus éminents du pays, choisis dans les différents ordres de l'Etat, et de faire appel à leurs lumières et à leur patriotisme pour le seconder dans les mesures qu'il se proposait de prendre, afin de rétablir l'équilibre dans les comptes publics. Tous les plans formulés dans ce but et vantés avec éclat par les publicistes, tous les griefs plus ou moins fondés qu'on alléguait contre le gouvernement, purent être présentés et examinés dans cette réunion d'hommes d'élite. Mais au jour de la discussion, presque tous ces plans restèrent sans application, et l'on reconnut les côtés défectueux de projets imaginés, dans le silence du cabinet, par des esprits inquiets et étrangers à la pratique et à l'expérience des affaires.

Toutefois, les notables, cédant à la pression de l'opinion publique, eurent le tort de provoquer la chute de Calonne, odieux aux novateurs parce qu'il proposait des plans exécutables et propres à mettre fin au désordre financier dont le maintien était nécessaire à leurs vues révolutionnaires. Il fut remplacé par M. de Brienne, qu'on jugea, à tort, plus propre à entreprendre les réformes proposées et reconnues indispensables. Ces réformes, qui exigeaient de presque tous les membres de l'assemblée des sacrifices personnels, abordées avec franchise et vigueur, demandaient à être exécutées de même. On vota la répartition de l'impôt direct sur toutes les propriétés, sans distinction, et cette ressource étant reconnue insuffisante, on crut devoir y ajouter l'impôt du timbre. En outre, on chercha à diminuer les dépenses, au moyen de divers retranchements; on réduisit les traitements dont le chiffre était jugé exagéré; on supprima quelques pensions dues à la faveur plutôt qu'aux services rendus; expédients qui, de tous temps, ont été plus propres à donner satisfaction à l'opinion soulevée par de prétendus abus, qu'à rétablir l'abondance dans le Trésor épuisé. Le roi et les princes donnèrent les premiers l'exemple du désintéressement et des sacrifices. Enfin, on demanda la suppression définitive des corvées exécutées pour l'entretien des routes, et la création d'assemblées provinciales pour les provinces qui ne jouissaient pas encore de cette institution. Par l'application de ces mesures sagement conçues, un ministre habile et dévoué serait parvenu à triompher des embarras du moment, et à préparer les améliorations graduelles réclamées par le pays. Mais Brienne en compromit dès l'abord le succès par des hésitations et des lenteurs qui laissèrent aux partis le temps de calculer leurs moyens de résistance. Les décisions des notables étaient accueillies avec faveur par le peuple, en vue duquel les nouvelles réformes étaient principalement dirigées et qui y cherchait avec confiance un gage de sécurité pour l'avenir. Mais les esprits remuants, les ennemis de l'ordre y cherchaient vainement ces innovations radicales qui leur permissent de prendre une part prépondérante à la direction des affaires publiques, et à l'exclusion de celles-là, toutes les autres leur semblaient être sans valeur. Leur opposition trouvait un point d'appui dans le parlement de Paris, dont la résistance, souvent incommode et quelquefois factieuse, était enfin devenue un véritable péril pour le gouvernement. Celui-ci, malgré le mauvais vouloir du parlement, obtint, sans beaucoup de peine, l'enregistrement des premiers édits émanés de l'assemblée des notables. Cette formalité était nécessaire pour leur donner force de loi. Mais peu à peu les clameurs s'élevèrent; on se plaignit avec aigreur des entraves que devaient apporter au commerce et aux transactions les impôts nouvellement décrétés; on taxa d'impéritie le ministre qui ne savait pas remplir le Trésor sans recourir à la fortune des contribuables, et le parlement, avide de popularité, refusa d'enregistrer l'impôt du timbre, reconnu indispensable par les notables. Alors commença, entre le pouvoir et la magistrature, une lutte qui devait se terminer par leur commune ruine. Le parlement était soutenu dans sa résistance par toutes les fractions dont se composait le parti révolutionnaire, rallié alors derrière le duc d'Orléans. La secte philosophique, qui n'avait pas contre le parlement d'invectives assez violentes lorsqu'il en faisait brûler les livres, exaltait maintenant dans maints pamphlets son indépendance et ses lumières. Ce corps judiciaire, enivré de l'importance qu'il s'était acquise, avait suspendu le cours de la justice pour se livrer à des débats passionnés qui engendraient dans les masses une fermentation funeste. On voyait les hommes qui avaient parlé le plus haut des dangers du déficit, s'élever avec la même violence contre les mesures destinées à le combler. Des groupes d'oisifs dont les factieux nourrissaient l'agitation, se plaçaient sur le passage des magistrats pour applaudir ceux du parti de l'opposition et accueillir par d'insolentes vociférations les conseillers qui appuyaient les projets du pouvoir; par là, les agitateurs habituaient la population de Paris aux scènes de tumulte et de violence qui eurent tant de part à l'histoire de la Révolution.

Le parlement, cédant à la pression qu'exerçaient sur lui les partis, demanda, comme issue à la situation, la convocation des Etats-Généraux du royaume. Il espérait que cette mesure aurait pour effet inévitable d'augmenter son influence, ne doutant pas que les Etats-Généraux ne remissent entre ses mains une large part de l'autorité dont la royauté allait être dépossédée. Ce projet fut accueilli avec transport par tous les hommes que l'ordre et la régularité dans la marche du gouvernement eussent condamnés à une équitable obscurité. L'usage de ces conseils, où les députés du clergé, de la noblesse et du tiers-état étaient appelés à discuter des intérêts du pays, remontait à une date ancienne. Louis XVI n'ignorait pas les périls que pourrait faire courir à la monarchie, dans les conjonctures difficiles où l'on se trouvait, la convocation de ces assemblées, dans lesquelles les passions les plus violentes prévalent ordinairement sur la raison et la justice. Il ne pouvait douter que l'autorité de la couronne ne fût singulièrement compromise et amoindrie par l'esprit d'innovation dont la partie lettrée de la nation était alors possédée. Cependant, dominé par l'espérance des avantages qu'on lui faisait entrevoir, par le désir de la paix, qu'il croyait encore pouvoir acheter au moyen de concessions et de sacrifices personnels, il céda aux obsessions dont l'entouraient des conseillers plus dévoués à leur popularité qu'à l'intérêt véritable de la nation, et prit une décision qui semblait répondre à un vœu universel. Les Etats-Généraux furent convoqués pour le commencement du mois de mai 1789.

A peine cette résolution fut-elle adoptée, que le parlement ouvrit les yeux sur les périls où ses résistances opiniâtres allaient entraîner la monarchie et le pays. Il s'aperçut des espérances que fondaient les ennemis de la paix publique sur la tenue des Etats-Généraux, et tenta d'atténuer les effets d'une mesure provoquée avec tant d'imprévoyance. Mais déjà ce corps, naguère si fort dans ses luttes contre la royauté, ne l'était plus assez pour retenir la nation sur la pente funeste où il l'avait engagée. Le parti révolutionnaire, formé de l'alliance des orléanistes, des philosophes et des sociétés secrètes, enflé d'une première victoire, devenait plus impérieux et s'irritait de tous les obstacles. Déjà, une fièvre ardente s'était emparée des esprits, et semait l'agitation dans toutes les parties du territoire. En vue des prochaines élections, dans toutes les villes s'étaient élevées des tribunes où les questions les plus ardues de la politique et de l'administration étaient discutées et passionnaient les populations. Des publicistes dont les essais étaient restés dans l'ombre, des avocats avides de transporter sur un théâtre plus vaste les succès qu'ils avaient remportés dans les barreaux de province, s'élançaient avec ardeur dans l'arène politique, et cherchaient à enlever les suffrages populaires par l'exagération de leurs doctrines. Il suffisait qu'une vérité eût pour elle la sanction de l'expérience et l'autorité des anciens, pour qu'elle fût traitée avec dédain et rejetée sans examen. Une foule de publications, aussi dépourvues de sens que de modération, inondaient le royaume, répandaient partout l'inquiétude, les méfiances, les animosités, et servaient à créer cet esprit public factice dont les démagogues savent s'autoriser dans les moments de crise, pour précipiter le pays dans d'irréparables revers.

Le tiers-état avait pour but d'obtenir, dans les Etats-Généraux, un nombre de représentants égal à celui des deux autres ordres réunis, qu'il espérait ainsi réduire à une impuissante opposition. Dans cette pensée, l'abbé Siéyès publia un pamphlet dont la vogue fut extrême et qui valut à son auteur une grande popularité. L'abbé Siéyès, qui, dans le cours de la Révolution, se flétrit doublement par l'apostasie et par le régicide, passait, dans le parti, pour une des intelligences les plus vastes et un des esprits les plus logiques de cette époque. Dans la pratique, ses conceptions les plus savantes n'aboutirent jamais qu'à des impossibilités. Il contribua à élaborer un grand nombre de constitutions, et il survécut à toutes.

Dans ce pamphlet célèbre, Siéyès se demandait : *Qu'est-ce que le tiers-état? —* Tout. *— Qu'a-t-il été jusqu'à présent? —* Rien. Ce paradoxe, développé dans un style amer et propre à envenimer les haines, enfla outre mesure les prétentions de la bourgeoisie, et fut accepté, en quelque sorte, sans contradiction. Et cependant, rien de plus faux que la formule dont se servait ce publiciste pour exciter les passions d'une classe avide de faire l'expérience du pouvoir, et dont l'impatiente présomption devait coûter si cher à la France. Dès les temps les plus reculés, le tiers-état exerçait dans les villes une prépondérance exclusive, et la ville, alors, c'était l'État tout entier. Quand les circonstances firent qu'on l'appela dans les conseils de la nation, il y figura en raison de son importance, fort restreinte à cette époque. En effet, loin de former l'universalité de la nation, le tiers-état, comme nous l'avons dit, excluait les habitants des campagnes, dont les intérêts étaient entièrement différents des siens. Nulle similitude, nulle connexité entre les intérêts mercantiles, industriels, intellectuels des cités, et les besoins créés par les habitudes agricoles. Là, se rencontrent l'ouvrier vivant du salaire, le fonctionnaire vivant de l'impôt, le marchand subsistant par le commerce ; ici, réside le cultivateur qui les fait vivre par son travail, qui fournit l'impôt, qui vend au marchand et à l'ouvrier la matière première de son négoce ou de son industrie. Et cependant, telle est la puissance d'attraction et l'influence intellectuelle des villes, que lorsque les habitants des campagnes furent représentés aux Etats-Généraux, en se confondant dans le tiers-état, ils furent absorbés par lui, et que, malgré les progrès de l'instruction politique, cet état de dépendance peut encore être remarqué de nos jours. Frappés de cette situation, quelques-uns des députés de la noblesse demandaient l'établissement d'un quatrième ordre, sous le nom d'ordre des paysans, qui devait représenter les intérêts exclusivement agricoles. Mais ce projet trouva peu d'écho dans le tiers-état, désireux de conserver l'influence qu'il avait acquise sur les populations rurales par son éducation et sa richesse.

Ainsi, de tout temps, le tiers-état avait été quelque chose, et lorsque, dans des jours d'entraînement, il essaya de devenir *tout*; lorsque, dans ce but, il déchaîna les passions et les cupidités des masses, il appela sur le pays des calamités dont l'avenir se réserve d'assigner le terme. La science si difficile du gouvernement, la connaissance des ressorts si compliqués qui font mouvoir les sociétés, ne peuvent s'acquérir en un seul jour, et, chez tous les peuples, ont été le partage de certaines classes dans lesquelles se conservent les notions et les habitudes propres à la direction des affaires. Une éducation lente et successive, un apprentissage sérieux et traditionnel, est nécessaire pour initier les classes qui s'élèvent à la participation du gouvernement et de l'administration publique, et c'est ce qui donne une supériorité si manifeste aux Etats où ce principe conservateur est consacré par les mœurs et par la législation. Mais ces doctrines sont ordinairement peu comprises dans les jours de crise politique, lorsque des circonstances exceptionnelles autorisent toutes les ambitions et encouragent toutes les témérités; et c'est ainsi que le pays fut conduit à subir l'expérience des désastreuses théories tentées par les gouvernants que les révolutions investissent d'une éphémère autorité.

La pénurie des hommes politiques dans le tiers-état se manifesta lors des élections aux Etats-Généraux. Il est remarquable en effet que le mouvement des idées à cette époque et la marche de la Révolution aient été dirigés presque exclusivement par les membres de la noblesse et du clergé partisans des doctrines nouvelles. Le marquis de Lafayette, le comte de Mirabeau, les frères Lameth, les abbés Siéyès et Grégoire, furent les chefs que choisit forcément le parti des innovations. Mirabeau n'était connu jusqu'alors que par ses désordres et ses vices. Des aventures criminelles, après lui avoir mérité d'être décapité en effigie, l'avaient conduit sous les verroux de la Bastille, où il puisa les ressentiments qui l'animaient contre les anciennes institutions. Ses mauvaises mœurs, son irréligion, sa détestable réputation, ses écrits cyniques, l'avaient désigné au mépris de la noblesse, qui refusa de le choisir pour représentant aux Etats-Généraux. Le tiers-état, sans se laisser arrêter par de semblables considérations, s'en empara comme d'un instrument utile. Sa connaissance des matières politiques, sa parole sarcastique et fougueuse, lui acquirent un immense ascendant dans une assemblée dirigée principalement par la passion, et où la valeur des principes était comptée pour peu de chose. En vain des orateurs éminents, tels que Cazalès et Maury, écrasaient ses sophismes volontaires sous les coups d'une logique irréfutable; Mirabeau, assuré de la faveur des tribunes et des sympathies de l'assemblée, triomphait par les applaudissements et par les votes. Dans un parlement régulier, il eût été un tribun sans crédit et sans puissance; il dicta les résolutions de l'Assemblée nationale pendant deux années, et sa réputation d'homme d'Etat étouffa celle d'homme sans foi et sans probité. Le tiers s'appropria également l'abbé Siéyès, que sa hardiesse et sa tendance vers les idées nouvelles indiquaient à son choix.

Au nombre des représentants du tiers-état, l'on voyait un homme que sa médiocrité condamnait alors à l'obscurité, mais dont le nom, plus tard, devait grandir avec les malheurs de la France. Robespierre, après avoir été, dans son enfance, recueilli par l'Eglise, fut, par la protection de l'évêque d'Arras, placé au collège Louis-le-Grand, où il reçut les premiers enseignements des lettres; ensuite, il se livra à l'étude des lois et se consacra au barreau. Plein d'un orgueil qui le rendait insociable et taciturne, il s'irrita du peu de succès qu'il obtint dans sa nouvelle carrière, où ses débuts furent loin d'être heureux. Un ami de sa famille, parlant de lui à cette époque, engageait son tuteur à le retirer de Paris , le jugeant dépourvu de toute disposition, non-seulement pour le barreau, mais encore pour tout exercice de l'esprit. Sa réputation de talent semblait donc destinée à mourir dans les limites du bailliage d'Arras, quand il parvint, grâce aux circonstances d'alors, à se faire envoyer aux Etats-Généraux, au milieu de trois cents avocats qui y portaient, avec la conviction de leurs lumières , le désir ardent de les mettre en relief. Les échecs qu'il éprouva à la tribune et l'inattention qui accueillait sa parole aigrirent sa vanité, et il jura de se créer, par l'exaltation de ses doctrines et de ses motions, une renommée que lui refusait la médiocrité de son intelligence.

En même temps que les députés de la nation se rendaient à Versailles, lieu assigné pour la tenue des Etats, on voyait s'acheminer vers Paris une foule d'hommes attirés par l'espoir du désordre et l'instinct des révolutions qui se préparaient. La chute des libertés provinciales et de l'esprit de localité qu'elles entretenaient allait donner à cette grande ville une prépondérance décisive dans les événements de la Révolution, et les factions se hâtaient de s'en emparer. La rigueur de l'hiver de 1789 facilita leurs sinistres projets. Elles essayèrent dès lors, en exploitant la misère publique, de mettre en œuvre ce système d'alarmes et d'inquiétudes à l'aide duquel on soulève aisément des populations aveuglées. Des aventuriers venus de tous les points du territoire se dirigèrent sur Paris, sous le prétexte d'y chercher des moyens d'existence, et servirent à recruter l'armée de la sédition. Sous le nom de brigands, qu'eux-mêmes se donnaient, ils participèrent à tous les troubles et à toutes les agitations qui devinrent l'état normal de la société à cette époque. Peu de jours avant l'ouverture des Etats, ils révélèrent leur existence par des excès qui jetèrent la consternation au sein de la capitale. Un fabricant, nommé Réveillon, qui, par de longues années de travail, était parvenu à fonder un établissement important, fut accusé d'avoir proféré quelques paroles dures pour les ouvriers et de préparer la diminution des salaires. Réveillon entretenait quatre cents ouvriers dont il avait acquis l'affection, et ces bruits mensongers ne trouvèrent aucun crédit auprès d'eux. Mais les agitateurs virent là un prétexte pour se porter vers sa maison, dont ils s'emparèrent et qu'ils livrèrent au pillage pendant une journée entière. Le lendemain, une force imposante se présenta pour les en chasser ; les uns, gorgés de vin, opposèrent une résistance désespérée et périrent en grand nombre ; d'autres furent trouvés dans les caves, empoisonnés par des liqueurs corrosives qu'ils avaient prises sans discernement. Les partis préludèrent à leurs débats en s'attribuant mutuellement la responsabilité de ces troubles.

Le duc d'Orléans fut, en particulier, l'objet d'imputations violentes. Son attitude au milieu de ces conjonctures graves le faisait considérer comme complice des factieux, qu'il ne désavouait pas, et les royalistes l'accusaient d'en solder toutes les entreprises. Il répondait à ces accusations, dont il lui eût été difficile de se purger entièrement, en attribuant les désordres aux imprudences du parti de la cour et de la reine, contre laquelle il nourrissait une profonde animosité. Cette princesse, que des infortunes sans exemple précipitèrent du trône à l'échafaud, était le but apparent des attaques dirigées contre la royauté. Ses qualités aimables, sa générosité et la noblesse de son caractère l'avaient rendue l'idole de la nation, lorsqu'elle quitta la cour d'Autriche, où elle avait reçu le jour, pour venir s'asseoir, à côté de Louis XVI, sur le trône de France. Sa magnanimité et ses vertus la rendaient digne de la haine des révolutionnaires, qui l'accablaient par l'arme lâche de la plus noire calomnie. Le duc d'Orléans se montra d'autant plus ardent dans son antipathie, que les motifs en étaient plus honteux, et il finit par triompher dans une lutte dont la gloire fut tout entière du côté de la victime.

III.

Etats-Généraux; 14 juillet; premiers crimes de la Révolution.

L'ouverture des Etats-Généraux se fit, avec une grande solennité, le 4 mai 1789, et, le lendemain, les délibérations commencèrent. Leur tâche ne semblait pas, d'abord, devoir présenter de grandes difficultés. Conformément aux anciens usages, les assemblées électorales avaient dressé des cahiers ou instructions destinés à servir de guide aux députés, dans les points les plus importants de leur mandat. En parcourant ces cahiers, on se rend un compte exact des vues qui dirigeaient les différents ordres de l'Etat, et on reconnaît que, nonobstant les efforts des philosophes et des agitateurs, la nation était loin d'avoir adopté les doctrines que la Révolution fit triompher. Ils se prononçaient d'une manière unanime pour le maintien des principes monarchiques , et prescrivaient le respect de la royauté héréditaire et des droits sacrés de l'autorité, de la propriété et de la religion. Quelques-uns des cahiers du tiers demandaient la permanence des Etats-Généraux, la réunion des trois ordres, la liberté de la presse, et des mesures de finances qui avaient principalement pour but le paiement intégral des dettes de l'Etat, dont un grand nombre d'habitants de Paris étaient créanciers. Ceux de la noblesse se prononçaient pour la périodicité des Etats, la nullité de tout impôt non consenti par les contribuables, la création d'une chambre pour représenter les habitants des campagnes, et l'abolition des lettres de cachet, qui atteignaient presque exclusivement les gentilshommes ; elle renonçait formellement à tout privilége pécuniaire, sacrifice qui était partagé par le clergé. Celui-ci sollicitait principalement l'adoption de mesures propres à mettre un frein à l'irréligion et aux mauvaises mœurs, à réorganiser l'éducation publique, compromise depuis la suppression des Jésuites, et il ajoutait différents vœux qui témoignaient de sa sollicitude pour les classes laborieuses et souffrantes.

Telles étaient les instructions que la France avait données à ses mandataires, et qu'elle s'attendait à voir suivre avec une religieuse fidélité. Il n'en fut pas ainsi. La plupart des députés du tiers, inconnus aux électeurs des campagnes, et nommés sur le témoignage des comités établis dans les villes, professaient des opinions tout opposées à celles de la nation, et avaient hâte de les mettre en application. Les électeurs avaient, sans le savoir, envoyé un grand nombre d'hommes affiliés aux sociétés secrètes, imbus des doctrines du XVIIIe siècle et désireux d'anéantir les vieilles croyances, qu'ils se proposaient de remplacer par les théories vagues et inapplicables de Rousseau. En politique, ils étaient disposés à s'accommoder de toute forme de gou-

vernement qui leur assurât la prépondérance dans la direction des affaires et la satisfaction des intérêts dont ils étaient
les organes. Ils aimaient Louis XVI à cause de sa bonne
foi et de ses vues libérales, et l'eussent volontiers main-
tenu, à condition de ne lui laisser qu'un simulacre d'autorité et d'assimiler la royauté à la présidence d'un Etat
républicain. Une fraction du clergé et de la noblesse se-
condait ces plans, et servit à former cette majorité
qui détruisit les fondements séculaires de la constitution
française pour en fonder une nouvelle qui périt au bout
de dix mois. Un certain nombre de membres des trois
ordres, poursuivant une conciliation rendue tous les
jours plus difficile, suivaient la marche de l'Assemblée,
sans pouvoir l'approuver, et sans avoir la force de la combattre.

A peine se trouvèrent-ils investis de leur mandat, que
les députés du tiers oublièrent les instructions dont ils
étaient munis, et préludèrent à la longue série de leurs
usurpations par celle qu'ils exercèrent vis-à-vis de la nation. Pourquoi, disaient-ils, les réunir et les consulter, s'ils
n'avaient qu'à présenter des vœux rédigés d'avance? Le
pays les avait revêtus d'un pouvoir dont leur patriotisme
seul devait fixer la limite, et leurs cahiers, auxquels ils refusaient un caractère impératif, n'étaient, tout au plus,
que des documents utiles à consulter. Ils ne remplirent
même pas cette formalité. Le ministre Necker leur avait
présenté un rapport qui faisait ressortir la pénurie du
Trésor et la nécessité d'y pourvoir sans délai. De son côté,
le roi adjurait les Etats de s'occuper de la question des subsistances et de calmer les alarmes qu'on avait réussi à entretenir dans la population de Paris. Mais les députés du
tiers, préoccupés avant tout de la question politique, considéraient toutes les autres comme secondaires et refusaient

de les étudier jusqu'à ce qu'ils se fussent emparés d'un pouvoir dont ils devaient faire un si triste emploi.

D'après les anciens usages, chacun des trois ordres devait s'occuper séparément des matières qui lui étaient soumises, et les objets d'utilité générale n'arrivaient à une solution définitive, qu'après avoir subi la garantie d'une triple délibération. Ce mode de procéder, reproduit plus tard sous d'autres formes, avait pour effet d'assurer la maturité des décisions, et paraissait d'autant plus nécessaire à suivre, que l'esprit d'innovation et l'ardeur des changements rendaient plus à craindre l'adoption de mesures irréfléchies. Les hommes les plus hostiles à ce système conservateur déplorèrent souvent dans la suite les fruits de la précipitation et de l'entraînement apportés dans les résolutions d'une assemblée unique et souveraine. Mais le tiers-état, résolu à dominer, demanda la réunion des trois ordres en une seule chambre, où il était sûr de l'emporter par le nombre, et ajourna toute délibération utile jusqu'à ce que cette réunion eût été effectuée. Cette inaction calculée dura plus d'un mois. Enfin, quelques membres du clergé se réunirent au tiers, dans l'espérance de produire cette conciliation dont le mot était dans toutes les bouches, mais qui, en réalité, était bien loin des cœurs. On discuta long-temps le nom que devait prendre la nouvelle assemblée, et, après des débats tumultueux, on s'arrêta à celui d'*Assemblée nationale*. On la désigna depuis, plus ordinairement, sous celui de Constituante, quoiqu'elle n'ait guère constitué autre chose que le trouble dans les esprits et la confusion dans les lois.

Le roi, voyant tous les projets d'accommodement échouer devant l'obstination du tiers-état, et une partie du clergé disposé à céder aux sollicitations astucieuses dont il était l'objet, résolut d'intervenir pour mettre obstacle à une dé-

termination qui devait détruire les principes constitutifs de
la monarchie, sans rétablir la concorde, vain fantôme auquel on sacrifiait l'avenir de la France et qui s'évanouissait
sans cesse. Il annonça donc une séance royale et ordonna
jusque-là la cessation des travaux des trois ordres; cet avis
fut donné le 20 juin, et la séance royale annoncée pour le
22. Mais les députés, pour lesquels les discussions irritantes
et passionnées étaient devenues un besoin, ne consentirent
pas à suspendre leurs débats pendant deux jours, et, simu-
lant de vives alarmes pour eux et pour les libertés publiques, ils se réunirent dans un local dit du *Jeu de paume.*
Là, mus par un enthousiasme qui ne leur permettait pas
d'entrevoir les périls de l'avenir, au milieu d'un tumulte
où toutes les voix se confondaient dans le sentiment d'une
imprévoyante sécurité, ils prêtèrent le serment de ne pas
se séparer sans avoir donné à la France une constitution.
Ils travaillèrent pendant deux ans à cette œuvre, que tant
d'autres du même genre ont, depuis lors, mise en oubli.

La séance royale eut lieu le 23 juin. Le roi prononça un
discours dans lequel il se plaignit de l'inaction des Etats-
Généraux, en présence des améliorations nombreuses et des
mesures d'utilité publique qui réclamaient leur concours. Il
signala le danger des divisions provoquées par les prétentions du tiers, et fit lire une déclaration en vertu de laquelle
les trois ordres devaient délibérer séparément, sauf à se
réunir dans certaines circonstances prévues. Enfin, Louis
XVI faisait connaître ses intentions relativement aux questions constitutionnelles et administratives qui agitaient les
esprits, et posait les bases des décisions à prendre par
les Etats. D'après cette déclaration, aucun impôt ne devait
être établi sans le consentement de la nation; l'égale répartition des charges était consacrée et la *taille* abolie; la liberté individuelle et la liberté de la presse se trouvaient

garanties. Des assemblées provinciales étaient chargées dans toute la France de l'administration des provinces, de surveiller la gestion du bien des communes, de l'entretien des routes et des autres objets qui, par leur nature, doivent être soustraits à l'administration centrale, et que le despotisme révolutionnaire lui a rendue. Le roi demandait enfin la coopération des Etats aux vues utiles qu'il énonçait relativement à la réforme des impôts, au remaniement du système de douanes, et aux autres mesures de gouvernement qui faisaient l'objet de ses constantes préoccupations.

La déclaration royale contenait, et au delà, toutes les libertés que nous croyons avoir conquises après soixante ans de luttes intestines et de malheurs civils. Le tiers-état, en l'adoptant, pouvait épargner à la France de longs déchirements. Mais il eût fallu, peut-être, que les meneurs de l'Assemblée fissent le sacrifice de leurs rêves d'ambition, de leur soif de popularité et de renommée, de leurs animosités et de leurs passions. Les hommes qui dirigeaient alors le mouvement des idées et tenaient dans leurs mains les destinées du pays seraient redevenus d'obscurs factieux, perdus de dettes et de réputation, tels qu'ils étaient naguère. Un instant, l'Assemblée, entraînée par le désir du bien public et par la bonne foi du monarque, parut disposée à se conformer à ses intentions. Mirabeau s'aperçut du danger que courait le parti du désordre, et, profitant de l'indécision de l'Assemblée : « Quelle est cette insolente dictature ? s'écria-t-il ; pourquoi l'appareil des armes, la violation du temple national ? Qui a le droit de vous commander d'être heureux ? Craignez les présents du despotisme, et renfermez-vous dans la religion de votre serment : il vous défend de vous séparer avant d'avoir fait la constitution. »

Cette voix énergique et passionnée, jointe à la connaissance qu'on avait de la faiblesse du roi, entraîna une réunion d'hommes dépourvus d'expérience politique et disposés à suivre l'impulsion des plus hardis. L'Assemblée persista dans ses précédentes résolutions, déclara l'inviolabilité de ses membres et somma de nouveau les membres de la noblesse et du clergé de se joindre à elle. Le clergé ne prolongea pas la résistance et vint se réunir au tiers-état. Il regretta inutilement cette condescendance, lorsqu'il vit les hommes aux mains desquels il avait remis un pouvoir sans contrepoids, en abuser pour porter à la religion des coups irréparables, qu'il aurait prévenus en conservant son indépendance. Le duc d'Orléans, charmé de pouvoir augmenter les embarras du trône, en même temps que sa propre popularité, imita bientôt cet exemple, avec 46 membres de la noblesse. Le roi, dont ces défections renouvelaient les incertitudes, enjoignit à la noblesse tout entière de se réunir aux autres ordres, disant qu'il ne voulait pas qu'un seul homme pérît pour sa querelle. Cette querelle était celle de la justice et de l'ordre contre les passions perverses, et des fleuves de sang devaient couler dans ce funeste conflit. La noblesse résista encore quelques jours à une mesure qu'elle considérait, avec raison, comme la perte de la monarchie. Mais, en présence des événements qui se pressaient à Paris, elle dut bientôt renoncer à tout espoir d'éclairer l'opinion publique égarée, pour se renfermer dans un rôle d'abnégation et d'inviolable attachement à ses devoirs.

Le parti révolutionnaire, maître de l'Assemblée nationale, chercha à s'emparer de la force publique, en armant l'immense population qui s'agite à Paris et qui, de tout temps, a offert aux révolutions un concours aussi aveugle que coupable. Les esprits à qui le désordre permanent et la licence sans frein semblaient être l'exercice de la liberté, étaient livrés à une fermentation fiévreuse qu'entretenaient sans cesse des bruits sinistres et mensongers. Le Palais-Royal,

demeure du duc d'Orléans , était le rendez-vous habituel
des agitateurs , des propagateurs de rumeurs fausses , des
agents de trouble à la solde des factions. Un jardin entouré
de vastes galeries, où le commerce étale un luxe resplendis-
sant, servait , à cette époque, de réceptacle à tous les vices
qu'engendre l'agglomération des villes ; et le vol , la prostitution et l'embauchage s'y exerçaient au milieu d'un peuple de curieux et d'oisifs. C'est là que des avocats sans
clientèle , des écoliers dont le cerveau était troublé par la
lecture de Rousseau et de Mably, débitaient à des ouvriers
et à des bourgeois ébahis des doctrines dont le résultat le
moins déplorable était de leur faire perdre un temps précieux et de les enlever à un travail utile. De toutes les
classes de citoyens, celle des ouvriers de Paris était, à cette
époque, la plus favorisée. Exempt de tout impôt, assuré
d'un travail lucratif, l'ouvrier ne connaissait pas ces inquiétudes et ce malaise qu'un état de choses nouveau a créés
pour lui. Pour l'émouvoir, il était nécessaire de le tromper
par de grossiers subterfuges. Mais les esprits préparés par
des prédications véhémentes prêtaient foi aux rumeurs les
plus insensées et aux conseils les plus perfides. Bien que
le roi eût fait d'immenses sacrifices pour réduire au taux
ordinaire le prix des denrées nécessaires au peuple, on annonçait que la cour détournait les subsistances destinées à
Paris, qu'elle se proposait de livrer cette ville à la famine
et au pillage, et on ne pouvait inventer de bruit si absurde
que la crédulité n'acceptât et que la malveillance ne pro-
pageât avec empressement.

Les factieux, encore incertains du succès, cherchaient à
engager dans leur conspiration le duc d'Orléans, dont on
exaltait, aux yeux du peuple, le libéralisme et la bienfaisance. Rien n'était négligé pour pousser à des déterminations énergiques ce prince indécis, toujours partagé entre

sa haine contre la reine et la crainte des dangers auxquels l'exposait une participation trop évidente aux complots révolutionnaires. Ses affidés ne cessaient de le stimuler en parlant tantôt à son ambition, tantôt à la crainte que lui inspiraient les vengeances de la cour victorieuse. Comme cet esprit bizarre croyait à la magie, on eut recours à de grossières fourberies pour surexciter son audace chancelante. Un individu initié aux sociétés secrètes se présenta à lui, et, dans une mystérieuse entrevue, lui offrit de le mettre en rapport avec les esprits infernaux. Le duc y ayant consenti, son guide le conduisit, seul, pendant une nuit obscure, au milieu d'une plaine sans chemin ; là, des fantômes apparurent à ses regards ; le prince les interrogea et en reçut, avec l'assurance d'une future grandeur, un anneau qui devait lui répondre de la fortune aussi longtemps qu'il le conserverait. Tels étaient les moyens mis en œuvre par ses partisans, pour exalter son imagination et son courage. Ils le servaient non moins efficacement par de secrètes intrigues, et avaient établi à Montrouge, près de Paris, un conciliabule composé d'hommes aussi dépravés que lui et qui travaillaient le peuple en sa faveur. L'or dont ils disposaient lui avait fait de nombreuses créatures, et son nom revenait sans cesse dans les discours et les publications des agitateurs.

Tout paraissant préparé pour l'accomplissement de leurs projets, les factieux, pour s'essayer à l'émeute, se portèrent à la prison militaire, où quelques soldats avaient été incarcérés pour des fautes contre la discipline. Leur but était d'habituer les soldats à la sédition, et de se créer des partisans dans l'armée, dont la fidélité eût opposé aux progrès de la Révolution une barrière difficile à franchir. Les militaires furent délivrés, le gouvernement n'opposa qu'une répression insuffisante, et ce premier effort du parti put être regardé comme victorieux.

Ce premier essai ayant réussi, on résolut de tenter une manifestation plus décisive. On saisit, pour prétexte, le renvoi du ministre Necker, que le roi voulut remplacer par des hommes plus courageux et plus capables de lutter contre les difficultés du moment. En apprenant cette mesure, les chefs du mouvement eurent recours à leurs moyens ordinaires pour ébranler l'armée de l'émeute. Les orateurs du Palais-Royal redoublèrent de violence, les harangues se multiplièrent, l'or et le vin furent prodigués, les rumeurs sinistres circulèrent. *Le complot de nos ennemis est démasqué*, s'écriait-on ; *nous allons tous être égorgés si nous ne courons aux armes !* Telle était l'animation des harangueurs, que l'un d'eux tomba mort d'épuisement. Enfin, un jeune homme, Camille Desmoulins, qui participa aux crimes de la Révolution et en devint la victime, donna le signal de l'insurrection, en distribuant des feuilles de tilleul, qui devinrent, pour les émeutiers, le signe du ralliement.

Le renvoi de Necker avait eu lieu le 12 juillet ; le 13, des bandes d'agitateurs parcoururent Paris, pillèrent divers établissements publics pour se procurer des armes, et ouvrirent les prisons pour se recruter des scélérats toujours prêts à se ruer sur la société. Des milliers de piques sont remises aux mains de ces misérables, qui se répandent dans la ville, envahissent les églises et jettent l'effroi dans la population, en sonnant le tocsin et en poussant des cris de mort. Des listes affichées contre les arbres du Palais-Royal portaient les noms des citoyens désignés aux coups de l'insurrection et qu'une prompte fuite pouvait seule y dérober. Dans la confusion de cette journée, un certain nombre de citoyens s'étant réunis à l'Hôtel-de-Ville, les uns pour conjurer le désordre et d'autres pour l'accroître, se formèrent en comité municipal, et désignèrent, pour les présider, le prévôt des marchands Flesselle ; on procéda aussitôt à la création d'une milice civique, chargée de rétablir l'ordre, et qui devint l'origine de la garde nationale ; on déclara que le comité était chargé de veiller à la tranquillité publique, et que tous les attroupements devaient se dissiper. Mais ces mesures furent complétement inefficaces, et n'empêchèrent nullement les événements de suivre le cours que leur imprimait l'entraînement des esprits. Toutefois, le premier jour, les émeutiers se bornèrent à brûler les barrières de l'octroi, croyant, par ce moyen, obtenir les subsistances à vil prix, et à saccager le couvent de Saint-Lazare. Mais, durant toute la nuit, l'épouvante régna dans la cité, dont ils étaient les maîtres et qu'ils remplissaient de clameurs formidables. Les citoyens, tremblant dans leurs demeures, avaient soin d'entretenir des lumières, pour éclairer cette obscurité pleine de terreur. *Soignez vos lampions*, criait-on de toutes parts, *l'ennemi est dans les faubourgs !* La marche de ces bandes néfastes, les cris qui l'accompagnaient, le son du tocsin, les détonnations d'armes, donnaient à cette nuit un caractère funèbre qui glaçait tous les cœurs et les préparait aux futures scènes plus lugubres encore du drame révolutionnaire.

Dans le centre de Paris, s'élevait alors la Bastille, ancienne et sombre forteresse qui servait alors à renfermer les détenus pour faits politiques et pour quelques autres causes dont le roi se réservait la connaissance. Bien qu'elle fût particulièrement réservée aux gentilshommes suspects de complots contre la sûreté de l'Etat ou exposés à des accusations infamantes, cette prison était l'objet des récriminations des novateurs, qui la représentaient comme un monument du plus farouche despotisme. Mais ils en désiraient la destruction principalement parce qu'elle tenait en échec la population parisienne, et mettait obstacle aux mouvements insurrectionnels à l'aide desquels ils espéraient renverser la monarchie.

Dans la matinée du 14 juillet, ce fut donc vers la Bastille qu'on dirigea les efforts de l'armée de l'émeute. Le gouverneur Delaunay n'avait avec lui qu'une centaine d'invalides et de Suisses, déjà démoralisés par les bruits du dehors, et qui ne se croyaient pas en état de défendre la forteresse contre une attaque en apparence formidable. Ils comptaient donc uniquement, pour repousser les assaillants, sur les secours venus du dehors ; mais les hésitations du gouvernement et la connivence de l'Assemblée nationale, qui pactisait ouvertement avec l'insurrection, les privèrent de cette ressource. Delaunay, négligeant les précautions dictées par la plus vulgaire prudence, laissait pénétrer dans l'intérieur de la Bastille des attroupements considérables, et, dans l'espoir d'un accommodement chimérique, consentit à retirer les canons qui en rendaient les abords infranchissables à une multitude indisciplinée. Les assaillants ayant ainsi reconnu le petit nombre des défenseurs et les incertitudes du gouverneur, s'enhardirent à l'attaque et commencèrent l'assaut avec des cris furieux. Dans ce moment, les émeutiers, qui avaient pénétré dans la première enceinte, aperçoivent la fille d'un officier du château. « C'est la fille du gouverneur, s'écrie l'un d'eux, qu'il rende la place, ou qu'il la voie brûler sous ses yeux. » Aussitôt on apporte de la paille, on dresse un bûcher auquel on met le feu, et les cannibales se préparent à y jeter l'enfant, dont les cris ne sauraient les émouvoir. Son père, témoin de cette scène, se précipite au devant d'eux et tombe renversé de deux coups de feu. Enfin, un militaire qui se trouvait mêlé à l'insurrection l'enleva aux mains de ces forcenés, au péril de ses jours, et parvint à la sauver.

Cependant les assaillants étaient parvenus à briser les

chaînes du pont-levis, qui s'abaissa tout à coup, en écrasant, dans sa chute, deux des leurs. Aussitôt, on relève leurs corps, on les promène dans la ville, pour exciter la colère du peuple : *Marchons à la Bastille*, s'écriait-on , *on égorge nos frères*. Le comité qui siégeait à l'Hôtel-de-Ville, prenant parti pour l'émeute, qu'il ne pouvait contenir, fit sommer Delaunay de recevoir un détachement de milice parisienne. Celui-ci résista à cette injonction et répondit à un feu incessant par une décharge de mousqueterie, la seule qui fut exécutée ce jour-là. Elle tua ou blessa quelques-uns des assaillants ; les autres prirent la fuite et dégagèrent les abords de la Bastille.

Cependant les factieux , encouragés par l'attitude du comité permanent, et appuyés par quelques compagnies d'un régiment qu'ils avaient débauchées, revinrent avec des canons et des armes, et recommencèrent l'attaque de la seconde enceinte. A peine l'eurent-ils entreprise , que la garnison effrayée demanda à capituler. Toute sûreté est promise aux officiers comme aux soldats, et les ponts s'abaissent devant la multitude, qui se précipite dans la place comme un torrent. Là , au milieu d'une confusion horrible, on accable d'outrages les invalides désarmés, on s'écrie qu'il n'est plus question de capitulation, et l'on réclame, à grands cris, la tête du gouverneur. Deux des assaillants, qui avaient reçu la capitulation, placent entre eux Delaunay , et cherchent à le conduire à l'Hôtel-de-Ville, où ils espèrent le mettre à l'abri de la fureur de la multitude. Dans le trajet, le malheureux vieillard, en butte à toutes les avanies et accablé de coups, demande en vain qu'on mette fin à ce supplice par une prompte mort. On prolonge à dessein son agonie, on lui fait subir mille tortures, avant de le suspendre à une lanterne avec deux de ses compagnons, Asselin et Bicard, déjà mutilés comme lui. Un jeune homme chercha en vain à s'opposer au meurtre du major Delolme, dont il avait éprouvé l'humanité. « *Qu'allez-vous faire ?* s'écriait-il, *vous allez égorger le père des prisonniers!* » En même temps, il se précipitait au devant des coups, pour les détourner du malheureux Delolme, qui le conjurait de ne pas s'exposer davantage et de le laisser périr. *Je meurs moins malheureux que mes compagnons,* lui disait-il, *puisque j'ai pu trouver un cœur reconnaissant.* Le jeune homme est foulé aux pieds, et Delolme expire. D'autres officiers furent tués dans la rue à coups de fusil.

Mais déjà cette foule, qui s'accoutumait aux horribles émotions du sang versé, demandait de nouvelles victimes. Dans le sein du comité, Flesselle est accusé de trahison ; on dénonce ses hésitations et les discours par lesquels il espérait calmer les fureurs de la multitude. Flesselle, cherchant à se retirer des mains de ces brigands, demanda à être conduit au Palais-Royal, pour y être jugé. Mais à peine parvenu sur la place de l'Hôtel-de-Ville, un coup de pistolet l'étend mort, et son corps est déchiré en lambeaux. La soirée de ce jour fut consacrée à de lâches triomphes, et renouvela, pour les bons citoyens, toutes les anxiétés de la nuit précédente. Les têtes et les membres des victimes furent mis au bout des piques, et promenés dans toutes les rues, au milieu de clameurs menaçantes. On arrête ces trophées devant chaque maison, on les introduit dans les boutiques, et on pèse dans les balances ensanglantées les têtes qu'on continue d'outrager. Telles étaient les nouvelles mœurs qu'inspiraient à un peuple civilisé les doctrines propagées par les factieux, et les premiers fruits de cette révolution annoncée comme devant conduire la société aux destinées les plus prospères et les plus glorieuses.

A en croire les instigateurs de la révolte, la Bastille devait renfermer un grand nombre de prisonniers qu'une

arbitraire tyrannie condamnait à une longue captivité.
Lorsqu'on ouvrit les prisons, on y trouva, en tout, sept
détenus; quatre d'entre eux avaient été enfermés comme
faussaires, et les trois autres pour des désordres graves qui
entachaient l'honneur. Ils n'en furent pas moins considérés
comme des victimes de l'ancien despotisme, et, au nom de
la liberté, portés en triomphe, conjointement avec les vainqueurs, au milieu des piques et des manifestations bruyan-
tes. Enfin, on prit la résolution de détruire de fond en
comble cette forteresse si aisément conquise, et cette œuvre de démolition fut accomplie avec la même promptitude
que les partis révolutionnaires mettaient dans le renversement des vieilles institutions. La tâche de reconstruction
devait être plus longue et occasionner des efforts plus pé-
nibles et moins heureux.

Les crimes de cette journée funeste demeurèrent impu-
nis. L'Assemblée, instruite des circonstances de la lutte, s'effraya d'un mouvement dirigé par le peuple, et auquel la
bourgeoisie n'avait participé qu'en n'ayant pas le courage
d'y résister. Mais elle tenait principalement à détruire l'influence du roi, et éprouva une joie à peine dissimulée de ces
événements, qui semblaient de nature à servir son dessein.
Elle les avait provoqués par ses attaques incessantes contre
le pouvoir, se flattant d'ailleurs de rester toujours maîtresse
de réprimer, lorsqu'il en serait temps, les excès de la populace. Elle envoya, dans la soirée même de ce jour, deux
députations au roi, pour lui demander d'éloigner les
troupes de Paris, d'approuver la création de la milice
bourgeoise et la constitution de la nouvelle municipalité
chargée de veiller à la sûreté intérieure de la cité, et qui
avait commencé sa mission sous de si déplorables auspices.
L'Assemblée, n'ayant pas été pleinement satisfaite de la réponse du roi, se déclara en permanence, et siégea pendant

la nuit, discutant divers projets d'adresse au monarque : *Il faut*, disait-on, *que les rois achètent l'expérience comme les autres hommes*. Ce besoin était bien plus sensible encore parmi ceux qui tenaient ce langage, et c'est aux dépens des intérêts les plus précieux de la nation, qu'ils devaient acquérir cette expérience et cette maturité dont ils se montraient alors si complétement dépourvus.

Le lendemain, l'Assemblée se disposait à adresser au roi un message plus impérieux, quand celui-ci, avec sa confiance ordinaire, se rendit dans son sein, sans suite et sans escorte, et annonça qu'il accédait aux vœux de la population parisienne. L'Assemblée, triomphante, entoura le trop faible monarque des témoignages de sa sympathie, et s'empressa d'envoyer dans la capitale quelques-uns de ses membres, pour y organiser les nouvelles institutions. Ainsi, la victoire de l'insurrection était reconnue par les pouvoirs publics, et ses résultats étaient consacrés par eux. Les députés se résignèrent même à rendre des honneurs aux assassins de Delaunay et de Flesselle, devenus en ce moment des héros populaires. Du reste, on n'avait pas attendu leur arrivée pour constituer la municipalité et la milice civique, qui prit le nom de garde nationale. Bailly, président de l'Assemblée et savant distingué, mais homme politique sans lumières, fut mis à la tête de la municipalité; le marquis de Lafayette fut appelé au commandement de la garde nationale. Ce dernier avait acquis une réputation méritée de courage, en organisant, avec le duc de Noailles et quelques autres gentilshommes, une expédition pour soutenir les colons américains insurgés contre le gouvernement anglais. Le concours de ces Français, qui décida plus tard celui du gouvernement, avait été d'une grande utilité à la cause des colons, et Lafayette, qui s'y était particulièrement distingué, en rapporta, avec une grande popularité, des tendances à un libéralisme dont la Révolution française lui semblait être l'expression. Plus tard, il put reconnaître combien cette Révolution, tyrannique dans son but et arbitraire dans ses moyens, était, au contraire, antipathique aux idées de tolérance et de liberté dont il s'était porté le défenseur. Bailly, comme Lafayette, fit preuve d'un courage quelquefois digne d'éloges, dans les diverses crises de cette époque funeste ; mais ni l'un ni l'autre n'avaient assez de pénétration pour en discerner le véritable sens, ni assez de constance pour les dominer.

Le roi, dans le désir de pacifier les esprits, voulut lui-même se rendre à Paris. Malgré les avis alarmants qui lui furent donnés, il entra sans escorte dans la ville, au milieu d'une double haie de cent mille hommes appartenant, soit à la garde nationale, soit à l'armée permanente du désordre, et qui gardaient un silence menaçant. Par l'effet, soit de la maladresse de cette nouvelle milice, soit d'une malveillance coupable, quelques coups de fusil partirent du milieu de cette foule ; une femme fut blessée mortellement, et M. Cubière, qui se trouvait près de la voiture découverte du roi, reçut une balle dans son chapeau. La place de l'Hôtel-de-Ville était occupée par des hommes appartenant tous aux sociétés secrètes, et qui accueillirent le monarque avec les rites de leur secte, en faisant, sur sa tête, une voûte de leurs épées. Louis XVI, qui se trouvait ainsi, sans moyens de résistance, entre les mains de ses ennemis les plus redoutables, montrait un visage empreint de tristesse, mais ne laissait échapper aucun signe de crainte ou d'hésitation. Il confirma tous les actes accomplis dans les précédentes journées, et prit lui-même la nouvelle cocarde qu'avait choisie l'insurrection. Les conjurés étaient convenus d'attendre ce moment pour faire éclater un enthousiasme et des cris de *Vive le roi !* peu propres à per-

-suader le monarque. Son retour s'accomplit au milieu de
ces transports factices, qui séduisaient des conseillers ignorants de la marche des révolutions et qui tous se flattaient
de calmer le flot populaire, au moment où il les portait au
pouvoir. D'anciens serviteurs de Louis XVI ne partageaient
pas cette confiance, et ce n'est pas sans une juste inquiétude que lui-même revint à Versailles, laissant derrière
lui une capitale dominée par une armée de séditieux soldés
et organisés pour le désordre, et défendue seulement par
cette garde nationale qui devait, dans son inintelligente
obstination, laisser s'accomplir toutes les phases de la Révolution, et ne montrer de force que contre les gouvernements qu'elle avait l'intention de maintenir.

Les tristes présages des hommes sages ne tardèrent pas
à recevoir leur accomplissement. Le voyage du roi à Paris
avait eu lieu le 17; dès le 22, des crimes nouveaux et
aussi atroces que les précédents ensanglantaient la capitale.
Parmi les noms portés sur les listes de proscription affichées le 14, était celui de Foulon, désigné par le roi
pour faire partie du ministère nouveau, et qu'on avait, en
conséquence, cherché à rendre odieux aux yeux du peuple
par d'infâmes imputations. Les meneurs du parti révolutionnaire ne manquèrent jamais de calomnies et de récits
mensongers pour rejeter sur les défenseurs de l'ordre les
causes de la disette, qu'ils provoquaient eux-mêmes par tous
les moyens, dans le but de soulever le peuple; eux seuls,
en effet, avaient intérêt à ces mouvements tumultueux,
dont ils tiraient profit contre le gouvernement et qui servaient si efficacement leur ambition. Aussitôt que Foulon
parut posséder la confiance de Louis XVI, ils se hâtèrent de
le représenter comme ayant le projet d'affamer le peuple
et comme un accapareur. Telle était la perversion de l'esprit public, à cette malheureuse époque, que, dans un pays

civilisé, au milieu d'une nation éclairée et polie, d'aussi vagues accusations suffisaient pour attirer sur la tête d'un citoyen probe tout le poids des vengeances populaires.

Dans la journée du 14, Foulon parvint à échapper aux recherches dont il était l'objet ; il réussit même à sortir de Paris, et se rendit dans l'habitation d'un de ses amis, où il se cacha, en faisant répandre le bruit de sa mort. Mais des lettres adressées à ce malheureux le firent découvrir par un postillon, qui le dénonça au syndic du village. Foulon, malgré ses 74 ans, fut saisi, attaché sur une charrette, et conduit à Paris par la garde nationale, au milieu des plus indignes traitements et des plus lâches outrages. Toute la marche de ce cortége jusqu'à Paris ne fut, pour le vieillard, qu'un long supplice ; succombant sous la fatigue et les violences, il demanda à boire ; on lui donna du vinaigre.

Arrivé à Paris, il semblait que l'aspect de cette tête blanchie et déjà inclinée vers le tombeau dût désarmer la colère de la multitude. Mais une faction détestable veillait sans cesse à dépraver le sentiment public et à habituer le peuple à ces scènes de sang et de meurtre, où il devenait l'instrument des plus criminels desseins. Les hommes qui avaient présidé aux assassinats de Flesselle et de Delaunay se rendent en foule devant l'Hôtel-de-Ville, et font entendre des cris de mort et de vengeance. Ces forcenés, la plupart abrutis par les excès, et que des orgies quotidiennes préparaient à tous les désordres, osent parler de la faim et de la misère du peuple, dans lequel ils répandent l'épouvante. En vain, Bailly, descendu au milieu d'eux, leur demande à genoux d'écouter la voix de la justice et de s'épargner la honte d'un crime sans courage ; ils exigent avec des clameurs plus vives la tête de Foulon, et menacent d'incendier l'Hôtel-de-Ville, où le comité municipal, saisi de terreur, avisait aux moyens de les calmer. Enfin, on se résout à faire subir au vieillard un simulacre de jugement, sous les yeux des meurtriers, qui remplissent la salle et qui se plaignent des lenteurs de la procédure. « Tout coupable doit être jugé, leur dit un des membres du comité; je ne pense pas qu'il y ait, parmi vous, un bourreau. — Oui, jugé sur-le-champ, et pendu. — Mais, reprend-on, pour juger, il faut des juges. — Eh bien! jugez-vous-mêmes. » Alors, on tire au sort les noms de sept membres du comité qui devaient servir de juges. Deux ecclésiastiques, désignés par le sort, refusent de prendre part à ce jugement dérisoire. Pendant ce temps-là, Foulon conservait une sérénité imperturbable. — Vous êtes bien calme, lui dit un de ses gardes. — Le crime seul peut se déconcerter, répondit-il.

Lafayette se présente aux assassins, espérant que l'autorité de son nom et son ascendant longtemps incontesté en imposeraient à leur fureur. Mais il put s'apercevoir alors, comme Bailly, que la prétendue influence des hommes modérés sur les révolutions n'est, à proprement parler, que le droit de marcher à leur suite et d'en autoriser ou d'en subir les caprices les plus sanglants. Sa voix est méconnue et ses sollicitations sont repoussées. Il espère être plus heureux, en feignant la rigueur. « Cet homme a des complices, s'écrie-t-il, il importe que nous les connaissions; je vais le faire conduire à l'Abbaye, et là, nous instruirons son procès. » Il se proposait, par cet artifice, de le soustraire, pour ce jour-là, aux mains des meurtriers. Le vieillard, pénétrant cette intention, paraît approuver les paroles de Lafayette. — Vous le voyez, s'écrie une voix, ils s'entendent! — Aussitôt, la foule se précipite vers le comité, renverse tous les obstacles, et, s'emparant de Foulon, le pousse sur la place de l'Hôtel-de-Ville, où il se voit traîner sous la lanterne. On lui passe une corde autour du cou, et on l'élève au fer fatal ; mais deux fois le lien, trop faible, vient à casser et laisse retomber le vieillard, meurtri de cette double chute. Quelques-uns, par un sentiment de pitié, présentaient leur sabre, pour qu'on abrégeât cette agonie ; les plus furieux s'y opposent et veulent jouir de cet interminable supplice, plus cruel que mille morts. Enfin, au bout d'un quart d'heure, on apporte une corde neuve, et l'on suspend, pour la troisième fois, le malheureux, qui ne tarde pas à expirer. Un des bourreaux tranche sa tête, qui est portée dans Paris, au bout d'une pique.

Au moment où se passait cette scène barbare, Bertier, gendre de Foulon, et intendant de Paris, entrait dans la ville, après avoir été arrêté à Compiègne, où il s'était réfugié. Bertier, administrateur aussi intègre qu'intelligent, dévoué au parti du roi, était l'objet de calomnies semblables à celles qui avaient provoqué l'assassinat de Foulon, et plus absurdes encore. Dans le trajet qu'il fit pour se rendre à l'Hôtel-de-Ville, il fut couvert des mêmes avanies que son beau-père, dont il rencontra la tête sanglante, de laquelle on avait fait un horrible trophée. Il se présenta avec une mâle assurance devant le comité, condamné à prendre part à des exécutions qui accusaient si hautement son impuissance et son aveuglement. Bailly, interpellé de tous côtés par des hommes avides de sang, balbutie quelques paroles qui témoignent d'un vain désir de sauver la victime, et ordonne de la transférer à l'Abbaye. Mais à peine le cortége est-il arrivé sur la place de l'Hôtel-de-Ville, que les agents ordinaires des assassinats publics se précipitent sur Bertier, le saisissent et le poussent sous la lanterne où vient d'expirer Foulon. Bertier, s'apercevant de leur projet, est saisi d'une courageuse indignation : *Misérables*, s'écrie-t-il, *je saurai bien me procurer un autre genre de mort*. Puis il s'empare du fusil d'un garde national, frappe aveuglément sur la foule des assaillants, et tombe, percé de mille coups. Un homme, se jetant sur son cadavre, lui ouvre les entrailles, en arrache le cœur, et porte ces dépouilles palpitantes sur la table du comité de l'Hôtel-de-Ville, où Bailly et Lafayette les reçoivent muets d'horreur.

Il semblait que tant d'atrocités allaient rencontrer dans l'Assemblée une vive réprobation. Les factieux des divers partis essayaient de lui faire envisager les excès commis à Paris comme des faits isolés dont on ne pouvait accuser la Révolution. Elle parut d'abord consternée en voyant les fruits précoces produits par les doctrines dont elle était éprise, et qu'elle formulait alors dans la *déclaration des droits de l'homme*, véritable symbole de toutes les subversions sociales. Quelques-uns de ceux qu'avait entraînés une première illusion, frappés du danger que la Révolution faisait courir à la cause de la liberté véritable, se préparèrent à résister au torrent qui menaçait d'engloutir le pays. Lally-Tolendal proposa à l'Assemblée d'adresser au peuple français une proclamation dans laquelle seraient vivement flétris les faits accomplis à Paris. Mais les chefs du mouvement ne jugeaient pas encore leur pouvoir suffisamment établi, et craignaient de comprimer une impulsion dont bientôt ils ne devaient pas rester les maîtres. Robespierre, se démasquant pour la première fois, chercha à excuser les meurtres commis et à encourager l'anarchie. En voyant l'Assemblée lui prêter une oreille complaisante et l'écouter sans frémir, il dut concevoir pour les hommes assez de mépris pour espérer d'eux la connivence criminelle dont il avait besoin pour l'exécution de ses sinistres pensées. Mirabeau et Barnave prononcèrent aussi des paroles fatales qu'ils regrettèrent lorsqu'ils sentirent le besoin de mettre un frein à l'esprit de révolte. La masse de l'Assemblée, composée d'hommes flottants, après avoir

applaudi aux discours de Lally-Tolendal, se rendit aux
conseils des derniers opinants, et fit preuve de la plus insigne faiblesse, en acceptant, par son silence, la complicité
des attentats commis. On était loin des temps où une de
ces erreurs judiciaires trop inévitables sous tous les régimes excitait l'indignation des philosophes, et leur prê-
tait des armes victorieuses contre un gouvernement équitable et modéré. Ces philosophes, devenus gouvernants,
voyaient sans s'émouvoir des faits plus odieux, et qui
étaient de nature à convaincre d'imposture leurs sophismes
politiques, et de chimère leur habileté si vantée à l'a-
vance.

L'absence de toute répression, l'incitation souterraine
des factions et des sociétés secrètes, les rumeurs alarmantes
propagées par la malveillance, avaient rendu le crime con-
tagieux, et les excès commis à Paris s'étaient reproduits
sur plusieurs points de la France. A Caen, le major Belzunce, jeune homme plein de courage et de générosité,
neveu de ce prélat qu'une inépuisable charité avait rendu
illustre durant la peste de Marseille, était particulièrement
l'objet de la haine des révolutionnaires. Aimé des soldats à
cause de son caractère, il avait su maintenir dans son régiment l'ordre et la discipline, que les factieux s'efforçaient de
détruire au profit de leurs desseins. Ils parvinrent à exciter
dans le peuple une émeute contre le régiment, et, pour
éviter l'effusion du sang, Belzunce, plein de sang-froid et
de confiance, se remet entre les mains des agitateurs. Là,
comme à Paris, le conseil municipal essaya de le sauver
au moyen de ces artifices suggérés par le sentiment de
l'impuissance et de la crainte. Mais les meurtriers étant
parvenus à s'en emparer, le massacrèrent sous les yeux des
magistrats, et partagèrent son corps en lambeaux qu'ils
promenèrent triomphalement dans la ville. Une femme lui

ouvrit le sein avec des ciseaux, en arracha le cœur, et, dans les transports d'une sauvage cruauté, au milieu des applaudissements de la multitude, elle s'en fit un horrible festin.

Dans le but de porter le trouble jusqu'au fond des plus paisibles campagnes, et de propager dans la France entière la fièvre qui dévorait le centre, les chefs du mouvement envoyèrent dans toutes les provinces des courriers chargés d'annoncer l'arrivée de bandes de brigands qui, disait-on, incendiaient les villages, détruisaient les récoltes et portaient partout le ravage. Aussitôt, le tocsin est sonné dans chaque paroisse; partout on annonce comme voisin et menaçant le danger qui ne se montre nulle part; les populations s'arment, les gardes civiques s'organisent, et, dans la terreur dont elles sont saisies, ces troupes inexpérimentées se livrent souvent aux désordres qu'elles ont pour mission de prévenir. Par l'effet de ce stratagème coupable, il se forma, dans plusieurs provinces, des rassemblements de malfaiteurs qui devinrent un véritable fléau. Un certain nombre de châteaux furent brûlés, des propriétaires menacés, ou maltraités et forcés de fuir. La garde nationale des villes, animée de tendances diverses, partagée entre son antipathie contre la noblesse et la crainte de voir les habitants des campagnes prendre la prépondérance dans l'Etat, tantôt poursuivait les auteurs des troubles, tantôt les encourageait par son inaction. Dans nombre de localités, les paysans maintinrent l'ordre par eux-mêmes, et défendirent la vie des nobles, dont, en d'autres temps, ils avaient reçu aide et secours. Dans les jours les plus critiques de la Révolution, nous verrons tous les hommes mus par les mêmes sentiments de probité et de justice, quelles que fussent leur classe et leur condition, se continuer ce mutuel et honorable appui, qui n'est autre chose que la ligue de l'honneur contre le crime triomphant et persécuteur.

5

IV.

Nuit du 4 août; journées d'octobre; usurpations de l'Assemblée.

Par une tactique qu'inspirait la plus artificieuse malveillance, tandis qu'on incendiait les châteaux des nobles et qu'on livrait leurs personnes aux animosités populaires, on les accusait des attentats dont ils étaient les victimes, et ce système odieux de calomnies trouvait des échos jusque dans l'Assemblée nationale. La noblesse répondit à ces insinuations perfides par une généreuse abnégation. « A quelle époque, dit le marquis de Foucault, la noblesse a-t-elle cessé de concourir au salut du pays par son dévouement et l'oubli de ses intérêts? Vous prétendez que les malheurs publics ont leur raison dans les vestiges du système féodal, et ce système a cessé d'être depuis des années; dans de vains droits honorifiques, dans d'antiques prérogatives acquises par de longs et sanglants services ; s'il en est ainsi, nous en faisons le sacrifice sans regrets. Autant on est sûr de trouver en nous une constance inflexible pour soutenir l'autorité royale ébranlée, autant on est sûr de nous voir courir au devant des sacrifices qui nous sont personnels. » Alors, par un mouvement spontané, on rechercha tout ce qui, dans les anciennes coutumes de la législation et de la hiérarchie française, pouvait blesser le sentiment d'égalité qui s'était emparé des âmes. On trouva d'anciens usages ensevelis dans les archives des manoirs et des couvents ; quelques droits, dont les nécessités politiques ou administratives avaient investi les seigneurs furent détruits, pour être reproduits plus tard sous un autre aspect ; ce qui restait des services féodaux fut aboli, et les rentes furent déclarées rachetables. Le clergé rivalisa avec la noblesse dans cet élan de générosité, se flattant que tant de sacrifices deviendraient pour le pays un gage de paix et d'harmonie. Les motions succédaient aux motions, et tous les esprits, entraînés par cette ivresse commune, semblaient se confondre dans une même espérance de concorde et de prospérité. Cette œuvre, à laquelle on croyait voir s'attacher la régénération du pays, se continua durant toute une nuit, et les législateurs ne se retirèrent qu'au matin, fatigués de tant de destruction, mais pleins d'une confiance que l'avenir ne devait malheureusement pas réaliser.

Lorsque l'on examine avec sang-froid les résolutions prises dans cette nuit fameuse du 4 août, on est frappé du peu d'importance des résultats obtenus, et l'on se demande s'il suffisait de si peu de chose pour émouvoir, au risque des plus cruelles catastrophes, une nation tout entière. Après soixante ans de révolution, marqués par la promulgation de tant de nouvelles lois, ces privilèges qu'on avait abolis avec tant d'éclat et qu'on avait cru extirper, se sont reproduits

sous de nouvelles formes, aussi manifestes qu'ils l'étaient
sous une monarchie vieille de mille années: tant il est vrai
que, de tous les régimes, le régime révolutionnaire est le
plus fécond en abus aussi bien qu'en violences. Les esprits
attentifs reconnaîtront sans peine que, trompés par de vaines
apparences d'inégalité, les hommes de 89 ont souvent attaqué des institutions qui sont de l'essence de tout gouvernement régulier, et se transforment avec les mœurs et les siècles, sans cesser d'exister : tant il est vrai qu'en luttant
contre ce qu'on croit être des abus, on doit craindre de
renverser les coutumes qui ont pour elles l'expérience des
générations et la garantie du temps, si longue à obtenir.

L'Assemblée, sur la proposition de la noblesse, décréta
la répartition des impôts proportionnellement aux biens, et
abolit par là quelques priviléges accordés anciennement, en
compensation de services personnels. Depuis lors, par suite
du développement donné à certaines branches de la richesse
publique, des fortunes mobilières et industrielles se sont élevées, qui ne participent point aux charges supportées par les
autres natures de propriété. Cet état de choses, devenu de
jour en jour plus sensible, n'a pu jusqu'à présent être atteint par la législation; il constitue, en faveur des familles
qui sont en possession de ce genre de biens, un privilége
sans compensation et sans retour pour l'État.

Les services féodaux étaient institués originairement dans
un but d'intérêt public, soit pour seconder les seigneurs
dans les actes que réclamait d'eux le bien général, soit
pour les indemniser des absences forcées qu'exigeait la défense commune. Ces motifs ayant cessé d'exister, les services féodaux ne pouvaient leur survivre : rares et peu onéreux, ils ont été remplacés par des charges en rapport avec
l'état actuel de la société, et notamment par le service
militaire, qui absorbe pour sept années la moitié de cha-

que génération, et occasionne à l'agriculture un préjudice incalculable.

Les anciennes corvées pour l'entretien des routes était une des charges contre lesquelles on s'élevait avec le plus de véhémence, et elles furent supprimées. L'état de dégradation dans lequel tomba la voirie du pays força le gouvernement à y suppléer par des impositions extraordinaires, et, en outre, à les rétablir en faveur des chemins vicinaux, sous le nom de prestations.

Par leurs plaintes réitérées, par les clameurs dont les philosophes remplissaient leurs écrits, les novateurs obtinrent la suppression de la vénalité des charges et l'admissibilité de tous aux emplois publics. Cette mesure n'intéressait point le peuple, qui, sauf de rares exceptions, demeurera toujours, à raison de son genre d'éducation, écarté des hauts emplois de la magistrature. La masse de la nation, indifférente aux personnes, a le droit seulement d'obtenir une justice bonne et intègre. Or, tout en reconnaissant le mérite de la magistrature actuelle, nous ne croyons pas que le pays ait sensiblement gagné à ce changement de régime. En outre, après quelques années seulement, la vénalité a été rétablie pour certains offices de l'ordre judiciaire, et les autres sont l'apanage des familles de l'aristocratie tant ancienne que nouvelle, que leur fortune met en mesure de procurer à leurs enfants les connaissances indispensables pour remplir ces fonctions, dont la considération publique était autrefois la seule rémunération. Il faut reconnaître, d'ailleurs, que la Révolution devait inspirer une idée peu favorable de l'institution nouvelle, en la fondant sur le mépris de toute notion de justice, par la reprise, sans indemnité, des charges acquises des deniers des familles, et qui, sous la protection des lois, étaient devenues pour elles un patrimoine véritable.

On abolit également les priviléges des provinces et des villes. Cette mesure était une nouvelle iniquité. Ces priviléges, fondés sur des capitulations consenties, étaient le prix d'agrandissements précieux pour le pays. Sous prétexte de réaliser une homogénéité désirable, mais toujours imparfaite, on ne pouvait attaquer des droits sacrés et faire payer, par les provinces ainsi dépouillées, les dettes des autres parties du territoire. Du reste, on a été contraint de renouveler ces priviléges en faveur de certaines portions du sol acquises plus tard, et on n'hésiterait sans doute nullement à les accorder à des provinces dont la réunion paraîtrait être un avantage pour la nation. Avant peu d'années, l'uniformité, obtenue par de flagrantes iniquités, sera devenue une chimère, si toutefois on trouvait encore des populations qui consentissent à accepter de la nation française des conventions si ouvertement violées.

On décréta la suppression des pensions obtenues sans titre. Cette satisfaction donnée à l'opinion n'empêcha point les parasites du pouvoir nouveau de puiser dans le trésor public, avec d'autant plus d'avidité qu'ils prévoyaient la fin de leur fortune plus prochaine.

On abolit le droit exclusif de chasse. Des désordres funestes à l'agriculture et à l'alimentation publique accompagnèrent la jouissance de cette liberté nouvelle et sans limite. Le gouvernement, devenu plus régulier, se vit dans la nécessité d'y mettre un frein, et entoura le droit de chasse de restrictions et d'entraves qui en font le privilége de la fortune et de la propriété foncière.

M. de Virieu, député du Dauphiné, monta à la tribune pour joindre son offrande à celles qu'on déposait sur l'autel de la patrie. « Je suis comme Catulle, dit-il, je n'ai qu'un moineau, et je l'offre. » L'abolition du droit de colombier, consacrée par ce madrigal, fut peut-être le seul acte de cette nuit fameuse que l'avenir ne dut point rappeler.

Les dimes possédées par le clergé donnèrent lieu à d'assez longues discussions. On avait décidé d'en autoriser le rachat, puis ensuite on en demanda la suppression complète, moyennant une indemnité accordée par l'Etat. Par esprit de paix et de désintéressement, le clergé accepta les conditions qui lui étaient offertes. « Que l'Evangile soit annoncé, s'écria l'archevêque de Paris, que le culte divin soit célébré avec décence, que les églises soient pourvues de pasteurs zélés et vertueux, que les pauvres soient secourus, voilà la fin de notre ministère et de nos vœux : nous nous confions dans l'Assemblée nationale. » Dès lors les dîmes furent réunies à l'impôt foncier, et l'Etat se chargea de la dette de la nation envers le clergé. Ceux qui ont succédé aux révolutionnaires dans la triste tâche de propager les défiances et les discordes civiles effraient quelquefois la crédulité populaire en parlant du rétablissement possible des dîmes et des droits seigneuriaux. Nous avons vu les transformations des unes et des autres. Les services publics auxquels ils avaient pour but de pourvoir sont assurés aujourd'hui d'une manière différente et plus conforme aux mœurs modernes. Cette ancienne législation a perdu sa raison d'être et ne saurait se reproduire, non plus que le temps, dans sa marche fatale, ne saurait, en revenant en arrière, remonter le cours des âges écoulés.

Le régime nouveau établi par suite des résolutions de la nuit du 4 août, donnait une satisfaction complète et irrévocable aux griefs élevés par la classe moyenne. Son but semblait atteint d'un seul coup. Les plaintes formulées pendant un demi-siècle par les publicistes et les philosophes contre les inégalités sociales étaient désormais sans objet. Le peuple n'avait plus qu'à jouir, dans une paix profonde, du bien-être et de la prospérité dont les plans des novateurs, mis à exécution, devaient être pour lui la source. Mais les événements qui suivirent se plurent à donner d'étranges démentis aux prévisions de ces esprits trop confiants. La nation, soumise, depuis soixante années, à l'expérience des principes qui devaient la régénérer, après avoir, dans cette longue épreuve, perdu une partie de ses libertés et supporté des crises sanglantes, s'est vue trainer, d'agitations en agitations, vers une situation où elle ne saurait rester et d'où elle cherche vainement à sortir. Il n'est pas difficile de pénétrer les motifs de ce fait. La plupart des hommes qui recherchaient, même avec une certaine sincérité, l'avantage du pays, le considéraient sous un point de vue exclusivement matériel. Tandis qu'ils s'efforçaient d'éblouir le peuple par la perspective du bien-être et de la richesse, ils mettaient dans un oubli absolu les principes moraux les plus essentiels à la conservation des sociétés, ou ne consentaient à leur accorder qu'une importance toute secondaire. En même temps qu'on détruisait avec éclat les priviléges des hautes classes, on créait, par l'impunité, le privilége de la licence, des mauvaises mœurs, de l'insoumission, de la révolte. De là, une impuissance radicale dans les institutions, et l'inefficacité des efforts tentés pour parvenir à un état de paix si fastucusement promis ; de là, ces irritations secrètes, ces troubles, qui sont devenus, pour la nation, une sorte d'état régulier et permanent, et tant d'autres malaises moraux, présages mystérieux qui épouvantent les hommes assez hardis pour envisager l'avenir, et assez sages pour n'être pas trompés par de vaines chimères.

L'Assemblée nationale, réunie principalement pour régler les matières de finances, ne s'était pas encore, après cinq mois, occupée de cet objet important. Les mesures qu'elle adoptait tous les jours et la confusion qu'elle avait mise dans tous les services publics avaient eu pour effet de convertir la pénurie du Trésor en un désordre irremédiable. Elle avait pensé que le calme, le crédit et l'ordre des finances allaient naître par enchantement des changements opérés dans l'administration, et chaque pas qu'elle faisait était un pas vers la ruine et la banqueroute. Les nouveaux gouvernants ne pouvaient même, selon leur coutume, accuser du mauvais état des affaires les ennemis de la Révolution; car tous les membres de l'Assemblée étaient unanimes dans la recherche des moyens propres à conjurer cette situation : ils ne pouvaient donc l'imputer qu'à leur imprévoyance et aux circonstances dont ils étaient les auteurs. On était déjà sur le point de suspendre le paiement des rentes de l'État et la solde de l'armée, quand le ministre Necker eut le courage de dévoiler cette position à l'Assemblée, en demandant l'autorisation de contracter un emprunt. Cette déclaration fut suivie d'un débat où ces matières, nouvelles pour l'Assemblée, furent discutées confusément et sans intelligence. Elle s'imaginait que les capitalistes, confiants dans les garanties offertes par les institutions nouvelles, s'empresseraient de souscrire ces emprunts, obtenus aisément par un gouvernement régulier; et, comptant sur leur patriotisme, elle diminua le taux de l'intérêt proposé par le ministre. L'occasion s'offrait pour la classe moyenne d'imiter le dévouement des nobles, et de répondre aux sacrifices qu'elle leur avait demandés, par l'offre des capitaux que le commerce avait mis entre ses mains. Mais les proclamations les plus sonores furent impuissantes à émouvoir le désintéressement des juifs et des banquiers, et d'un emprunt de trente millions on parvint à peine à réaliser huit cent mille francs. On tenta l'incertain et faible expédient des dons patriotiques. Le roi vendit sa vaisselle, et quelques seigneurs à demi ruinés firent entrer, en l'imitant, quelques ressources au Trésor.

Alors l'Assemblée se vit dans la nécessité de demander aux citoyens une contribution extraordinaire du quart de leurs revenus, et préluda, par cette mesure exorbitante, aux exigences de même nature que les gouvernements révolutionnaires eurent dès lors l'habitude de faire peser sur le pays.

A Paris, malgré l'institution de la garde nationale, les désordres se perpétuaient et les brigands restaient maîtres de la ville. Les plus fougueux révolutionnaires continuaient de se réunir au Palais-Royal, où ils concertaient ostensiblement leurs mesures anarchiques. Camille Desmoulins, qui s'intitulait le procureur-général de la lanterne, ne cessait d'émouvoir les masses par ses discours mensongers et ses propositions violentes. Les factieux, mécontents de voir le siége du gouvernement établi à Versailles, où il eût pu se défendre de leurs entreprises, cherchaient les moyens d'attirer à Paris le roi et l'Assemblée, alors trop disposée à les seconder. Par là, ils seraient libres de dicter aux deux pouvoirs leurs volontés absolues, de les chasser, au besoin, et d'imposer à la France un despotisme sans frein. Deux fois, pour accomplir ce projet, leurs chefs avaient essayé de lancer sur Versailles les hordes qu'ils faisaient mouvoir ; mais les brigands, sortis de Paris, ne se voyant pas soutenus par les instigateurs du mouvement, privés des refuges ordinaires que leur offrait la capitale en cas de revers, avaient craint de s'exposer à un danger sans profit, et n'avaient pas tardé à revenir sur leurs pas.

A cette époque, le duc d'Orléans, que les agitateurs entouraient d'une popularité factice, et soutenu par un parti plus remuant que nombreux, se croyait au moment de réaliser les espérances d'ambition dont on le flattait et de satisfaire son animosité contre la reine. Il appuyait le projet d'un mouvement sur Versailles, dans la pensée de pro-

voquer le roi à une fuite dont il eût profité pour se faire
déclarer lieutenant-général du royaume. Cette nouvelle insurrection fut préparée pour les premiers jours d'octobre,
et, par une idée étrange, on résolut d'y faire jouer aux
femmes le rôle principal. On se servit du prétexte ordinaire de la disette, et, d'après un plan convenu, le matin du
5 octobre, les boutiques des boulangers restèrent fermées
dans les quartiers les plus populeux. Les femmes éplorées
se rassemblent, on leur imprime une direction, on leur adjoint un nombre infini de compagnes sorties de tous les
antres de la prostitution et du crime. Des bandes d'émeutiers, déguisés en femmes, et que trahissent leurs traits et
leur maintien, grossissent la foule qui se rend à l'Hôtel-
de-Ville pour s'y munir d'armes, en chantant des airs in-
ventés pour le meurtre. La garde nationale, chargée de la
défense de l'Hôtel-de-Ville, n'oppose qu'une molle et insi-
gnifiante résistance, et huit cents fusils, avec beaucoup
d'autres armes, tombent entre les mains de l'émeute.
Comme on sentait le besoin de commencer cette journée
par quelque assassinat, on pendit un vénérable ecclésiastique qui se rencontra sur le passage de ces forcenés, et dont
toute l'existence était consacrée à secourir les pauvres et
à approvisionner les nécessiteux. Heureusement, une
femme, émue par la pitié, coupa avec un sabre la corde fatale avant qu'il eût expiré, et le prêtre eut le bonheur
d'échapper à la mort, dont il avait subi les angoisses.

Un huissier, nommé Maillard, et qui devait figurer dans
toutes les atrocités de la Révolution, se met à la tête du
rassemblement, qui se dirige sur Versailles, au milieu d'imprécations obscènes ou féroces. Le nom de la reine, particulièrement désignée aux fureurs des partis, était proféré
avec d'horribles menaces. Heureusement, la lenteur de la
marche permit à quelques amis du roi d'aller à Versailles

lui en donner avis, et l'on put prendre quelques précautions incomplètes contre cette subite agression. En effet, ces misérables, embauchant sur leur passage toutes les femmes qui se rencontraient, envahissaient, sur leur chemin, les cabarets et les tavernes, où on les gorgeait de vin et de liqueurs, avec l'or répandu à profusion par les partisans du duc d'Orléans. Elles arrivèrent donc à Versailles à une heure avancée, en même temps que les hordes de brigands lancées à leur suite pour les seconder et augmenter la confusion. Trouvant les abords du château garnis de quelques troupes, elles se portèrent vers l'Assemblée nationale. Beaucoup de membres voyaient avec faveur un mouvement dont le résultat leur semblait devoir être un nouvel affaiblissement du pouvoir royal et un agrandissement du leur. Mais ces femmes, ivres pour la plupart tout en parlant de détresse et de famine, leur firent payer durement cette odieuse alliance du vice et de la sédition. Introduites d'abord en petit nombre dans l'Assemblée, bientôt elles y pénétrèrent en foule, prirent place à côté des représentants, et, les interpellant insolemment, mêlaient aux délibérations les plus grossiers propos. *Parle*, disaient-elles à l'un. *Tais-toi*, criaient-elles à un autre. *Nous voulons du pain*, disait Maillard d'une voix avinée ; *qu'on ne tarde pas à nous satisfaire, ou le sang va couler.* En même temps, ces mégères jetaient avec mépris le pain qu'on leur faisait distribuer, et se partageaient avidement les liqueurs colportées par les soins du duc d'Orléans. Par une étrange coïncidence, on vint à lire une pétition des forçats de Toulon qui offraient leurs bras pour le soutien de la cause populaire, et elles accueillirent avec un transport frénétique ce concours effronté du crime à une Révolution qui le réhabilitait tous les jours.

Le président Mounier, indigné de tant d'outrages faits à

la représentation nationale et soufferts lâchement par elle, proposa d'aller exposer au roi les plaintes du peuple. On nomma une députation dans ce but ; mais les femmes élèvent alors la prétention d'accompagner les députés devant le roi. Après quelques contestations, on choisit quelques-unes de celles qui semblaient plus égarées que coupables et que leur âge paraissait encore préserver de la licence. Soit que l'aspect de la majesté souveraine fît impression sur leur esprit, soit qu'elles fussent dominées par l'ascendant de la bonté du roi, elles s'abstinrent de tout désordre, et parurent vivement touchées de l'accueil qui leur fut fait. L'une d'elles voulut porter la parole ; mais l'émotion l'empêcha de s'expliquer : le roi s'empressa de la rassurer et la combla, ainsi que ses compagnes, des marques de sa bienveillance. Ravies des bontés dont elles avaient été l'objet, ces femmes redescendirent sur la place, en répétant les cris de Vive le roi ! vive la reine ! Cet enthousiasme involontaire faillit leur devenir funeste. Celles qui les avaient envoyées, furieuses d'entendre ces cris et poussées par leurs instigateurs ordinaires, s'apprêtaient à les étrangler, lorsque des gardes du corps, après mille efforts, parvinrent à les arracher de leurs mains.

Le plus grand désordre ne cessait de régner autour du château royal : à chaque instant, des coups de fusil, partis de la foule, étaient dirigés sur les troupes qui en défendaient l'accès. Sans la maladresse de tant d'hommes et de femmes peu habitués au maniement des armes, des compagnies entières eussent été décimées. Le roi, toujours préoccupé du désir d'éviter l'effusion du sang, avait fait défendre aux troupes de répondre à ces lâches agressions et leur fit même évacuer les dehors du palais. La foule, devenue plus hardie par ce mouvement de retraite, continua, pendant toute la soirée, ses vociférations et ses menaces.

Le nom de la reine surtout revenait sans cesse au milieu de leurs clameurs, et mille cris forcenés demandaient sa tête. Les partis révolutionnaires, dans leurs discours, leurs journaux et leurs clubs, n'avaient cessé de la signaler aux haines populaires, et de la représenter comme l'auteur des maux causés par leur funeste influence. C'était un calcul pour dissimuler les attaques qu'ils dirigeaient contre Louis XVI, dont la popularité était trop grande et trop légitime pour qu'ils pussent espérer de la détruire en un seul jour ; dès lors, la disette, le mauvais état des affaires, le désordre des finances, et même les intempéries des saisons, étaient imputés à la reine Marie-Antoinette. Des calomnies infernales, des complots imaginaires, des impostures toujours démenties par les faits et néanmoins toujours acceptées par la crédulité, l'avaient fait prendre en aversion par des masses égarées qui ne la jugeaient que par les yeux de ses ennemis. Ceux qui la voyaient tous les jours ne pouvaient assez admirer sa grandeur d'âme, sa générosité, sa sensibilité ; ils lui portaient un dévouement sans bornes, et étaient prêts à affronter la mort pour la fille de l'héroïque Marie-Thérèse.

Dans ces moments critiques, Louis XVI, inquiet pour les jours de la reine, l'engageait à se dérober, par la fuite, aux périls qui la menaçaient, et des voitures avaient été préparées pour elle. Mais Marie-Antoinette ne voulut pas consentir à séparer son destin de celui du roi. Aux personnes qui la pressaient de s'éloigner : « Jamais, répondit-elle, je ne me séparerai de mon époux et de mes enfants ; j'entends bien qu'on demande ma tête ; mais je suis fille de Marie-Thérèse, et j'ai appris d'elle à ne pas craindre la mort. » En effet, elle était un de ces enfants que l'impératrice tenait par la main, quand elle se présenta devant les fidèles Hongrois, qui s'écrièrent : *Mourons pour notre roi*

Marie-Thérèse! Le temps de ces élans sublimes était passé. La France, envahie par une tourbe de rhéteurs et d'intrigants, ne connaissait que les froids calculs de l'égoïsme et de l'envie. L'oreille du peuple, fermée aux généreuses inspirations, n'était plus accessible qu'aux séductions criminelles et perfides ; la source des sentiments nobles était tarie dans son âme, et quand Marie-Antoinette fit un appel suprême au dévouement et à l'honneur de la nation qui l'avait accueillie avec tant de marques d'amour, ce fut le bourreau qui lui répondit.

A une heure avancée de la soirée, arriva Lafayette, avec quelques bataillons de la garde nationale de Paris. Dans un danger si imminent et qui réclamait si impérieusement le concours des citoyens, il avait eu peine à réunir une faible partie de cette milice, plus disposée à discourir sur les dangers publics que propre à les conjurer. Il rétablit quelque ordre dans la ville de Versailles, et fit ranger ses troupes aux abords du château, pour protéger la famille royale. Les émeutiers quittèrent la place du palais, et on vit ces hommes et ces femmes soi-disant sans ressources inonder les cabarets, les auberges de Versailles, et même la salle de l'Assemblée nationale, et se livrer, dans tous ces lieux, aux plus dégoûtantes orgies. La confusion régnait dans la ville, épouvantée à chaque instant par des cris de mort et la détonnation d'armes à feu. Avant que le jour parût, ils se présentèrent de nouveau devant la demeure royale, que la garde nationale était chargée de défendre. Celle-ci n'ayant su leur opposer aucune résistance, les brigands pénétrèrent dans les cours et se préparèrent à envahir le château, pour exécuter contre la reine leurs sinistres desseins. Les appartements royaux étaient protégés seulement par un petit nombre de gardes du corps lorsque plusieurs milliers d'assassins y firent irruption. Deux factionnaires placés à la première porte la défendirent avec acharnement, et retardèrent l'invasion pendant quelques instants ; l'un d'eux fut mis en pièces, et l'autre eut le temps, en se retirant, de donner l'alarme à l'intérieur. Quelques gardes accourus à la hâte défendent, par des prodiges de force et de valeur, le dépôt qui leur est confié ; chaque porte, chaque passage devient le théâtre d'une lutte gigantesque où un homme lutte contre mille tigres furieux, qui, après l'avoir percé de coups, se partagent les lambeaux de son corps et les portent à la pointe de leurs piques, en signe de ralliement. Cependant, les assassins assiégeant chaque salle, enfonçant les portes à coups de hache, s'approchent de la chambre de Marie-Antoinette. *Courons*, s'écriaient-ils, *courons couper la tête de la reine ; allons lui arracher le cœur.* Mais tant de combats héroïques ont retardé l'accomplissement de leur affreux projet. Dans l'antichambre de la reine, deux gardes du corps redoublent de courage et d'efforts ; par des prodiges de vigueur, ils font reculer la masse entière des assaillants ; mais enfin, ils succombent sous mille coups de piques. Epouvantés de cette résistance , et craignant de rencontrer de nouveaux obstacles qui réellement n'existaient pas, les brigands suspendent leur attaque, pour aller se munir d'armes plus meurtrières, et ce moment de répit sauve les jours de la reine. Avertie par les clameurs, elle se lève en toute hâte et se réfugie chez le roi par des issues secrètes : les meurtriers, bientôt revenus et se voyant frustrés de leur proie, percent de coups sa couche vide, en poussant des cris de rage.

Cependant, les gardes du roi étaient parvenus à se réunir ; des gentilshommes dévoués, des membres de l'Assemblée étaient accourus au château. Lafayette, dont l'incurie coupable avait occasionné ces scènes hideuses, rassemble enfin quelques compagnies de la garde nationale et de la troupe, et l'on parvient à chasser de l'intérieur du château les hordes qui l'occupaient encore. Mais au dehors, la colère de la multitude, excitée par les distributions d'argent et de liqueurs, ne cessait de se manifester par des clameurs effrayantes. Un homme à l'aspect féroce, et qui se désignait lui-même sous le nom de Coupe-Tête, cherchait à l'activer en montrant les têtes de deux gardes du corps promenées dans la foule, au bout de piques. « Que font nos gens ? disait-il, en agitant ses bras ensanglantés. M'ont-ils fait venir ici pour si peu de chose ? Quand m'appelleront-ils pour couper la tête de la reine ? »

Lafayette, qui, à l'aide des troupes dont il avait le commandement, aurait pu dissiper les factieux, aima mieux négocier avec eux et augmenta ainsi leur audace. Il fut convenu que le roi et la reine viendraient à Paris et donneraient par là gain de cause à l'insurrection. Ce retour s'opéra au milieu de scènes qui étaient peu propres à rassurer le monarque sur les suites de sa condescendance. Les brigands portaient en triomphe, en avant du cortége, les têtes des gardes du corps massacrés, en faisant entendre des chants sanguinaires, où ils se présentaient comme les vainqueurs du jour. Les femmes suivaient juchées sur des voitures de grains préparées à l'avance, et qu'on faisait entrer à Paris comme une partie du butin conquis sur les accapareurs et les ennemis du peuple. Celui-ci, éternel jouet des factieux, se laissait prendre à ces vaines parades.

L'Assemblée nationale suivit bientôt le roi à Paris. Dans ces malheureuses journées des 5 et 6 octobre, son désir d'affaiblir l'autorité royale, déjà si ébranlée, l'avait conduite à l'oubli de toute dignité. Pendant de longues heures elle s'était résignée à subir les outrages et les injonctions d'une émeute ignoble, et n'avait vu dans le triomphe de l'insurrection, qu'un moyen de contraindre le roi à approuver des décisions qu'il jugeait, avec raison, désastreuses pour le pays. Dans le moment où la personne du souverain était menacée, quelques membres proposèrent à l'Assemblée de se transporter tout entière auprès de lui, pour partager ses dangers et en imposer aux factieux; mais, soit pusillanimité, soit calcul, soit plutôt absence de ces sentiments généreux si prompts à se produire autrefois dans les cœurs français, l'Assemblée demeura impassible, et se borna à envoyer au monarque une députation à laquelle se joignirent la plupart des membres de la noblesse. Plusieurs d'entre ceux-ci, révoltés de cette attitude égoïste et déshonorante, et ne voulant rester ni spectateurs, ni complices de tant d'attentats, cessèrent de participer à ses délibérations. Le parti du désordre se fortifiait ainsi par l'effet même du dégoût et du mépris qu'il inspirait, et la représentation nationale perdait le concours des plus nobles caractères. Contradiction étrange! L'Assemblée presque tout entière voulait le maintien de la monarchie et était attachée sincèrement à la personne de Louis XVI. Elle n'avait pas plus d'entraînement pour les utopies républicaines de quelques députés, que de sympathie pour les institutions nobiliaires. Mais, égarée par des passions sans grandeur, dépourvue de sens politique, et livrée aveuglément à la direction de quelques chefs ambitieux, elle attaquait chaque jour la royauté, qu'elle entendait conserver, et sapait à l'avance les fondements de la constitution qu'elle élevait avec tant d'éclat et de présomption.

L'opinion publique ne tarda pas à faire justice d'un personnage dont la conduite, dans ces tristes conjonctures, n'avait pas été moins coupable. Le parti du duc d'Orléans avait contribué grandement à cette prise d'armes dont ce prince espérait recueillir le fruit. On avait vu son or circuler dans les masses, et lui-même s'était montré au milieu

de l'insurrection, où des cris de vive notre roi d'Orléans !
l'avaient accueilli. Il était digne, en effet, par son caractère,
d'être le roi de ce peuple d'hommes vicieux et tarés, recrutés dans les bagnes et dans les repaires les plus abjects
d'une capitale corrompue. Toutefois, son plan, qui consistait à forcer le roi à la fuite, avait échoué, et dès
lors une indifférence absolue remplaça l'influence factice
dont il avait joui jusqu'alors. Dédaigné par Lafayette, oublié par le peuple, attaqué par les clubistes qui l'encen-
saient la veille, il s'abandonna lui-même dans cette crise,
et s'enfuit en Angleterre, en ne laissant à ses partisans que
la honte de servir un chef aussi méprisable dans sa conduite qu'ambitieux dans ses désirs.

Les événements qui se succédaient avec tant de rapidité
consternaient la partie saine et calme de la nation. Le roi,
prisonnier à Paris, n'exerçait plus qu'une autorité nominale, chaque jour diminuée par les décrets de l'Assemblée.
Celle-ci, dominée par l'ascendant de quelques tribuns, pri-
vée des lumières des hommes sensés, qu'elle refusait d'entendre, appelait le régime futur de la Terreur par ses actes
législatifs, et plus encore par l'impunité dont elle encourageait les excès journaliers commis sur divers points du
royaume. Cette absence de toute répression et de toute sécurité, cette rupture violente de tous les liens sociaux
donna lieu au mouvement d'émigration, qui, commencé à
cette époque, se continua d'une manière plus générale les
années suivantes. Des nobles menacés dans leur liberté et
dans leur existence allèrent au dehors chercher un refuge
contre la proscription. Quand les dangers de la monarchie
s'accrurent, les princes de la famille royale, sortis de France,
devinrent le centre autour duquel se rallièrent tous les
amis de la royauté et des lois, tous ceux qu'irritait le spectacle de tant de crimes ; dès lors, l'émigration, qui avait été

une nécessité pour quelques-uns, devint une sorte de devoir pour tous les nobles, obligés plus particulièrement à se dévouer pour le salut du roi et celui du pays. On les vit alors, presque sans exception, avec une généreuse émulation, faire le sacrifice de leur repos et de leur sang, et s'exposer à la confiscation de leurs biens, pour répondre à la voix de l'honneur, qui était leur bien le plus cher. Quoique, pour eux, la fidélité au principe monarchique fût, en quelque sorte, une obligation spéciale, ils ne furent pas les seuls à se ranger sous les drapeaux qu'on opposait aux étendards sanglants de la Terreur. Beaucoup d'autres Français, cédant à d'honorables inspirations, un grand nombre même d'habitants des campagnes, notamment dans les départements du Nord et de l'Est, suivirent les gentilshommes sur la terre étrangère, et composèrent les cadres de cette armée de Condé, si féconde en souvenirs de dévouement et d'honneur. Dans d'autres provinces, nous verrons des résistances opiniâtres et souvent couronnées de succès protester contre l'asservissement de la France, et des pays entiers se soustraire, par une lutte magnanime, à la tyrannie des cannibales qui couvraient le sol national de sang et de ruines.

Il semblait que la présence du roi et de l'Assemblée à Paris devait avoir pour effet de désarmer les brigands et de mettre un terme aux excès dont ils ensanglantaient la capitale. Mais, peu de jours après les événements d'octobre, un meurtre non moins atroce que les précédents y répandit une nouvelle terreur. Un boulanger, nommé François, en fut la victime. Dans ces temps de disette, il s'était particulièrement distingué par le zèle et l'habileté qu'il avait déployés pour faire ses approvisionnements, et son magasin n'avait cessé d'être abondamment pourvu. Cette circonstance même le signalait aux fureurs des factieux, qui spéculaient sur les besoins du peuple pour le soulever, et qui cherchaient à augmenter la disette, tout en affectant de la déplorer dans leurs clubs et leurs journaux. François fut saisi avec deux autres boulangers, qui, plus heureux, parvinrent à échapper aux mains des assassins. Quelques efforts tentés par la municipalité pour apaiser les meurtriers ne purent sauver l'infortuné de la mort : il fut suspendu à la fatale lanterne. Les mêmes scènes atroces et dégoûtantes qui avaient suivi les exécutions de cette nature accompagnèrent ce nouveau crime. Mille outrages furent exercés sur les restes sanglants de François, et sa tête, portée au bout d'une pique, fut présentée à tous les boulangers, qu'on forçait à la baiser. Sa femme, qui courait échevelée dans les rues, pour implorer, en faveur de son mari, d'impuissants et lâches magistrats, aperçut sa tête sanglante sur la place de l'Hôtel-de-Ville, et tomba évanouie à cet aspecct; les monstres, avec des rires barbares et stupides, approchent de ses lèvres cette tête inanimée, et laissent son visage couvert du sang du malheureux François.

Ce meurtre, commis presque sous les yeux de l'Assemblée nationale, lassa enfin son étrange longanimité, et des mesures furent prises pour prévenir le retour de ces scènes sauvages. En effet, pendant quelques mois, elles cessèrent de se produire à Paris, et les brigands, adoptant la province pour théâtre de leurs méfaits, continuèrent à braver la vengeance des lois. A Marseille, ils se portèrent contre un fort voisin de la ville, pour s'en emparer, parvinrent à se saisir du commandant, et se disposèrent à le conduire en prison. Mais, pendant le trajet, ils le massacrèrent, et rentrèrent en ville, en portant en triomphe les lambeaux de son cadavre. Des faits de même nature se passèrent à Valence et à Viteaux. Un attroupement séditieux ayant eu lieu à Varaise, le maire se présenta pour le dissiper, et fut

massacré par les fauteurs du désordre. Les employés chargés du recouvrement de l'impôt ne pouvaient plus, sans
s'exposer à de graves dangers, vaquer à l'exercice de leurs
fonctions, toujours impopulaires ; cinq d'entre eux furent
pendus par un rassemblement tumultueux à Bérins. Un avocat distingué d'Aix, M. Pascalis, s'était, en protestant contre
la dissolution des anciens corps judiciaires, rendu odieux
aux révolutionnaires, et ceux-ci l'avaient dès lors désigné
aux animosités populaires. Rien ne prouvait mieux l'égare-
ment de la multitude, que cette haine contre un homme
qui, en s'opposant à l'institution d'une magistrature nouvelle et dépourvue d'expérience, défendait évidemment les
véritables intérêts du peuple et du pays. Mais, à cette époque, le plus pur dévouement à l'intérêt public était un titre
à la rancune de la faction dominante, et M. Pascalis, dénoncé dans un club comme ennemi de la Révolution, fut
conduit en prison ; mais il n'y put trouver un asile contre
la fureur des assassins, qui, après en avoir brisé les portes,
l'en arrachèrent, avec deux autres citoyens coupables des
mêmes crimes. Tous trois furent immolés sous les yeux des
autorités impuissantes. Ces faits et beaucoup d'autres non
moins odieux inauguraient la puissance nouvelle de la faction démagogique et préparaient la France aux atrocités de
93. En même temps, les animosités religieuses, réveillées
par les mesures violentes de l'Assemblée nationale contre le
culte, faisaient couler des flots de sang dans plusieurs villes
du Midi. A Nîmes, les catholiques, assaillis par les protes-
tants unis aux révolutionnaires, furent lâchement massacrés
au nombre de plus de quatre-vingts, parmi lesquels se
trouvaient plusieurs prêtres.

La majorité de l'Assemblée, composée d'hommes affiliés
aux sociétés secrètes ou attachés à la secte philosophique,
n'avait rien plus à cœur que la ruine de la religion catho-

lique en France. Elle commença ses attaques par la confiscation des biens ecclésiastiques et la destruction des couvents. Quelques-uns de ces couvents avaient, il est vrai, dégénéré de leur primitive institution, et l'autorité ecclésiastique avait ordonné la suppression de plusieurs. Mais la plupart, adonnés à la culture du sol ou à des œuvres éminemment utiles, rendaient à la portion souffrante du peuple des services que la philosophie elle-même ne pouvait se refuser à reconnaître. Mais ni les travaux scientifiques ou agricoles des moines, ni les soins prodigués par les religieuses hospitalières aux infirmités de toute sorte, ne purent les soustraire les uns et les autres à la haine dont toutes les institutions catholiques étaient l'objet. Jetés hors de leurs couvents, sans asile et sans ressources, taxés à une minime pension, qu'ils ne touchèrent jamais, ils allèrent porter dans les pays étrangers le témoignage de la brutale ingratitude dont ils étaient les victimes dans le leur. La Révolution, qui se priva de leurs services sans parvenir à les remplacer, ne sut même pas tirer avantage des richesses qu'elle leur avait si injustement dérobées, et jamais biens usurpés n'apportèrent un plus mince profit à d'injustes acquéreurs. Non-seulement ils n'enrichirent pas le gouvernement qui se les était appropriés, mais ils servirent à ruiner la nation tout entière, en donnant naissance au système désastreux des assignats.

Pour faire face aux besoins toujours croissants du Trésor, l'Assemblée eut recours à la création d'un papier monnaie auquel les propriétés enlevées au clergé devaient servir de garantie, et on en émit, une première fois, pour 400 millions, en lui attribuant un cours forcé. Elle ignorait que les moyens de rigueur employés pour contraindre la confiance publique ont pour effet inévitable d'alarmer cette même confiance et de produire un résultat diamétralement opposé à celui qu'on s'en promet. Il n'est pas douteux qu'un gouvernement régulier eût trouvé, dans la réalisation de ces ressources, le moyen de dégrever le Trésor de l'arriéré qui l'obérait, et d'assurer pour un long avenir la prospérité de nos finances. Mais les gouvernements révolutionnaires sont privés des mêmes avantages, et il est dans leur nature de se créer, au détriment du pays et de la justice, des ressources immenses, et de les dissiper sans discernement et sans fruit. Ces *bons* ou *assignats* émis par une Assemblée dont les actes étaient loin d'obtenir l'assentiment unanime de la nation, hypothéqués sur un gage dont la possession, malgré les sophismes et les paradoxes des rhéteurs, paraissait à tous les esprits de bonne foi empreinte d'une flagrante illégitimité, donnés avec empressement et reçus avec défiance, ne tardèrent pas à perdre, vis-à-vis de l'argent monnayé, une partie considérable de leur valeur. Cette dépréciation devint bien plus sensible encore quand les Assemblées qui se succédèrent, de plus en plus embarrassées par les questions de finances, multiplièrent les émissions de ce papier, et les portèrent à un chiffre qui dépassait de beaucoup la valeur des biens qui leur servaient de garantie. Recueillis par des spéculateurs peu scrupuleux, ils leur servirent à réaliser, à vil prix, l'acquisition des biens dits *nationaux*, confisqués au clergé et aux émigrés, et à fonder des fortunes nouvelles qui devinrent un scandale pour les populations. Ils formèrent une classe de biens que leur origine soumit, pendant de longues années, à une notable dépréciation, et qui ne recouvrèrent leur valeur vénale réelle, que par l'effet du concordat passé avec le Saint Siége et de la loi d'indemnité rendue en faveur des anciens possesseurs.

La confiscation des biens du clergé, qui désormais rendait ce corps dépendant du budget de l'État et des caprices de l'opinion, et la suppression des monastères, ne suffisaient pas à assouvir la haine que portaient à la religion catholique les sectes révolutionnaires. Elles songèrent à lui porter des coups plus décisifs, et s'adjoignirent, dans ce but, la secte des jansénistes, qui, maintes fois condamnée par le Saint Siége, à raison de ses erreurs, était résolue à faire supporter à la religion l'effet de ses orgueilleuses rancunes. Cachant ses desseins de domination sous le voile d'un zèle hypocrite, elle parla de la nécessité d'une réforme dans la discipline ecclésiastique, des abus existants et de ceux qui étaient possibles, et proposa enfin, sous le nom de *constitution civile du clergé*, un projet qui changeait de fond en comble l'organisation ancienne de l'Eglise catholique en France. Non-seulement les circonscriptions des diocèses étaient modifiées profondément, mais encore on supprimait les chapitres, on changeait les conditions de la hiérarchie, et on déférait enfin la nomination des évêques et curés au choix des habitants réunis en corps électoraux, comme pour la nomination des magistrats civils. Un changement si capital était hors des attributions de l'Assemblée; mais elle n'hésita pas à l'opérer de sa propre autorité, et se refusa à toute négociation avec le pouvoir religieux pour régler des matières où il était seul compétent. Non contente de cette usurpation flagrante sur les droits de l'Eglise, l'Assemblée porta un décret pour obliger les prêtres à prêter serment à cette nouvelle constitution. Tout ecclésiastique qui s'y refusait était réputé avoir renoncé à ses fonctions, et il devait être pourvu immédiatement à son remplacement. Quiconque, sans avoir prêté le serment, continuait les fonctions de son ministère, devait être poursuivi devant les tribunaux comme rebelle à la loi, déclaré déchu de ses droits de citoyen, et privé de son traitement, sauf peines plus graves, s'il y avait lieu. Nous verrons les Assemblées suivantes aggraver, d'une manière barbare, ce système de rigueur organisé contre les ecclésiastiques fidèles à leur conscience et à leur devoir.

L'immense majorité du sacerdoce français accepta noblement les conséquences de ces mesures, qui lui attiraient la ruine et l'exil avant de lui procurer le martyre. Par l'organe de ses évêques, le clergé déclara à l'Assemblée nationale que son sacrifice était consommé, et qu'il retournerait sans regret à la pauvreté des temps apostoliques. « Vous ne sauriez les contraindre, ces pasteurs, à quitter leurs siéges, dit un de leurs défenseurs ; si on les chasse de leur palais épiscopal, ils iront dans la cabane du pauvre qu'ils ont nourri ; si on leur ôte une croix d'or, ils porteront une croix de bois : c'est la croix de bois qui a sauvé le monde. » Malgré ces éloquentes paroles, l'Assemblée passa outre, et ordonna le serment, qui fut prêté d'abord par quelques-uns de ses membres. Un seul évêque participa à ce scandale. C'était M. de Talleyrand, qui, bientôt après, quitta l'état ecclésiastique, pour lequel il était peu fait, et acquit une certaine célébrité dans le monde politique. On fit l'appel nominal des autres membres du clergé, en les invitant à suivre l'exemple des premiers. Un appareil formidable entourait le lieu des séances de l'Assemblée, et l'armée ordinaire de l'émeute, réunie pour cette circonstance, faisait retentir l'air des cris *à la lanterne !* contre les ecclésiastiques récalcitrants. Malgré ces menaces, qui devaient plus tard être suivies d'effet, tous, à l'exception d'un seul, persévérèrent hautement dans leur refus. L'exemple donné par le clergé de l'Assemblée fut imité dans tout le royaume, et un très petit nombre de prêtres acceptèrent les fonctions et les avantages pécuniaires qui leur étaient offerts au prix de l'apostasie. Plusieurs, séduits d'abord par les sophismes des jansénistes, ne tardèrent pas à se repentir et à se rétracter. Du reste, les populations ne se laissèrent point éblouir par les raisonnements artificieux et par les protestations hypocrites qu'elles entendaient dans la bouche de gouvernants athées, et elles jugeaient, avec sécurité, de leurs intentions par leurs doctrines. Aussi, les nouveaux pasteurs n'eurent, pour troupeau, que ceux dont les croyances religieuses étaient déjà profondément ébranlées par les passions révolutionnaires, et qui considéraient le maintien d'un semblant de culte comme utile au point de vue politique et moral. Les véritables fidèles demeuraient sincèrement attachés à leurs anciens prêtres, et se consolaient des malheurs de la religion en ayant furtivement recours à leur ministère. Quelques provinces manifestèrent dès lors un mécontentement profond contre des mesures qui blessaient leurs affections, leur conscience et leurs droits ; la nouvelle organisation n'y put jamais fonctionner d'une manière régulière, et les efforts tentés pour la faire accueillir ne firent que multiplier les éléments de la résistance que la Révolution devait rencontrer, dans son dessein de soumettre le pays tout entier au joug d'un despotisme intolérant et brutal.

Le roi, dont la constitution annihilait l'autorité, cherchait en vain à résister aux usurpations successives de l'Assemblée. Séparé de ses amis, prisonnier dans son palais, sans cesse menacé de catastrophes nouvelles, il acceptait, un à un, les décrets contre lesquels protestait sa conscience. Chacune de ses résistances ou de ses hésitations devenait un texte de récriminations et de clameurs furieuses pour les orateurs des clubs, qui partageaient, avec l'Assemblée, le domaine de l'opinion, et qui allaient bientôt l'envahir tout entier. C'est dans ces réunions tumultueuses que l'on dictait au Corps législatif les déterminations à prendre, les lois à décréter, les mesures de salut à prescrire au monarque; c'est là que se discutait ouvertement le plan des agitations et des soulèvements jugés nécessaires pour forcer la main au pouvoir. Rien n'était plus propre à agiter les passions et à les pousser aux plus monstrueux excès, que ces séances de clubs, qui étaient devenues comme l'aliment quotidien et indispensable du peuple des villes. Elles se tenaient ordinairement le soir, dans l'église de l'un de ces couvents récemment supprimés, et dont l'aspect seul était un encouragement à l'agitation et à l'esprit de révolte. A la fin de chaque journée, les ouvriers quittant leur travail, les commis désertant leurs comptoirs, des écoliers enthousiastes, des avocats ambitieux, venaient, encore émus des événements qui s'accomplissaient d'heure en heure, prendre place dans ces arènes où fermentaient toutes les passions. Quelques chandelles placées sur le bureau éclairaient faiblement la vaste enceinte. Là, des orateurs, d'autant plus populaires qu'ils déployaient plus de fougue et de violence, se disputaient la possession d'une tribune élevée à l'endroit où se dressait naguère l'autel du sacrifice. Au lieu même où les ministres saints annonçaient au peuple un évangile de paix, des discours de sang et de vengeance provoquaient dans un auditoire fiévreux des clameurs furieuses, des applaudissements frénétiques ou de formidables éclats. Dans les moments même où cette foule, composée de mille éléments, s'efforçait de prêter une entière attention à ses orateurs chéris, il régnait au milieu d'elle une sorte de sourd et vague mugissement, semblable à la voix des flots de l'Océan soulevé, lorsque les tempêtes et la foudre sont suspendues dans les airs. Aux motions ardentes et aux discours incendiaires, se joignaient les cérémonies patriotiques, où les images des grands hommes précurseurs de la Révolution, des Francklin, des Rousseau, étaient présentées aux hommages du peuple régénéré ; où les symboles de l'ancienne religion étaient livrés aux flammes au milieu de chants démagogiques et de vociférations impies. Jamais le fanatisme, qu'on vouait tous les jours à l'exécration populaire, n'avait poussé une nation à d'aussi étranges égarements.

Le texte le plus ordinaire des discours des agitateurs, celui qui remuait avec le plus de succès les passions de la multitude, avide d'émotion et d'imprévu, était emprunté aux prétendues conspirations de la cour, de l'aristocratie, des prêtres. Les démagogues les plus en renom, Robespierre, Camille Desmoulins, Danton, Marat, ne devaient l'ascendant qu'ils exerçaient dans les clubs qu'à l'audacieuse imposture avec laquelle, dénonçant chaque jour des complots imaginaires, ils entretenaient dans les masses un état de fièvre et de terreur perpétuelles. Vainement les faits les plus constants venaient-ils convaincre leurs accusations d'absurdes chimères et leur patriotisme d'hypocrisie, ils répondaient aux démentis par un redoublement d'effronterie et par un système de fourberie qui ne parvenaient point à lasser la crédulité de la foule. Quelquefois ils signalaient soit les couvents, soit les hommes les plus honorés par leur probité, comme accaparant des grains dans le but d'occasionner la famine, et ils excitaient le peuple à des recherches tumultueuses dont le résultat était, au lieu de la découverte de denrées imaginaires, le pillage du domicile des citoyens hostiles à leur influence. D'autres fois, ils annonçaient que des armes étaient accumulées dans certains quartiers, dans certains hôtels, et jusque dans le palais du roi, et qu'on se préparait à un égorgement du peuple ; ou bien, c'étaient de prétendues correspondances par lesquelles la cour, et particulièrement la reine, se mettaient en rapport avec les ennemis de la patrie, dans le but de l'asservir. Les membres de l'Assemblée, les ministres, les magistrats les plus estimés, devenaient tour à tour l'objet de leurs attaques et de leurs lâches dénonciations. « Je sais, s'écriait alors le démagogue, je sais que j'attire sur ma tête des haines implacables ; je sais que j'aiguise contre moi mille poignards ; mais j'ai fait serment de dévouer mon sang au salut de la patrie. Puisse ce sang répandu hâter le jour qui éclairera la chute des tyrans et la délivrance du peuple ! » A ces paroles hypocrites, des applaudissements frénétiques récompensaient de tant de courage le *vertueux* orateur, et la foule enthousiasmée le portait en triomphe jusqu'à sa demeure. Ces scènes, qui n'eussent été que burlesques si elles n'eussent préparé la nation au régime de la Terreur, étaient surtout fréquentes au club des *Jacobins*, ainsi nommé parce qu'il se tenait dans l'ancienne église des religieux de cet ordre. Ce club était le plus accrédité auprès des démagogues et avait dans les provinces des affiliations nombreuses avec lesquelles il correspondait. C'est de son sein que surgirent, pendant la Révolution, les motions les plus sanguinaires et les plus atroces, et dès lors le nom de *Jacobin* servit à désigner tous les hommes qui se firent remarquer par leurs instincts pervers et féroces, et qui applaudirent aux forfaits commis dans cette malheureuse époque.

Les fureurs extravagantes des clubs étaient dépassées encore par les excès d'une presse dévergondée, dont Marat était le héros. Marat, né en Suisse, avait, durant une jeunesse agitée, parcouru différents pays, portant partout l'horreur de tout pouvoir et le désir d'une célébrité à laquelle la médiocrité de ses talents ne lui permettait guère d'arriver autrement que par le crime. Il rapporta à Paris cette double passion, et publia un ouvrage dans lequel, au témoignage de Voltaire, il prodiguait le mépris pour les autres et l'estime pour lui-même à un point qui révoltait tous les lecteurs. Trompé dans ses espérances d'ambition, et blessé dans les fibres les plus sensibles de son orgueil, il voua une implacable haine à cette société qui le condamnait à une obscurité insupportable. Toutefois, il fut obligé d'en subir les lois en silence, inconnu et dédaigné jusqu'à ce que la Révolution vint tirer des ténèbres, pour les mettre en lumière, tous les hommes qui n'avaient d'autre supériorité que celle de l'audace dans la violence et dans la scélératesse. Chaque jour, dans un journal qu'il intitulait l'*Ami du peuple*, Marat cherchait à faire passer dans le sein des masses une partie du fiel dont son âme était remplie, et à les enivrer par des prédications furibondes. « Citoyens, disait-il, les mesures prises par l'Assemblée ne sauraient vous empêcher de périr. C'en est fait de vous, si vous ne courez aux armes.... Courez, courez, s'il en est temps encore, ou bientôt de nombreuses légions ennemies fondront sur vous. Cinq ou six cents têtes abattues vous auraient assuré repos, liberté et bonheur ; une fausse humanité a retenu vos bras et suspendu vos coups, elle va coûter la vie à des millions de vos frères ! Que vos ennemis triomphent un instant, et le sang coulera à grands flots. Ils vous égorgeront sans pitié ; ils éventreront vos femmes, et, pour éteindre à jamais parmi vous l'amour de la liberté, leurs mains sanguinaires chercheront le cœur dans les entrailles de vos enfants. » Pour lire ces publications insensées, l'ouvrier quittait son atelier et abandonnait le travail qui devait nourrir sa famille. Au milieu d'attroupements multipliés par l'oisiveté ou les mauvais desseins, l'oreille remplie de propos séditieux et de récits mensongers, il croyait, chaque jour, être appelé à sauver la patrie, en prévenant les complots de l'aristocratie et les intrigues de la cour. Au lieu du pain qu'attendaient ses enfants à son retour, il rapportait au foyer de vaines terreurs, des irritations brutales., des paroles de vengeance et de sang. Les sentiments de la pitié et de la religion, les inspirations du devoir et de la justice n'avaient plus d'accès auprès de lui : tout lui semblait despotisme, iniquité, violence. Telle est l'existence factice de laquelle vécut une partie de la France pendant plusieurs années, et qui, dégradant les mœurs, les habitudes, le langage, a fait reculer la première nation du monde jusqu'aux limites de la plus sauvage barbarie.

Louis XVI, résolu à épuiser tous les moyens de conciliation, espérait que l'Assemblée nationale ouvrirait enfin les yeux et reculerait devant l'abîme où tant de fautes conduisaient le pays. En effet, plusieurs de ses membres principaux, effrayés des desseins que les démagogues n'essayaient plus de dissimuler, désiraient arrêter le char de la Révolution sur la pente trop rapide où ils l'avaient entraîné. D'ailleurs, plusieurs n'étaient pas inaccessibles à l'appât de l'or, et il fut aisé d'acheter par ce moyen le concours du célèbre Mirabeau, le plus influent d'entre eux. Il reçut des sommes considérables, et s'engagea à servir les vues libérales et conciliatrices du roi, qu'il avait jusqu'alors combattues. Mais, au moment où il tentait de rétablir l'harmonie entre le monarque et l'Assemblée, il vint à mourir, épuisé par les excès d'une vie licencieuse. La vanité de ses pensées l'accompagna jusque sur le bord de la tombe ; et tandis que le peuple, poussé vers de nouvelles tempêtes, allait rejeter bientôt, pour d'autres idoles, le tribun qui avait flatté ses penchants à la rébellion, celui-ci n'était préoccupé, en mourant, que de la pensée de sa gloire auprès de l'oublieuse postérité, incapable de porter cette intelligence si vaste et si sûre d'elle-même vers le redoutable problème de sa future destinée. Comme ses rapports avec la cour demeuraient alors ignorés, la Révolution fit à ce citoyen *incor-*

ruptible de magnifiques obsèques. L'on déposa ses restes dans un temple que le régime nouveau ayant trouvé inachevé, destina, sous le nom de Panthéon, à recevoir les cendres des grands hommes. Peu de jours après que Mirabeau y eut fait son entrée, l'Assemblée ordonna par un décret que les cendres de Voltaire iraient y rejoindre celles de l'orateur qu'elle avait si longtemps subi. Rien ne fait mieux connaître l'esprit dont étaient animés les hommes de la Révolution, que le choix des héros qu'ils honoraient de leurs hommages et dont ils imposaient, en quelque sorte, le culte à la nation. Dans Mirabeau, on honorait, avec le génie de la révolte et de l'insoumission, cet épicuréisme pratique, unique religion d'une société pervertie, et qui avait fait du désordre des mœurs et de l'insouciance dans la corruption, le caractère distinctif des esprits imbus de la philosophie et des prétendues lumières de l'époque. Dans la mémoire de Voltaire, ce n'était pas le vice seulement qu'on glorifiait, mais, de plus, les doctrines qui l'autorisent et l'irréligion qui le propage. La vie entière de Voltaire avait été consacrée à une lutte infatigable contre la religion et la morale dont elle est le fondement. Il avait livré à l'outrage et à la risée publique tous les sentiments que les hommes honorent : la vertu, le désintéressement, l'abnégation, le patriotisme. Ses discours, sa correspondance, ses ouvrages, respiraient une hostilité implacable contre l'enseignement du Christ, et, d'accord avec les autres adeptes de la fausse philosophie, il avait conçu le plan infernal d'en anéantir la trace. Dans ce but, il ne négligea aucun des moyens familiers aux hommes qui n'ont pour conscience que les inspirations de la haine et des passions perverses. Il employa, avec une rare constance, comme historien, romancier ou polémiste, la mauvaise foi dans ses récits, la calomnie contre les ministres des autels, le sar-

casme contre les dogmes saints, ayant pour maxime de
mentir audacieusement et avec persévérance, « parce que,
disait-il, il en reste toujours quelque chose.» L'amour de la
patrie, le dévouement au pays, sentiments vulgaires, même
chez les peuples païens, lui étaient inconnus, et on le vit,
dans des ouvrages célèbres, déverser l'insulte aux gloires
nationales les plus pures et les plus populaires. Si on demande par quelle doctrine nouvelle il se proposait de remplacer les croyances dont il se faisait l'ennemi, on ne trouve
chez lui qu'une absence désolante d'idées et de spéculations. L'existence de Dieu, la destinée de l'homme, le but
des sociétés humaines, sont pour lui des problèmes qu'il ne
cherche même pas à approfondir, et qu'il abandonne à l'indifférence des peuples : le culte de la jouissance et de l'intérêt est le seul qu'il leur propose. Vil avec les rois, souple
avec les grands, rampant envers le pouvoir, il poussait jusqu'au cynisme son mépris pour le peuple et pour les masses
ignorantes qu'il égarait. Chez une nation éclairée et morale,
la mémoire de cet ennemi public eût été livrée à l'infamie
et à l'exécration de la postérité : auprès d'une génération
qui se révoltait contre Dieu et ses préceptes, autant que contre les institutions politiques, Voltaire acquit une influence
sans rivale; et ce fut la honte de l'un et de l'autre.

Louis XVI, privé de l'appui de Mirabeau, et n'espérant
plus arrêter le torrent révolutionnaire, songea aux moyens
de se soustraire par la fuite aux mains de ses ennemis. Il
semblait que son départ ne devait rencontrer aucune opposition chez des hommes résolus à pousser au renversement
de la monarchie, et pour lesquels le roi n'était qu'un embarras et un obstacle. Mais, soit qu'ils voulussent faire servir
à leurs desseins révolutionnaires son nom et ce qui restait
de prestige à son autorité, soit qu'ils fussent avides
d'assouvir contre la personne du monarque leur brutale

haine contre la royauté, ils redoutaient de le voir échapper à leur influence et veillaient constamment sur sa personne. Les moindres démarches du prince, qu'ils décoraient du titre de *restaurateur de la liberté*, étaient odieusement épiées, et toute sa conduite était l'objet de l'inquisition la plus arbitraire. Un jour qu'il voulut se rendre au château de Saint-Cloud, voisin de la capitale, une foule ameutée arrêta sa voiture et le força à rentrer au palais des Tuileries, au milieu de menaces et de clameurs forcenées. Cette circonstance ne fit que le confirmer dans sa résolution de fuir, et des mesures furent prises pour l'exécuter, dans le courant du mois de juin 1791. Une nuit, il réussit à tromper la surveillance de Lafayette, chargé principalement du soin de veiller sur lui, et celle des postes nombreux distribués autour du palais. Il sortit de Paris avec la reine, Mᵐᵉ Elisabeth, sa sœur, et ses deux enfants, accompagné seulement de quelques serviteurs fidèles, et se dirigea vers la frontière du Nord, sous un nom emprunté. Le voyage, pendant les premières heures, s'accomplit heureusement. La famille royale, impatiente de fuir un palais témoin de tant d'abaissements et d'outrages, voyait avec bonheur diminuer la distance qui la séparait d'un asile où elle pourrait se reposer de si cruelles commotions. Mais la haine de ses ennemis ne s'était point endormie, et elle devait tenter les efforts les plus désespérés pour ressaisir la proie qui lui échappait. Le roi ayant été reconnu par sa ressemblance avec l'effigie figurée sur les pièces de monnaie de cette époque, des individus affiliés aux Jacobins de Paris et imbus des passions révolutionnaires, parvinrent à l'arrêter à Varennes, ville déjà assez rapprochée de la frontière. Aussitôt, il fut confié à la garde de la municipalité, le tocsin fut sonné de toutes parts, et les gardes nationales, se réunissant, se préparèrent à reconduire à Paris le monarque prisonnier et moralement dépossédé. En même temps, l'Assemblée nationale, qui avait, en apprenant son départ, envoyé des ordres pour son arrestation, députa deux de ses membres pour l'accompagner durant son retour. Il s'opéra au milieu des populations, stupéfaites de ces scènes étranges, et Louis XVI fut rendu à cette chaîne insupportable qu'il s'était imposée lui-même par un excès de condescendance et d'abnégation.

Toutefois, l'Assemblée, qui, après deux années, commençait à acquérir une connaissance tardive des conditions du gouvernement, s'était montrée consternée de la résolution du roi, et s'apprêtait à prendre des mesures pour relever son autorité, trop longtemps avilie. Elle se flattait de pouvoir arrêter le mouvement révolutionnaire au point où elle l'avait conduit, et de rendre la paix et le calme au pays dont elle avait déchaîné les passions. Elle désirait le maintien de la constitution, qui consacrait celui de la royauté, et eût même volontiers procédé à une révision ayant pour but d'affermir l'autorité monarchique et d'en augmenter les attributions. Elle était appuyée dans ses tendances conservatrices par les dispositions de la garde nationale de Paris et de la bourgeoisie, qui, arrivée à la domination, eût désiré conserver les conquêtes obtenues, sans les compromettre par de nouvelles luttes. Mais, au-dessous d'elle, il y avait des classes nombreuses, un peuple entier d'agitateurs et d'anarchistes dont les instincts de troubles étaient loin d'être apaisés, et qui étaient résolus à ne souffrir l'exercice d'un pouvoir régulier, pas plus entre les mains de la bourgeoisie que dans celles de la noblesse. Les démagogues, les Jacobins, la tourbe des journalistes et des orateurs de clubs, furieux qu'on voulût mettre un terme à la Révolution avant qu'elle les eût poussés au pinacle, se répandirent en clameurs violentes contre les représentants traîtres à la nation et à la liberté. Ils demandaient que, loin de revenir sur ses pas, l'Assemblée prononçât la déchéance de Louis XVI et déclarât le pays en république. Pour atteindre ce but, ils résolurent de se réunir au Champ-de-Mars, de se porter de là sur l'Assemblée pour lui faire connaître leurs vœux, et de la contraindre, au besoin, par la violence, à agréer la pétition qu'ils lui soumettaient dans une forme si étrange. Ils rassemblèrent, à cet effet, toutes les forces dont disposait ordinairement le parti du désordre, et, selon leur habitude, ils préludèrent par quelques meurtres aux scènes de cette journée. Mais la bourgeoisie, résolue, ce jour-là, à se défendre, se porta contre les rassemblements, sous la conduite de Lafayette et de Bailly, qui, après avoir vainement sommé les factieux de se séparer, ordonnèrent une décharge meurtrière. Un certain nombre des soldats de l'émeute restèrent sur la place, et les autres se hâtèrent de regagner les repaires d'où ils se tenaient prêts à s'élancer chaque jour contre la société.

L'Assemblée venait d'échapper à un grand péril. Mais ce n'était pas sans quelque trouble et sans quelque hésitation, qu'elle avait combattu les factions dont elle s'était si souvent faite l'auxiliaire contre l'autorité monarchique. Elle sentait que cette victoire, obtenue par une large effusion de sang, ne pouvait la consolider, que l'opinion des masses l'abandonnait, et qu'il était temps de céder la place à des hommes plus sympathiques à l'esprit nouveau. Après avoir, par un sentiment d'abnégation peu éclairé, décidé qu'aucun de ses membres ne pourrait faire partie de la future législature, elle acheva tristement l'œuvre de la constitution, au milieu de l'indifférence des uns et de l'impatience mal dissimulée des autres. Après quelques hésitations, le roi accepta cette constitution si longuement élaborée, dont il comprenait tous les vices, et que seul il devait observer de bonne foi. Entre les mains des nouveaux législateurs, elle ne fut qu'une arme destinée à amener la ruine définitive de la monarchie.

Le 30 septembre 1791, l'Assemblée constituante se sépara, justement inquiète de l'avenir qu'elle avait préparé au pays et de la destinée de son œuvre. Elle commençait à craindre qu'après avoir fait sortir la France des voies d'un gouvernement régulier, elle ne l'eût livrée à une instabilité funeste, à l'expérience de toutes les erreurs, aux témérités de toutes les sectes. Déjà les idées par lesquelles elle s'était dirigée étaient dépassées, et de nouvelles tendances avaient présidé au choix des nouveaux législateurs ; les passions qu'elle avait flattées faisaient place à d'autres, et bientôt sa constitution, vieille dès sa naissance, allait entrer dans le domaine du passé, pour subir le jugement sévère des générations auxquelles elle léguait tant d'agitations et de catastrophes.

V.

Assemblée législative; 20 juin; résistances.

L'Assemblée législative était entièrement composée d'hommes nouveaux, jeunes, fougueux, pleins d'ardeur révolutionnaire, qui ne trouvaient pas dans la constitution une place suffisante pour leur ambition, et qui, en jurant de l'observer, cherchaient déjà les moyens de la détruire. Leur conduite, à cet effet, ne fut qu'un long tissu de perfidies et d'attaques hypocrites contre le roi, victime de sa sincérité à exécuter le pacte fondamental. Ils étaient eux-mêmes divisés en deux grandes factions, celle des *Girondins* et celle des *Montagnards*, que nous verrons, dans le cours de la Terreur, se déchirer avec fureur et s'entre-détruire à l'aide des proscriptions et de l'échafaud. La faction des Girondins comptait dans son sein les orateurs les plus brillants de l'Assemblée, des hommes avides de célébrité, pleins des maximes philosophiques, et qui portaient dans les affaires de l'Etat des vues bornées et des passions vulgaires. Elle avait pour chef Brissot, personnage déconsidéré, dont les démêlés avec la justice avaient fait scandale ; il avait servi de sa plume tous les partis, et avait pendant longtemps rempli le rôle d'espion à 150 francs par mois. On est stupéfait en voyant quelles doctrines sauvages et dégradantes étaient semées dans les livres de ces hommes qui, dans les clubs et à la tribune, ne se lassaient pas de vanter leur patriotisme et leur vertu. « Les hommes ont-ils le droit de se nourrir de leurs semblables ? dit Brissot. Un seul mot résout cette question, et ce mot est dicté par la nature même. Les êtres ont droit de se nourrir de toute matière propre à satisfaire leurs besoins. Si le mouton a droit d'avaler des milliers d'insectes qui peuplent l'herbe des prairies, si le loup peut dévorer le mouton, si l'homme a la faculté de se nourrir d'autres animaux, pourquoi le mouton, le loup et l'homme n'auraient-ils pas le droit de faire servir leurs semblables à leurs appétits ? » C'est la doctrine de l'antropophagie professée par des hommes dont la conduite ne fut que trop conforme à de telles opinions. Les noms les plus saillants de ce parti étaient ceux de Vergniaud, Guadet, Péthion, Gensonné, qu'on vit presque tous, par lâcheté, participer aux crimes dont les Montagnards prenaient l'initiative. Ceux-ci, non moins corrompus et plus sanguinaires, marchaient à la suite de Robespierre, de Saint-Just, de Danton ; le journal de Marat était leur organe dans la presse. Les idées de meurtre, de vengeance, d'échafaud, constituaient le fond de leur système et le texte ordinaire de leurs discours. Marat calculait froidement combien il faudrait couper de milliers de têtes pour assurer le triomphe de la Révolution, et le chiffre de six cent mille lui paraissait modéré. Danton, autre monstre en qui se personnifiaient tous les vices, prononçait aux Jacobins des discours frénétiques, et recevait, en même temps, l'argent de la cour, qui espérait le détacher des révolutionnaires. Lafayette, se voyant un jour attaqué par lui, fut sur le point de démasquer ce marché honteux dont il avait le secret et la preuve. Danton avait récemment reçu cent mille francs du ministère ; mais Lafayette n'osa l'en accuser, parce que lui-même avait servi d'intermédiaire dans cette affaire. Toutefois, il en transpira quelque chose dans le public, et nous verrons Danton, pour se faire pardonner sa corruption, donner le signal des massacres qui inondèrent de sang les prisons de la capitale.

La bourgeoisie de Paris, dont l'influence avait été prépondérante à l'Assemblée constituante, cherchait en vain, d'accord avec le roi, à lutter contre les efforts du parti républicain, tout puissant aujourd'hui. Elle redoutait vivement les crises nouvelles qui se préparaient, et y voyait, avec raison, une cause de ruines et de désastres pour elle et pour le pays tout entier : mais l'entraînement des idées était plus fort que les calculs de l'intérêt et de la raison, et poussait la nation, par une pente fatale, à toutes les conséquences des doctrines qui avaient été consacrées par les auteurs de la Révolution. Vainement la garde nationale de Paris, recrutée dans la partie de la population la plus aisée et la plus dévouée au maintien de l'ordre, prêtait-elle son appui à cette constitution attaquée de toutes parts. Cette milice indisciplinée, et toujours hésitante au moment de l'action, devait rester impuissante contre les agressions des masses populaires, conduites par des chefs qu'elle craignait également de subir et de combattre.

L'Assemblée nouvelle fit connaître son esprit et ses tendances par les mesures rigoureuses qu'elle prit, dès le début, contre les prêtres non assermentés et contre les émi-

grés. Les décrets de l'Assemblée précédente, relativement
au culte, émanant d'hommes hostiles à la religion, avaient
pour but d'en ruiner l'influence dans l'esprit du peuple,
et d'arriver peu à peu à l'anéantir totalement. Le Souverain Pontife avait dû condamner la nouvelle organisation,
et les prêtres qui l'avaient acceptée étaient considérés
comme schismatiques. Bien qu'ils eussent été mis en possession des églises catholiques, leur ministère était repoussé
par les fidèles, et les anciens pasteurs, célébrant les mystères du culte dans des maisons particulières et dans des
granges, voyaient venir à eux les populations entières, dans
certains départements, et notamment dans ceux de l'Ouest
et du Midi. Un semblable état de choses excitait, à un
haut degré, la fureur des hommes qui s'étaient proposés
l'abolition de tout culte, et qui espéraient voir la nation
accueillir avec empressement, avec le règne de la licence,
la suppression de tout frein moral et religieux. Les prêtres
non assermentés étaient devenus l'objet des menaces et des
calomnies des Jacobins, et de vexations sans nombre de
la part des autorités nouvelles. On les forçait à faire le
service de la milice ; dans quelques localités on les jetait
en prison ; des vieillards, traînés en captivité par des agents
haineux et cruels, étaient maltraités, dépouillés, et souvent tombaient de fatigue et de besoin avant d'arriver à
leur destination.

Le député Isnard se fit, à l'Assemblée législative, l'écho
des clameurs sauvages qu'excitait, dans les clubs et parmi
les révolutionnaires, le courage des prêtres fidèles à leur
devoir, et demanda contre eux des lois de mort. « La vraie
liberté, dit-il, la liberté tout entière ne s'achète que par
des flots de sang.... Il faut un dénouement à la révolution
française ; préparez-le avec courage, avant que l'enthousiasme soit refroidi. Prévenez sa marche ; provoquez des

arrêts de mort ; frappez du glaive de la loi ; livrez des batailles ; terrassez tant de vos victimes.... C'est au commencement d'une révolution que vous devez être *tranchants.*
Heureusement, Louis XVI n'a pas employé ces moyens ;
nous ne serions point ici... Que les prêtres non assermentés
contre lesquels il existe quelque plainte soient donc tous
chassés du territoire ; et si ces plaintes sont appuyées de
preuves, qu'ils soient condamnés à mort. Cette mesure de
rigueur employée par le despotisme serait un forfait ; mais
elle n'est qu'un acte de justice, quand elle est dictée
par la nécessité, et qu'elle est exercée par le véritable souverain, le peuple.... Elle fera couler du sang, je le sais.
Mais si vous ne l'employez pas, il en coulera davantage :
vous seriez les premières victimes ; vous vous trouveriez en
butte à tous les coups.... Mon Dieu, c'est la loi ; je n'en
ai pas d'autre ; je n'en veux pas d'autre. »

Les tribunes couvrirent d'applaudissements ces détestables paroles. En vain, un membre, indigné de tant d'audace,
veut protester contre elles, s'écrie que c'est là un code
d'immoralité, d'anarchie et d'athéisme, et soutient qu'une
société ne peut exister sans une morale certaine. Son discours est accueilli par des huées, et cent voix furieuses
l'appellent *à la barre,* comme un criminel. Nous devons
ajouter que Isnard, témoin, plus tard, et victime des forfaits de la Révolution, puisa dans ces funèbres spectacles
des enseignements salutaires, et détesta les doctrines qu'il
avait alors exaltées.

Cependant, la proposition des membres *modérés* prévalut, et on se borna à obliger de nouveau les ecclésiastiques au serment que réprouvait leur conscience, en déclarant que les récalcitrants seraient privés de leurs pensions
ou traitements et réputés suspects de révolte ; qu'en outre,
ils pourraient être arbitrairement éloignés des départe-

ments où ils exerçaient leurs fonctions, et placés sous la surveillance de l'autorité; et c'est ainsi qu'un grand nombre furent conduits dans les prisons de Paris, où ils ne tardèrent pas à devenir les victimes des assassins qui s'étaient emparés de la direction de la Révolution. Toutefois, le décret porté contre les prêtres ne passa pas sans protestation : des réclamations courageuses firent connaître que quelques hommes avaient pris au sérieux les doctrines de tolérance que les agitateurs proclamaient si hautement dans leurs discours, et qu'ils reniaient si brutalement dans leurs actes. En effet, les pensions des ecclésiastiques avaient été accordées en indemnité des biens dont ils avaient été dépouillés, et les spoliateurs avaient déclaré eux-mêmes que cette dette devait être regardée comme la plus sacrée et la plus inviolable de toutes celles de l'Etat. « Or, disait-on, le refus de prêter un serment quelconque peut-il détruire le titre d'une créance reconnue?... L'Assemblée nationale refuse à tous ceux qui ne prêteraient pas le serment civique la libre profession de leur culte; or, cette liberté ne peut être ravie à personne; elle est consacrée à jamais dans la déclaration des droits. » Cette protestation, qui faisait ressortir la mauvaise foi et l'hypocrisie des prétendus partisans de la liberté, signée par les membres du Directoire de Paris, excita l'indignation de l'Assemblée; peu s'en fallut qu'on ne fît subir à ses auteurs le traitement préparé aux prêtres dont ils prenaient la défense, inspirés par les sentiments de la plus vulgaire justice.

A mesure que les différentes branches du pouvoir tombaient entre les mains des révolutionnaires, le désordre pénétrait dans le pays, la sécurité diminuait, et l'émigration, d'abord peu nombreuse, devenait plus générale. Les amis du roi, inquiétés, poursuivis, souvent emprisonnés et mis à mort, ne voyaient de salut que sur le territoire

étranger, où les appelait la voix des princes français, qui
avaient fui la servitude imposée à Louis XVI. Ceux-ci espéraient que l'esprit public, s'éclairant chaque jour sur la
marche de la Révolution, ferait un effort pour échapper au
joug sanglant des Jacobins, et ils comptaient, en soutenant
ces tentatives avec le concours des émigrés, amener une
réaction favorable à l'ordre et à la royauté. En effet, sur
beaucoup de points, les populations, indignées des attentats
commis contre la religion et des tendances des agitateurs,
essayaient des soulèvements, ou refusaient de se soumettre
aux décrets de l'Assemblée législative : mais, malgré le mécontentement d'une grande partie de la nation, les révolutionnaires, maîtres de Paris, dirigeaient à leur gré les entreprises des factions, dominaient le gouvernement, et
parvenaient aisément à triompher de résistances éloignées
et mal combinées. Quoi qu'il en soit, les émigrés n'avaient
commis jusqu'alors aucune agression contre les lois du pays,
et s'étaient bornés à pourvoir à leur sûreté et à celle de
leurs familles. L'émigration se composait même, en grande
partie, de femmes et de vieillards qui cherchaient à se
soustraire aux périls des émeutes et des mouvements populaires, mais dont le séjour à l'étranger ne pouvait inspirer aucun ombrage aux fauteurs de la Révolution. Toutefois, sous prétexte d'indemniser le pays des pertes qu'oc-
casionnait leur absence, on avait porté au triple les impositions de leurs biens, malgré les observations des partisans
sincères de la constitution, qui réclamaient, en leur faveur,
la liberté d'aller et de venir, garantie à tous les citoyens.
Mais cette mesure était loin de suffire aux chefs du mouvement, dont les vues se démasquaient de plus en plus, et qui
croyaient ne pouvoir assurer leur triomphe que par la
destruction de tous ceux qui ne subissaient pas aveuglément leurs inspirations et leurs doctrines. Ils portèrent

donc des lois de violence qui avaient pour effet de donner aux émigrés l'alternative de l'exil ou de la mort. On décréta que tous ceux qui avaient quitté le sol seraient tenus d'y rentrer dans l'espace de deux mois, sous peine de voir leurs biens mis sous le séquestre, eux-mêmes reconnus coupables de conjuration, poursuivis comme tels et punis de mort. Quelques-uns, dans l'espoir d'échapper aux pénalités portées contre eux, regagnèrent leurs foyers, où la Révolution ne tarda pas à venir les chercher, pour les conduire dans les cachots et à l'échafaud. Les autres, plus prévoyants, se trouvèrent fatalement, par le fait même des décrets rendus contre eux, en hostilité avec le gouvernement de la République, et unirent leurs efforts à ceux des insurgés de l'intérieur et de la Vendée, pour renverser cette monstrueuse tyrannie. C'est ainsi que, par ses violences et ses iniquités, le parti jacobin créait de toutes parts les éléments de la guerre civile, et se préparait, avec sang-froid et préméditation, à couvrir la France de sang et de ruines.

L'indifférence avec laquelle l'Assemblée accueillait la nouvelle des désordres et des meurtres dont certains points de la France étaient le théâtre, ne justifiait que trop les défiances des émigrés, en même temps qu'elle devenait un encouragement aux mauvais desseins des factieux. On entendait avec stupéfaction les orateurs des clubs applaudir aux massacres qui venaient d'ensanglanter Avignon; ceux de l'Assemblée, si ardents à incriminer les intentions les plus droites du roi et à dénoncer les prétendus complots du despotisme, ne trouvaient pas un accent pour flétrir des attentats qui déshonoraient le pays et l'humanité. La ville d'Avignon, avec la contrée environnante, qui en dépend sous le nom de Comtat, était alors dans une situation équivoque, favorable aux desseins des anarchistes. Pendant une longue suite de siècles elle avait appartenu au Saint Siège, et même les papes, à une certaine époque, y avaient fait leur résidence. L'Assemblée constituante, pour se venger de la résistance opposée par le Saint Père à la constitution civile du clergé, avait décrété la réunion de ce pays à la France. Rien n'était à la fois plus injuste et plus lâche que cette usurpation exercée par la force brutale sur un gouvernement que sa faiblesse rendait incapable de se défendre autrement que par d'impuissantes protestations. A la suite de cette invasion, la population du Comtat s'était divisée en deux partis, l'un favorable à la domination française, l'autre demeurant attaché à la souveraineté papale. Le peuple, généralement dévoué à l'ancienne forme de gouvernement et aux libertés municipales qu'il lui garantissait, ne voyait qu'avec mécontentement les autorités provisoires installées à la suite de l'occupation française, et ne perdait aucune occasion de manifester son hostilité contre elles. Les actes des gouvernants révolutionnaires, tous empreints de la plus révoltante intolérance et du plus brutal despotisme, n'étaient pas de nature à concilier à cette domination nouvelle et illégitime une population justement jalouse de ses droits de cité. Dans la journée du 16 octobre, des attroupements nombreux parcoururent la ville, demandant à grands cris le changement du gouvernement, s'emparèrent des remparts, en fermèrent les portes et tournèrent les canons vers l'intérieur. Toutefois, la troupe de ligne, sur laquelle s'appuyait l'autorité française, parvint à refouler le peuple et à rester maîtresse de la place. Aussitôt, les partisans de la Révolution, étrangers à la ville et en rapport avec les clubs de Paris, ouvrirent les prisons pour en tirer les misérables qu'ils faisaient ordinairement servir à leurs desseins, et pour les remplir des victimes dévouées à leur vengeance.

Un individu, nommé Jourdan, qui avait déjà maintes fois figuré dans les troubles, et avait pris l'horrible surnom de Coupe-Tête, avait été envoyé de Paris à Avignon pour diriger les plans des meurtriers, jugés trop timides par les meneurs des Jacobins. Successivement boucher, contrebandier, soldat, déserteur et marchand de vin à Paris, il avait ramassé dans ces diverses professions les instincts les plus féroces et les plus abjects, et s'était signalé dans tous les massacres exécutés dans la capitale depuis deux années. On le voyait, après les assassinats, se jeter sur les cadavres pour les déchirer et en porter les lambeaux devant les maisons des victimes au milieu des chants atroces et des danses frénétiques. C'était lui qui avait coupé les têtes de deux gardes-du-corps à Versailles, et qui les avait triomphalement promenées à Paris, en se plaignant du mince résultat de la journée. Ce monstre, bien digne de la confiance d· Jacobins et des chefs de clubs, la justifia, dès son arrivée à Avignon, en se mettant à la tête d'une troupe de scélérats composée de la lie de la contrée, où il répandit la consternation et l'effroi. Suivi de cette armée de brigands, qu'excitait sa renommée de scélératesse, il se mit à ravager le Comtat, à incendier les villages, et il vint même assiéger la ville de Carpentras, d'où il fut vigoureusement repoussé. Ses sicaires, entrés à Avignon lorsque l'ordre y était depuis longtemps rétabli, fermèrent les portes de la ville, se répandirent dans les différents quartiers, et arrachèrent de leurs maisons, sans distinction d'âge ni de sexe, tous ceux qui passaient pour n'être pas dévoués aux idées de la Révolution. La nuit venue, les assassins enfoncèrent les portes de la prison où les habitants avaient été enfermés au hasard, et se mirent à immoler, à coups de barres de fer, ces victimes désarmées, en accompagnant le massacre d'orgies épouvantables et d'attentats pires que la mort. Quand il n'y eut plus personne à immoler, leur rage s'assouvit encore sur des restes inanimés. Pendant ces scènes horribles, les citoyens, que les cris des victimes et le bruit des massacres glaçaient de terreur, n'osaient tenter un effort pour mettre fin à ces atrocités dont eussent rougi des peuples sauvages. Ainsi, durant toute une nuit se prolongèrent ces orgies, où le vin et les excès de toute sorte se mêlaient au meurtre et au carnage. Le lendemain, on balaya dans les égouts des ruisseaux de sang, et les restes mutilés des cadavres furent traînés dans la glacière, qui leur servit de tombeau, et qui demeura dès lors comme un témoin muet des crimes de cette époque, sans précédent dans l'histoire de l'humanité.

La rareté des subsistances, accrue par les inquiétudes répandues à dessein, était un des moyens les plus ordinaires à l'aide desquels on entretenait les agitations et les haines. On signalait comme accapareurs les hommes qu'on jugeait hostiles à la Révolution, et on les désignait ainsi aux fureurs aveugles du peuple, auprès duquel un semblable soupçon était un arrêt de mort. Des bandes armées, parcourant les campagnes et les villes, semaient partout l'effroi, taxaient arbitrairement les denrées et, par là même, éloignaient les détenteurs de grains qui auraient pu approvisionner les marchés. Le maire d'Etampes, Simonneau, homme aussi courageux qu'intègre, devint la victime de ce système de brigandage mis en pratique par les agitateurs. Ceux-ci, qui le haïssaient à cause de la fermeté avec laquelle il maintenait l'ordre sur le marché d'Etampes, ameutèrent les habitants des contrées voisines, qui se portèrent en armes dans la ville, sous prétexte de rechercher et d'anéantir les accapareurs. La garde nationale, manquant à tous ses devoirs, ainsi qu'elle l'avait fait trop souvent dans de semblables circonstances, abandonna le maire, qui néanmoins se présenta au devant de l'émeute, escorté de quelques soldats ; mais ceux-ci ne montrèrent pas plus de courage que la garde nationale et livrèrent le malheureux Simonneau à la barbarie des scélérats, qui le percèrent de leurs piques et de leurs fourches. Un cavalier, dont il réclamait l'assistance en portant la main aux rênes de son cheval, eut la lâcheté de lui couper le bras avec son sabre, en cherchant à lui faire lâcher prise. Les meurtriers, sûrs de l'impunité, passèrent le jour et la nuit suivante dans les excès, mêlant aux bruits de l'ivresse et de la débauche des menaces atroces qui jetaient le consternation dans l'âme des citoyens amis de l'ordre et des lois.

Cependant, les hommes de révolution étaient loin de triompher sur toute la surface du pays, et, dès cette époque, ils rencontraient, dans l'accomplissement de leurs projets odieux, de glorieuses résistances. L'Assemblée constituante siégeait encore lorsque les populations du Midi, irritées des attentats commis chaque jour contre la religion et le roi, se réunirent en armes au *camp de Jalès*, pour maintenir leurs droits les plus chers, arbitrairement attaqués par une faction ennemie de toute liberté. La funeste condescendance du roi pour les novateurs, les incertitudes de la cour, l'entraînement de l'émigration, amenèrent, au bout de quelque temps, la dispersion de ce premier rassemblement ; mais l'esprit qui l'avait provoqué était encore vivant parmi les habitants du Languedoc, et il n'attendait pour faire explosion qu'une circonstance favorable. Ces dispositions se faisaient principalement remarquer dans le département de la Lozère, contrée agreste et montagneuse, où la noblesse, peu fortunée, se confondait avec la bourgeoisie dans une même simplicité de mœurs et d'habitudes, qui excluait les jalousies de castes. L'une et l'autre vivaient sans orgueil avec les habitants de la campagne, et parta-

geaient, avec leur vie rude et laborieuse, leurs idées, leurs
affections et leurs répugnances. L'absence de ces passions
mauvaises et de ces haines réciproques que la Révolution
était parvenue à attiser dans d'autres parties du pays, avait
pour effet d'inspirer à toutes les classes, avec une profonde
sympathie pour les malheurs du roi, une répulsion commune contre les excès des novateurs et contre les actes tyranniques de l'Assemblée. La cocarde adoptée par les révolutionnaires avait disparu depuis plusieurs mois dans la
ville de Mende, chef-lieu du département, et on portait
avec affectation la couleur blanche, en signe de dévouement
au roi et aux vieilles institutions.

Le pouvoir administratif du département, composé
d'hommes étrangers à la localité, voulut faire cesser ces démonstrations hostiles, et, dans ce but, appela de Lyon des
troupes de ligne. A cette nouvelle, la municipalité de Mende
fit une sorte de fédération avec celles des communes voisines, arma, de concert avec elles, les gardes nationales,
et s'apprêta à résister à l'introduction des troupes dans la
ville. En effet, celles-ci s'étant présentées en poussant des
cris révolutionnaires, furent accueillies par ceux de *Vive le
roi* et, après une légère collision, leurs chefs, intimidés par
l'attitude de la population, prirent le parti de les renfermer
dans leurs quartiers. Durant toute la nuit, la garde nationale vit ses rangs se grossir par l'arrivée des habitants de
la campagne, qui, armés de faux et de fusils de chasse, venaient lui prêter main-forte contre l'envahissement des
troupes révolutionnaires. Celles-ci furent enfin forcées de
se retirer, aux cris de victoire de la population, qui célébra
par des fêtes et par la destruction des emblèmes de la démagogie le triomphe qu'elle venait de remporter. Les royalistes, bien différents de leurs ennemis, bornèrent leur
vengeance à ces démonstrations inoffensives, et ne souil-

lèrent leur victoire par aucun de ces excès sanglants dont le spectacle leur avait mis les armes aux mains, et dont ils eussent été inévitablement les victimes si leur résistance n'eût pas été suivie de succès.

Jusqu'alors, les gouvernements de l'Europe étaient demeurés spectateurs paisibles des progrès de la Révolution. Les uns se réjouissaient de voir s'affaiblir, au milieu des discordes civiles, la puissance et l'antique prépondérance de la France dans les affaires européennes : les autres, qu'effrayaient les conspirations de la démagogie, considéraient avec regret les développements de l'esprit révolutionnaire, sans tenter d'y mettre obstacle. Soit crainte, soit égoïsme, tous demeuraient neutres en présence de l'anarchie qui bientôt allait les dévorer. Cet état de paix contrariait les desseins des Jacobins, qui voyaient dans la guerre un moyen nouveau d'irriter l'esprit public, de se débarrasser de la partie saine de la nation, et de provoquer, au milieu de ces agitations, la chute définitive de la monarchie. On força donc le roi à déclarer la guerre aux puissances de l'Europe, en prenant pour prétexte la protection plus ou moins avouée qu'elles accordaient aux émigrés. Ceux-ci, certains, s'ils rentraient sur le territoire, d'y rencontrer les persécutions et la mort, se trouvèrent forcément compris dans cette déclaration de guerre, et s'empressèrent d'y répondre, dans l'espoir de délivrer le roi des mains de ses ennemis et la France des fureurs de l'anarchie. Ils ne pouvaient voir la France dans une poignée de factieux, qui la conduisaient à la barbarie par une route de sang et de ruines, et les nombreuses intelligences qu'ils avaient gardées à l'intérieur les entretenaient dans l'espoir de changer aisément un état de choses fondé sur la violence et l'arbitraire. La mollesse des gouvernements, jointe aux hésitations des généraux, les fit succomber dans la tâche qu'ils

avaient entreprise avec tant de dévouement et d'abnégation.

Les démagogues de Paris poursuivaient sans relâche le
plan de leur conjuration contre Louis XVI. Afin d'essayer
les forces de leur parti et de rendre au peuple l'habitude
des émeutes et de la licence, ils résolurent d'organiser une
démonstration formidable, dont l'objet apparent était d'obtenir la sanction du roi à deux décrets, l'un dirigé contre
les prêtres, l'autre ayant pour but de réunir autour de
Paris une sorte d'armée insurrectionnelle. Les moteurs ordinaires des troubles, Danton, le boucher Legendre, le
brasseur Santerre, l'ex-capucin Chabot, quelques affiliés
du parti, fort diminué, du duc d'Orléans, se distribuèrent la
tâche de soulever les faubourgs et de diriger le mouvement.
Les vétérans de l'insurrection, qui continuaient dans ces
quartiers retirés leur existence de débauche et de vice, les
hommes compromis avec la justice, les enthousiastes de
toute sorte que l'espoir des agitations avait amenés à Paris,
une foule de femmes perdues, d'enfants, d'écoliers, tous
réunis au hasard et sans ordre : telles étaient, au nombre
de trente mille individus environ, les forces dont les meneurs pouvaient disposer, qui figurèrent dans tous les mouvements entrepris contre le pouvoir et qui maintinrent la
capitale, pendant deux années, sous le joug le plus brutal
et le plus avilissant. La moindre résistance eût dispersé
cette multitude indisciplinée, qui comptait, comme principal moyen de succès, sur la connivence des autorités municipales de Paris. En effet, le maire Péthion avait promis,
dans ces conjonctures critiques, une lâche et coupable neu-
tralité. Il augmentait ainsi les irrésolutions de la garde
nationale, dont la majeure partie, composée d'hommes sans
prévoyance et sans lumières, pactisait en réalité avec l'é-
meute, en tolérait les capricieuses exigences, et ne recou-

vrait le sens politique qu'au lendemain des catastrophes qu'elle n'avait pas su prévenir.

Le 20 juin, l'armée recrutée pour le désordre se présenta aux portes de l'Assemblée, demandant à être reçue dans l'enceinte législative pour y déposer une pétition. Les membres de la gauche, avec lesquels cette démarche avait été concertée, appuyèrent la demande, en dissimulant à peine leurs sympathies pour les agitateurs : la majorité la repoussait au nom de la dignité de la représentation nationale, exposée à être outragée chaque jour par de violentes et tumultueuses démonstrations. Tandis que la discussion se poursuivait au milieu des clameurs, des interpellations, des injures, des provocations, des gestes menaçants, les émeutiers forcèrent la porte de la salle et l'envahirent avec des cris de triomphe. L'Assemblée, avilie, décréta alors qu'ils seraient reçus et écoutés. L'un d'entre eux s'approche du fauteuil du président et lit une pétition conçue dans le style de cette époque, dans laquelle il annonce le réveil du peuple et demande la tête de ses ennemis. « Le peuple est là pour les juger, dit-il ; qu'ils purgent la terre de la liberté ! Il est prêt à user de grands moyens pour exercer son droit de résistance à l'oppression. Si le roi n'agit pas, suspendez-le. Et la haute-cour d'Orléans, que fait-elle ? Où sont les têtes des coupables qu'elle devait frapper ?... Nous forcera-t-on à reprendre nous-mêmes le glaive ? »

La lecture de cette pièce achevée, les trente mille pétitionnaires défilèrent dans la salle en chantant la *Carmagnole* et le *Ça ira*, agitant des piques, des sabres, des ustensiles de toute sorte, dont ils s'étaient armés pour le besoin des circonstances. Une foule d'emblèmes surmontés d'inscriptions triviales et odieuses traversèrent la salle des représentants, qui souvent avaient eux-mêmes à subir les avanies de cette vile multitude. Des femmes ivres portaient une potence sur laquelle était suspendue l'image de la reine, avec ces mots : *Gare à la lanterne !* D'autres promenaient une guillotine avec des inscriptions non moins odieuses. Au bout d'une pique sur laquelle était porté le cœur sanglant d'un veau, on lisait : *cœur d'aristocrate.* Un mouvement d'horreur et de dégoût saisit les représentants à ce spectacle repoussant. L'Assemblée subit pendant trois heures cette scène atroce, et reçut enfin du peuple un drapeau, en signe de confiance et de dévouement.

Le cortége se dirigea ensuite vers la demeure royale, faiblement protégée par quelques détachements de troupes qu'avait ébranlées l'exemple de lâcheté offert par l'Assemblée législative. La foule , inondant successivement les abords, les cours, les vestibules du palais, parvint bientôt à y pénétrer et à envahir les appartements royaux. Le roi, entouré de quelques serviteurs dévoués, ne songeait qu'à mettre en sûreté les jours de la reine, encore plus menacés que les siens, lorsque des coups furieux et redoublés, ébranlant les portes, livrèrent l'entrée à la foule déchaînée. Louis XVI s'avance, sans trembler, au milieu des piques et des baïonnettes : *Me voici,* dit-il aux envahisseurs, qui, saisis d'un sentiment involontaire de respect, s'arrêtent et reculent. Les défenseurs du roi se jettent entre lui et la foule, et forment au monarque un rempart de leurs corps, tandis que le hideux cortége, toujours accompagné des emblèmes révolutionnaires, des inscriptions atroces, de la guillotine, du cœur saignant, défile devant lui comme il avait défilé dans la salle de l'Assemblée, dans la même confusion, avec les mêmes menaces et les mêmes vociférations. De temps à autre, des énergumènes s'élançaient avec fureur sur ceux qui entouraient le roi, brandissant leurs armes contre sa poitrine, pendant que mille forcenés demandaient du dehors qu'on leur jetât sa tête. L'un d'eux, une pique à la main, se jetait sur les baïonnettes des gardes pour pénétrer jusqu'à lui : c'était le même assassin qui, deux ans auparavant, avait lavé de ses mains, dans un seau d'eau, les têtes de Bertier et de Foulon, et qui, les portant par les cheveux dans les rues, les avait jetées au peuple, pour en faire des enseignes de carnage. Louis XVI ne pâlit pas un instant à l'aspect des dangers qui l'entouraient. Comme l'un des incitateurs de ces scènes odieuses lui disait de ne pas craindre, il prit la main d'un grenadier et la mit sur son cœur en disant : *Vois, mon ami, s'il bat plus vite qu'à l'ordinaire!*

Pendant que Louis XVI était en butte à ces avanies, Marie-Antoinette, séparée de lui par les flots de la multitude, subissait les mêmes outrages, sans que sa qualité de femme et de reine eût le pouvoir de désarmer l'imbécile brutalité de la foule soulevée. Dans l'espoir d'en apaiser l'effervescence, on avait entouré la reine de ses deux enfants, dont l'un, jeune fille de treize ans, joignait à toutes les grâces de son âge la précoce maturité que donnent le malheur et les larmes; l'autre, enfant de sept ans, destiné à périr sous les coups de barbares geôliers, regardait avec plus d'étonnement que de frayeur le spectacle inusité et bizarre qui se déroulait devant ses yeux, et en cherchait le sens dans les yeux de sa mère. Ces enfants la voyaient rougir en entendant les invectives féroces, les propos obscènes empruntés à l'idiome des halles, dont des femmes, la lie de leur sexe, souillaient pour la première fois leurs oreilles et la demeure de la royauté. Un homme du peuple fit placer le bonnet rouge sur la tête du dauphin, qui prenait ces insultes pour un jeu. Mais généralement, dans cet assaut de lâches outrages faits à une reine, les hommes se montrèrent moins emportés et moins insensibles que les femmes, qui, pour la plupart, avaient depuis longtemps abdiqué toute pudeur et toute humanité. Ces scènes ignobles, après avoir duré quatre heures, ne finirent qu'à la nuit, lorsque l'Assemblée législative, qui les avait tolérées, se décida enfin à envoyer au palais une députation chargée de protéger la personne du roi. Les membres qui la composaient constatèrent les traces des violences faites au représentant héréditaire de la nation ; ils virent les dégâts causés par l'émeute, les meubles brisés, les portes forcées, les appartements royaux souillés et maculés par le passage de cette horde sauvage. Péthion, qui était responsable de la sécurité du palais et qui avait souffert ces désordres, exprima quelques regrets hypocrites, auxquels le roi, indigné, imposa silence. Il savait que Péthion, en même temps qu'il l'assurait de son dévouement, prononçait des paroles destinées à encourager l'émeute, qui ajournait à un court délai ses projets sinistres.

La bourgeoisie et la garde nationale, qui avaient laissé accomplir ces événements avec la plus pusillanime inertie, manifestèrent, le lendemain du 20 juin, une vive irritation contre les événements de cette journée, et adressèrent au roi des pétitions pour protester de leur attachement. La classe moyenne voyait avec terreur les progrès des anarchistes, qui tendaient à la supplanter ; mais, soit défaut d'énergie, soit manque de lumières, elle ne trouvait jamais, dans les moments de crise, la résolution nécessaire pour résister aux attaques de la démagogie, de plus en plus envahissante. Les offenses faites à la majesté royale, la dignité intrépide du monarque, les larmes de la reine, les frayeurs des enfants, tous ces récits, répétés dans Paris, émurent les cœurs et provoquèrent une réaction unanime en faveur de la royauté. Les clubs et les Jacobins craignirent, pendant quelques jours, le retour de la faveur populaire vers Louis XVI, que leurs calomnies cherchaient sans cesse à en dépouiller. L'impression ne fut pas moindre dans les provinces. Le peuple des campagnes, convaincu que l'insurrection était le seul moyen d'en finir avec la domination des Jacobins, se souleva sur plusieurs points du territoire, pour venger les injures du roi. L'attitude de l'Assemblée, celle des administrateurs et des autorités, le soulevait par l'hypocrisie et la mauvaise foi dont elle était empreinte. Ce Péthion, ennemi mortel du roi, et qui, dans ses proclamations, vantait sans cesse son dévouement ; cette Assemblée qui parlait toujours de fidélité à la constitution, et qui encourageait toutes les entreprises des factieux ; cette conduite tortueuse et perfide des représentants, tout cela le remplissait de dégoût et lui inspirait la pensée de chercher dans ses propres efforts le salut du pays. Mais les mouvements tentés à cette époque ne furent que le prélude de ceux qui plus tard épouvantèrent le gouvernement de la Convention et le mirent à deux doigts de sa ruine.

En Bretagne, un cultivateur nommé Rédeler rassembla, un dimanche, les paysans au sortir de la messe, et fut bientôt rejoint par de nombreux insurgés. Le tocsin sonna de clocher en clocher, et quinze cents hommes se trouvèrent réunis pour réclamer la liberté des autels et protester contre les mesures tyranniques des Jacobins. Ce rassemblement n'avait point l'aspect tumultueux et sauvage des émeutes de Paris. Là, point de cris forcenés, de chants sanguinaires, d'emblèmes meurtriers; c'était le recueillement calme et résolu d'hommes qui revendiquaient les droits les plus précieux de la conscience et du citoyen. Des troupes nombreuses, munies d'artillerie, marchèrent contre les rebelles, qui soutinrent des combats acharnés et disputèrent vivement la victoire. Bientôt, l'insurrection s'évanouit pour reparaître plus formidable et plus universelle, quand la tyrannie devint plus odieuse encore et plus difficile à supporter.

Dans le Vivarais, pays protégé par ses montagnes et ses ravins contre l'invasion des innovations, comme contre celle des forces répressives, le mouvement prit un caractère plus important. Plus de trois mille paysans se réunirent sous la conduite d'un gentilhomme nommé Dusaillant, et tinrent longtemps en échec des troupes nombreuses et disciplinées. Du château de Jalès, qui leur servait d'asile et de quartier-général, Dusaillant entretenait des intelligences avec Lyon et les provinces du Midi, dans lesquelles se formaient d'importants éléments de résistance. Sa troupe, résolue à combattre vaillamment pour le roi et l'ancienne religion, attendit avec courage l'attaque de l'armée envoyée pour la réduire, et disputa pied à pied chaque défilé et chaque passage susceptible d'être défendu. Les combats devinrent plus acharnés autour du château de Jalès, où les royalistes, mal armés et presque sans munitions, opposèrent une résistance désespérée. Après plusieurs assauts, ils quittèrent pendant la nuit le château, dont les murs, criblés de boulets et entamés de toutes parts, menaçaient de s'écrouler sur leurs héroïques défenseurs. La plupart se dispersèrent dans les gorges du pays, ne laissant à leurs ennemis que la stérile satisfaction de dominer sur des ruines. Dusaillant, étant tombé entre les mains des révolutionnaires, fut lâchement massacré, lorsqu'on le conduisait à la ville pour y être jugé, et ce dénouement, chèrement obtenu, apaisa, pendant quelque temps, l'esprit de révolte dans ces contrées.

Cette opposition ouverte ou sourde des départements, cet esprit de réaction qui se manifestait par mille symptômes, excitaient au plus haut degré la rage des Jacobins et leur faisaient sentir la nécessité de prendre sans retard les mesures violentes qui devaient précipiter la chute de la royauté. Pour préparer l'esprit public à leurs coupables tentatives et ravir à Louis XVI la popularité dont il jouissait, ils avaient recours aux calomnies les plus perfides et propageaient des rumeurs sinistres autant qu'invraisemblables. On parlait tantôt d'assassinats commandés par la cour, tantôt de complots ayant pour but d'incendier Paris et de dissoudre l'Assemblée, tantôt de projets de fuite qu'une surveillance humiliante rendait malheureusement impossibles, et auxquels la famille royale avait renoncé, bien que, désormais, ce fût pour elle l'unique moyen de salut. Par un fanatisme extravagant, un député nommé Grangeneuve, pour donner quelque vraisemblance aux rumeurs qui étaient répandues dans le peuple, résolut de se tuer de sa main aux abords du palais, afin qu'on accusât de ce meurtre le parti de la cour. Il fit connaître ce dessein à Chabot, autre député, qui partageait ses opinions démagogiques, lui en expliqua les avantages et les résultats, qui devaient être, selon lui, d'exciter un soulèvement dans les masses populaires, facilement émues par ce crime supposé, et de les pousser à une vengeance dont le roi deviendrait inévitablement la victime. Chabot, saisi d'enthousiasme en écoutant son collègue, offrit de partager son sort, disant que deux meurtres feraient plus d'effet qu'un seul, et ils convinrent de se rencontrer la nuit suivante aux portes du palais, pour se donner réciproquement la mort, et, au besoin, se faire aider dans l'accomplissement de cette étrange entreprise. Grangeneuve, constant dans sa résolution, fut exact au rendez-vous, et attendit son collègue pendant une partie de la nuit; mais celui-ci, soit que la réflexion fût venue, soit que le courage lui eût manqué, ne se présenta point, et Grangeneuve, renonçant à s'immoler seul, dut attendre des circonstances l'occasion de soulever de nouveau les passions de la multitude.

Ces passions, au surplus, n'étaient que trop profondé-

ment émues, et n'avaient besoin, pour éclater, ni des artifices sanglants des démagogues, ni des prétendues conspirations de la cour. Loin de songer à attaquer ses ennemis,
la famille royale, débordée par le torrent révolutionnaire,
vivait au jour le jour, dans des transes continuelles, obligée de supporter le spectacle d'attentats impunément commis contre ses serviteurs, et n'échappant que par des précautions aussi strictes qu'affligeantes à ceux qui se dirigeaient sans cesse contre elle-même. Ne pouvant choisir
les personnes de sa domesticité, les mets servis sur la table
royale lui étaient eux-mêmes suspects, et, après y avoir
touché en apparence seulement, elle se faisait, en secret,
préparer des aliments par des mains sûres et fidèles. Une
nuit, un domestique qui veillait dans un corridor voisin de
l'appartement de la reine, lutta avec un assassin qui cherchait à se glisser jusqu'à elle. Les membres de la famille
royale ne pouvaient ouvrir les fenêtres du palais donnant
sur les places publiques, sans recueillir de lâches et grossières insultes, ou sans être témoins de quelque violence
exercée contre les hommes soupçonnés de lui être dévoués.
Sur un geste, sur une parole imprudente, les malheureux
étaient saisis et précipités dans le bassin des Tuileries, où
on les mettait à mort avec mille raffinements de cruauté.
De semblables scènes se renouvelaient sans cesse chez un
peuple civilisé, sans attirer la vengeance des lois ni la
réaction de l'opinion, tant les idées révolutionnaires étaient
parvenues à corrompre le sentiment et à dégrader les instincts d'une population naguères intelligente et calme. La
reine, accablée par tant d'agitations et de nuits passées sans
sommeil, portait sur ses traits l'empreinte de tant de fatigues, et ses cheveux, blanchis avant l'âge, accusaient la continuité de ses angoisses et la rigueur de sa fortune. Souvent, dans sa douleur, elle refusait d'accepter les remèdes

qui lui étaient offerts pour lui rendre un peu de calme et
de repos. « Laissez là, disait-elle, ces médicaments inutiles
pour les maux de l'âme; ils ne me peuvent rien : depuis
mes malheurs, je ne sens plus mon corps; je ne sens que
ma destinée; mais ne le dites pas au roi. »

VI.

10 août; journées de septembre.

Cependant, tout semblait être prêt pour le soulèvement qui devait mettre fin à tant de perplexités et décider du sort de la monarchie. Les Jacobins avaient fait venir du Midi une troupe recrutée dans tout ce que les villes du littoral comptaient d'hommes vicieux et déterminés au crime, dont un grand nombre avaient fait déjà l'apprentissage. Ces hommes, connus sous le nom de *Marseillais*, n'avaient d'autre instinct que celui du meurtre et de l'émeute ; le désordre était leur élément et un besoin de leur nature ; on les vit figurer en première ligne dans tous ceux de la Révolution, et ils y périrent presque tous, subissant le sort commun de ceux qui, à toutes les époques, ont pris une part active aux commotions civiles. Cette troupe avait, durant le trajet, répandu sur son passage une sorte de terreur, et, accueillie à Paris par les démagogues, au milieu des fêtes et des ovations, elle était destinée à former le noyau de l'insurrection qui se préparait. Déjà, chaque jour, les chefs du mouvement tenaient des réunions secrètes, où ils en disposaient le plan et les moyens. Le but et la nécessité en étaient discutés publiquement à la tribune des Jacobins, qui retentissait, chaque soir, de discours véhéments et menaçants, non-seulement contre le roi et la cour, mais encore contre les modérés, les feuillants, les amis de la constitution, et contre tous ceux qui opposaient quelque résistance au débordement de l'anarchie.

Après plusieurs ajournements résultant des hésitations et de circonstances diverses, les conjurés fixèrent au 10 août l'exécution de leur plan. Dans la soirée du 9, ils arrêtèrent entre eux les dispositions de l'attaque, et se séparèrent en se distribuant les quartiers de Paris, que chacun d'eux devait soulever et conduire au combat. Cette faction, qui reprochait sans cesse au roi d'admettre dans sa garde des étrangers suisses, dont la fidélité devait lui être si précieuse au milieu de tant de défections, désigna pour commander les forces de l'émeute un Prussien nommé Westermann, qui s'était expatrié, espérant trouver au milieu des désordres d'une révolution quelque occasion favorable aux vues de son ambition ; mais, comme tant d'autres, après l'avoir servie avec le dévouement féroce qu'elle exigeait de ses partisans, il ne reçut d'elle, en récompense, que le droit de mourir sur l'échafaud. Les forces insurrectionnelles qui lui étaient soumises commencèrent à se réunir lentement, vers l'heure de minuit, au bruit du tocsin, qui de tous les clochers faisait entendre sur la ville épouvantée ses funèbres tintements. Dans les quartiers dévoués à la Révolution, des agents des Jacobins, des Marseillais, des députés ardents à hâter le mouvement dont ils espéraient profiter, couraient, çà et là , armés de fusils et de piques, excitant l'ardeur des soldats de l'émeute. Vers six heures du matin, leurs colonnes, formées de 50,000 individus recrutés dans le domaine du vice et du crime, s'ébranlèrent du côté des Tuileries, à la suite des Marseillais et de Westermann.

Dans l'attente de cette invasion , dont de fréquents avis lui apprenaient les progrès, la famille royale, livrée à mille angoisses, avait passé la nuit, debout, calculant, avec de rares défenseurs, les chances de salut qui lui restaient. Les renseignements qui se succédaient d'instants en instants, les résolutions diverses proposées par son entourage , les hésitations qui se manifestaient autour de lui, livraient à de cruelles indécisions l'esprit du monarque. Deux sentiments le préoccupaient principalement et donnaient à des ennemis sans foi un avantage décisif: celui du respect à la lettre d'une constitution que les révolutionnaires de l'Assemblée, comme ceux de l'émeute, foulaient aux pieds sans scrupule ; et, plus encore, la crainte de provoquer l'effusion du sang, *ne voulant pas,* disait-il, *qu'aucun Français pérît pour sa cause,* comme si cette cause n'eût pas été aussi celle de l'humanité , de la France et de la civilisation. Ces dispositions du roi contribuaient puissamment à paralyser l'élan des serviteurs fidèles accourus à sa défense, et dont le nombre était si disproportionné avec celui des agresseurs.

En effet, les moyens de défense du château consistaient en deux bataillons de la garde nationale attachés au roi et à la constitution, et en quelques compagnies de gardes suisses. Deux ou trois cents gentilshommes non émigrés, informés des dangers du roi, étaient accourus de leurs provinces, obéissant aux lois du vieil honneur français, qui appelait la noblesse autour du monarque menacé. La plupart courbés sous le poids de l'âge et d'honorables fatigues,

9

certains de succomber dans une lutte inégale, ils étaient venus réclamer le droit de mourir à côté du roi, et d'ensevelir sous les ruines de la monarchie le reste de cette noblesse qui l'avait fondée et soutenue avec tant de gloire. Ils pénétrèrent, à la dérobée, dans l'intérieur du château, où on les pourvut à la hâte de quelques armes en mauvais état. Toutes ces forces réunies formaient à peine un effectif de 2,000 combattants, commandés par Mandat, l'un des chefs de la milice civique, homme énergique et attaché par principe à la monarchie. Mandat, voyant l'insuffisance de ces forces, convoqua d'autres bataillons de la garde nationale, qui, entraînés par l'esprit de défection et séduits par les agents des Jacobins, ne se rendirent à cet appel que pour trahir la cause de la constitution, qu'ils avaient tant de fois juré de défendre. Après la mort de leur commandant, la plupart se joignirent aux bandes insurgées pour assaillir le château, et en accabler les rares et généreux défenseurs.

C'est, en effet, par le meurtre de Mandat que débuta l'insurrection, à peine organisée et incertaine encore du succès. Les chefs du mouvement, d'après le plan concerté entre eux, se rendirent à l'Hôtel-de-Ville, et s'y constituèrent en municipalité, conservant dans leur sein le maire Péthion, dont les trahisons, chaque jour renouvelées, avaient si utilement servi leurs desseins. Dans cette Assemblée toute révolutionnaire, on comptait une foule de ces hommes inconnus auxquels le crime et la férocité acquirent dans la suite une certaine célébrité, et qui s'y étaient préparés jusqu'alors par l'habitude des plus dégradantes passions. Un nommé Huguenin fut désigné comme leur président. Installée au milieu de la nuit, cette prétendue municipalité appela sur-le-champ à sa barre Mandat, qu'elle voulait éloigner du poste où il commandait. Mandat reçut cet ordre vers cinq heures du matin, et, ignorant ce qui s'était passé à l'Hôtel-de-Ville, obéit après quelque hésitation, et malgré les sollicitations de ses compagnons, inquiets de l'état des esprits et des dispositions de Péthion. Arrivé à l'Hôtel-de-Ville, l'aspect des hommes inconnus qu'il y trouva, leur attitude sinistre, leur ton menaçant, lui firent comprendre qu'un infâme artifice l'avait fait tomber dans les mains de ses ennemis. Ceux-ci procèdent, pour la forme, à un simulacre d'interrogatoire. Par quel ordre, dit Huguenin, as-tu doublé la garde du château ? — Par l'ordre de Péthion. — Montre cet ordre ! — Mandat en prouva l'existence ; car il l'avait obtenu du lâche Péthion trois jours avant l'attaque. Cette circonstance confondait les conspirateurs. Ils lui adressent encore quelques questions dérisoires ; puis le président donne l'ordre aux hommes armés de piques de le faire sortir, en accompagnant cette injonction d'un geste qui était l'arrêt de mort du malheureux commandant. A peine parvenu sur l'escalier de l'Hôtel-de-Ville, il tombe atteint de vingt coups, sous les yeux d'un fils âgé de douze ans, qui disputa vainement aux assassins le cadavre de son père.

Ce lugubre événement, connu au château, y répandit la consternation et le découragement. Quelques-uns de ces hommes qui, pour conjurer les dangers du moment, proposent toujours le pire conseil et acceptent la défaite avant le combat, engageaient vivement le roi à abandonner son palais et à se retirer dans le sein de l'Assemblée législative, où, disaient-ils, il devait trouver sécurité et respect. La reine, qui connaissait l'esprit de cette Assemblée révolutionnaire, se refusait à une semblable détermination, résolue à périr avec ses derniers serviteurs sous les débris du trône, plutôt que de se livrer, sans résistance, aux mains de ses constants ennemis. Le désir de prévenir l'effusion du sang, l'espérance de calmer l'agitation à force de modération et de condescendance, prévalut dans l'esprit de Louis

XVI, et, au moment où allait commencer l'attaque contre la demeure royale, il en sortit, pour n'y plus rentrer, accompagné de Marie-Antoinette, de ses deux enfants et de madame Elisabeth, sa sœur. Il alla demander asile à cette Assemblée dont il avait toujours respecté les droits, même lorsqu'elle cherchait à le dépouiller des siens et qu'elle pactisait ouvertement avec l'anarchie. Vergniaud, qui la présidait, l'accueillit par quelques-unes de ces phrases avec lesquelles les rhéteurs de tous les temps ont su, sous des dehors hypocrites de dévouement et d'amour de la légalité, dissimuler les passions les plus haineuses et les plus perverses. Louis XVI, qui si souvent avait été trompé par de semblables mensonges, le fut encore une fois, sans doute. Les illusions qu'il avait toujours nourries sur le véritable caractère des hommes de la Révolution l'avaient constamment empêché de réprimer les complots dont il devenait alors la victime ; il ne les abandonna qu'au pied de l'échafaud, et les perdit seulement pour pardonner à ceux qui l'avaient si cruellement puni de sa condescendance envers eux. Dès le moment où l'infortuné monarque se remit entre leurs mains, à l'Assemblée législative, ils comprirent que le moment du triomphe était arrivé pour eux et se préparèrent à jouir de l'agonie de la monarchie. Ils imaginèrent de futiles prétextes pour refuser toute marque d'honneur à la famille royale, et la reléguèrent dans une des tribunes de la salle, où elle demeura pendant quatorze heures d'angoisses mortelles. Les rumeurs des masses au dehors, le tumulte du combat, les cris des victimes lâchement égorgées, les injures, les vociférations, les mille bruits d'un peuple en insurrection, parvenaient jusqu'à elle, et la remplissaient de perplexités et d'effroi.

Une multitude avide de meurtre, mais aussi lâche que sanguinaire, n'osant affronter le petit nombre de soldats laissés au château, venait chercher des victimes désarmées jusqu'aux abords de l'Assemblée, qui restait impassible en présence de tant d'atrocités. Une vingtaine d'individus arrêtés dans la nuit, comme suspects de royalisme, avaient été déposés au poste voisin de l'Assemblée ; ce fut contre eux que se dirigèrent les premières fureurs des masses. Un rassemblement, au milieu duquel on remarquait un grand nombre de femmes, ou plutôt de furies, vint demander leurs têtes. Quelques hommes courageux essaient vainement de soustraire à ces exigences sauvages les prisonniers confiés à leur garde ; les instigateurs de l'insurrection leur enjoignent avec menaces d'avoir à obtempérer *aux volontés du peuple*. Alors, deux cents gardes nationaux mettent bas les armes et livrent lâchement le dépôt qu'ils sont chargés de défendre. Quelques-uns des prisonniers parviennent à s'échapper ; les autres, appelés un à un, servent de jouets à une populace qui les égorge avec mille raffinements de barbarie, et prolonge leur agonie afin de prolonger l'atróce volupté qu'elle y prend. Ceux qui restaient dans le corps de garde entendaient les cris et les luttes des mourants, et subissaient, dans l'attente de leur sort, mille tortures pires que la mort. Plusieurs d'entre eux, voulant, du moins, se venger de leurs bourreaux, opposèrent une résistance désespérée et vendirent chèrement leur vie. Parmi eux était Suleau, écrivain royaliste, odieux aux révolutionnaires à cause de son courage et de son talent. Parvenant à se dégager des mains des assassins, il se saisit d'un sabre et s'ouvre un passage à travers les rangs de la populace épouvantée ; mais, poursuivi et atteint par derrière, il tombe percé de coups. Une courtisane, nommée Théroigne de Méricourt, qui, par ses débordements et ses fureurs, mérita de devenir une des héroïnes de la Révolution, s'acharna sur son cadavre et en sépara la tête, qui fut promenée dans les rues de Paris, comme premier trophée de cette journée.

Le départ du roi pour l'Assemblée, où une partie de sa garde l'avait accompagné, avait réduit à une poignée d'hommes les défenseurs de la demeure royale. Toutefois, leur contenance et leur mâle attitude en imposaient tellement aux insurgés, que plusieurs heures se passèrent sans que leurs bandes se sentissent l'audace de les attaquer. De leur côté, les assiégés, réduits à ne tirer l'épée que pour se défendre, opposaient à toutes les provocations une héroïque impassibilité. Les assaillants, après avoir massacré les sentinelles, se rapprochèrent peu à peu de l'entrée du château, et, encouragés par le calme et le silence des troupes fidèles, ils en vinrent bientôt à des actes d'agression ouverte. Alors s'engagea la lutte sublime du courage certain de succomber, contre les attaques lâches et féroces d'une multitude innombrable, soulevée par l'espérance de meurtres sans dangers et du pillage impuni. Celle-ci avait traîné avec elle des pièces d'artillerie, qui, dirigées par des mains inhabiles, n'atteignirent même pas la façade des Tuileries. Quelques décharges de mousqueterie y répondirent, et jetèrent dans les hordes révolutionnaires encore plus de terreur que de ravage. Les premiers rangs se rejetèrent sur les seconds; la foule repoussa la foule, et une horrible confusion se propagea jusqu'aux lieux où les chefs de l'insurrection, à l'abri de tout danger, escomptaient déjà les profits qu'ils en devaient retirer. En quelques minutes, les avenues du château, les cours, les places, les rues voisines, se trouvèrent complétement libres, et le silence régna dans ces quartiers où retentissaient, il y a peu d'instants, les vociférations de l'émeute.

Les assiégés profitèrent de la terreur qu'ils avaient répandue, pour parcourir librement les abords du château,

refouler les restes de l'insurrection et s'emparer des canons dirigés contre eux, mais qui, faute de munitions, n'é-
taient pour eux d'aucun usage. On pouvait, en mettant à
profit cette victoire, former en une seule masse ce qui restait
des défenseurs du roi, l'aller prendre à l'Assemblée, l'enlever
des mains de ses ennemis consternés, et le mettre, hors de
Paris, à l'abri de leurs trahisons et de leurs violences. Mais,
en l'absence du monarque, il ne se trouvait personne pour
diriger l'ensemble des mouvements, et déterminer l'adoption
d'une résolution énergique, seule capable de sauver encore
les jours du roi, si ce n'est sa couronne, dont il avait fait
déjà l'abandon. La défaite de l'insurrection avait porté l'effroi dans le sein de l'Assemblée, qui, s'attendant sans cesse
à être envahie, renouvelait, à chaque instant, de ridicules
serments de mourir à son poste, que chacun de ses membres
s'apprêtait à déserter à la première apparition des baïonnettes royalistes. C'est alors que Louis XVI, témoin de leur
terreur, et dominé par la pensée d'arrêter l'effusion du
sang, envoya aux Suisses et aux défenseurs du château
l'ordre de suspendre le feu, et de venir le rejoindre à l'Assemblée.

Cet ordre, dicté par des sentiments d'humanité que ses
ennemis étaient si loin de partager, livrait à leur fureur et
à leur haine les derniers soutiens de la monarchie. Il parvint à une portion des assiégés, qui l'exécutèrent en frémis-
sant, et gagnèrent l'Assemblée sous une grêle de balles parties des bataillons de la garde nationale, infidèles à la cause
qu'ils voyaient succomber. Les royalistes, conformément à
l'ordre du roi, supportent sans y répondre cette agression
inattendue, qui porte la mort dans leurs rangs, sans y jeter
la confusion ni la crainte. Au moment où ils évacuent le
jardin, les rebelles, rassurés par leur retraite et honteux de
leur propre pusillanimité, réunissent leurs colonnes disper-

sées, font approcher une nombreuse artillerie, et commencent contre le château une attaque nouvelle et acharnée. Ceux des défenseurs auxquels l'ordre du roi n'était pas parvenu se préparèrent à une résistance désespérée. Quatre-vingts environ se réunirent, à l'entrée du château, et la défendirent avec la même intrépidité que s'ils eussent été en nombre égal à celui des assaillants. Sans prévoir à cette lutte d'autre issue que la mort, ils ne songeaient ni à demander la vie, ni à entrer en composition avec l'insurrection ; celle-ci, sans oser les aborder, les pressait de toutes parts comme les flots d'une mer furieuse, et les écrasait sous des décharges redoublées. Bientôt leurs rangs s'éclaircirent, leur feu se ralentit et s'éteignit par la chute du dernier d'entre eux. La Révolution, fière de sa victoire, s'élança sur leurs cadavres, foula aux pieds avec fureur les dépouilles des quelques héros qui tout à l'heure la faisaient trembler, et, ivre de sang et de rage, elle prit possession de la demeure séculaire de la royauté, pour régner à son tour sur la France : alors la Terreur commença.

La fin de cette journée n'éclaira plus de combats, mais des massacres et des saturnales. Tous les Suisses isolés ou réunis par groupes qui furent trouvés dans les Tuileries furent égorgés avec mille raffinements de barbarie. Après avoir mutilé leurs cadavres, on les jetait par les fenêtres, dans les cours et les jardins, où une multitude furieuse les dépeçait et s'en partageait les lambeaux. Ceux qui étaient parvenus à sortir du château ne furent pas plus heureux et périrent presque tous. Quand ils ne trouvèrent plus de victimes dans le palais, les égorgeurs se répandirent dans les hôtels, s'emparèrent des Suisses employés comme concierges, et les massacrèrent avec un grand nombre de citoyens dont tout le crime était de conserver des sympathies pour la royauté. Plusieurs d'entre ceux-ci, tels que M. de

Clermont-Tonnerre, avaient donné à la liberté des gages irrécusables, et avaient puissamment contribué au triomphe des idées nouvelles ; mais déjà il n'était plus question de liberté, et les nouveaux tyrans de la nation s'apprêtaient à en noyer le symbole dans des torrents de sang. La victoire était à peine obtenue, qu'ils songèrent à se partager les dépouilles de la France, devenue leur proie. Pendant que les soldats de l'émeute, dans leur joie stupide, parcouraient les appartements royaux, détruisaient les richesses de l'art, accumulaient le butin, allumaient l'incendie destiné à consumer l'admirable palais des rois, et, las enfin de leurs exploits, allaient se plonger dans le vin et la débauche, les chefs se distribuaient les ministères, les hauts emplois, les postes éminents, et le féroce et cynique Danton devenait ministre de la justice. La justice, en effet, allait se voiler pour un temps, mais pour éclater bientôt, plus rigoureuse et plus manifeste, sur la tête des scélérats qui en prostituaient les attributs et le nom.

Les vainqueurs allèrent signifier leur volonté à l'Assemblée nationale, et demandèrent la déchéance du roi ; le décret en fut rédigé sur-le-champ, et Vergniaud le fit rendre de la même manière qu'il vota plus tard la mort du monarque, c'est-à-dire contre sa conscience et ses vœux, mais cédant aux inspirations de la peur et au désir de conserver sa popularité ; mais ses lâchetés ne le sauvèrent point de la destinée commune à tous les flatteurs de la multitude, dans ces temps de confusion et de crime. La famille royale, après avoir entendu le décret qui lui ravissait la couronne, put prendre quelques heures d'un repos que tant d'émotions et de souffrances lui rendaient si nécessaire. Entourée de quelques serviteurs qu'on laissait encore à son infortune, elle passa la nuit dans un lieu voisin de l'Assemblée, et dont quelques préparatifs faits à la hâte ne laissaient que trop voir l'indigence et la nudité. Dès le lendemain, on fit disparaître les dernières apparences de respect laissées autour d'elle, et une surveillance jalouse commença à épier toutes ses démarches et toutes ses paroles. Quelques jours après, elle fut transportée à la prison du Temple, où les rigueurs de sa captivité s'aggravèrent, à mesure qu'augmentait la puissance des hommes pervers devenus les arbitres du pays, et résolus à n'épargner aucune humiliation à des princes qui, dans leurs calculs pleins d'illusion pour la félicité des peuples, n'avaient fait entrer ni l'ingratitude des hommes, ni l'acharnement de passions avides de pouvoir et de dépouilles.

L'Assemblée actuelle ne paraissant pas offrir des garanties suffisantes à la démagogie, le peuple fut appelé à élire de nouveaux représentants ; mais, par un retour équitable, l'Assemblée législative, pendant les derniers jours de son existence, eut à supporter sa part des avanies dont elle s'était rendue complice envers la famille royale. Tous les jours, des députations envoyées par les sections de Paris, venaient, de la manière la plus impérieuse et la plus insolente, lui signifier les mesures qu'elle avait à prendre, et qui avaient été arrêtées à la municipalité et dans les clubs. Les hommes qui s'étaient cachés pendant les moments de danger, Robespierre, Marat, l'ex-capucin Chabot, sortant de leurs caves et de leurs retraites, apparaissaient dans les réunions populaires, et cherchaient, par la violence de leurs discours et de leurs motions, à racheter la pusillanimité de leur conduite. Ces motions, adoptées par acclamations, étaient ensuite imposées à l'Assemblée législative sous la menace du tocsin et des piques. C'est ainsi que furent institués les comités de surveillance, chargés d'arrêter les suspects et les modérés, et le tribunal révolutionnaire, destiné à connaître, dit-on, des crimes du 10 août ; et

autres crimes y relatifs, circonstances et dépendances.
Marat, l'homme de sang par excellence, fut mis à la tête
du comité de sûreté générale, c'est-à-dire que dès lors il
n'exista plus aucune sûreté pour la liberté, la fortune et
la vie des citoyens, livrés à la merci des bandes d'égorgeurs
organisées par ce comité. L'Assemblée, qui lui avait remis
le pouvoir, fut forcée de demeurer témoin de ses excès et
de laisser s'accomplir, dans le centre de la civilisation, des
attentats inconnus aux âges les plus barbares, comme aux
nations les plus dégradées.

Marat, Danton et les Jacobins avaient compris que, pour
détacher le peuple de la monarchie, il fallait élever entre
elle et lui une barrière infranchissable de crimes et de
sang. Ils jugeaient que, bientôt éclairée sur le mérite de
ses nouveaux maîtres, la multitude ne pourrait s'intéresser au maintien de l'œuvre révolutionnaire, sans y être
engagée par ses propres œuvres, et par une sorte de complicité qui lui fît redouter essentiellement le rétablissement
du règne des lois et de la justice. Cette pensée ayant fortement pénétré dans leur esprit, ils organisèrent froidement
le massacre de tous les hommes désignés comme hostiles au
mouvement. Les moyens d'exécution furent médités, discutés et arrêtés; on chercha, par tous les expédients, à
grossir le nombre des complices, à faire participer, s'il
se pouvait, la nation entière à ce dessein détestable. On
calcula que, ce premier pas fait, il ne lui serait plus possible de reculer dans la voie des attentats, et ce calcul ne
fut que trop fondé. Toutes choses étant préparées, le 28
août, un décret, digne des temps de Marius et de Sylla,
répandit dans Paris la consternation et le deuil. Par ce décret, la hache des proscriptions était suspendue sur la ville
et n'attendait qu'un signal pour s'abattre sur la tête des
citoyens. Il est arrêté que, dans la journée du lendemain,

nul ne devra sortir de sa maison, et qu'à partir de deux heures, toute circulation sera interdite dans les rues; les cours, les tribunaux, les magasins, les clubs, seront fermés, et, le soir, les maisons illuminées. Pendant que la vie et le mouvement seront ainsi suspendus dans la cité, des commissaires accompagnés de la force publique pénétreront dans les demeures, pour y découvrir les suspects et les incarcérer : sera réputé tel, quiconque sera surpris dans un autre domicile que le sien, quiconque répondra par des allégations mensongères aux interrogations des commissaires, quiconque aura pris part à quelque manifestation considérée comme royaliste, ou sera connu par ses sympathies monarchiques. Les opinions, les sentiments, les regrets, étaient regardés comme des crimes. La haine d'un dénonciateur, la malveillance d'un Jacobin, un hasard, une circonstance indifférente, pouvaient devenir un arrêt de mort.

Le décret s'exécuta avec la rigueur qu'on pouvait attendre des hommes qui avaient l'audace de le provoquer. Des postes armés placés à toutes les issues de la capitale, des bateaux organisés sur le cours du fleuve, rendaient impossible toute tentative de fuite et refoulaient dans Paris quiconque eût essayé de chercher son salut au dehors. En même temps, les bois, les jardins, les maisons avoisinant la ville, étaient fouillés et livrés à de minutieuses recherches. Pendant ce temps-là, les sicaires des Jacobins, les Marseillais, les bandes de Danton, parcourent les quartiers de la ville, envahissent les demeures et répandent la terreur au sein de chaque famille, incertaine du sort qui lui est réservé. Rien n'échappe à la rigueur de leurs perquisitions, ni les caves, ni les catacombes, ni les égouts, ni les retraites les plus secrètes et les plus obscures. Des serviteurs fidèles au malheur, des femmes dont le dévouement croissait avec le danger, cherchaient en vain, par d'adroits subterfuges, par des fraudes héroïques, à sauver les jours des victimes que s'étaient promises les démagogues. En vain, pour se dérober à leurs regards, on se cachait sous les meubles ou dans les cheminées, on passait de longues heures dans des recoins étroits et impénétrables. Les murs, les voûtes, les planchers, étaient sondés, visités, mis à jour. Les sicaires n'auraient pas mis plus de soin et d'ardeur à découvrir des trésors enfouis dans les maisons et promis à leurs avides investigations. Chaque suspect, ainsi arraché à son asile, devenait une occasion de joie et de triomphe pour ces forcenés. Bien peu furent assez heureux pour échapper à d'aussi actives recherches; près de quinze mille citoyens furent arrachés à leurs foyers et à leurs familles, et entassés dans les prisons, dans les couvents, dans les monuments publics, où le poignard de Danton ne devait pas tarder à aller terminer leurs tortures.

En effet, les jours suivants, on organisa les escouades d'égorgeurs à la solde de la municipalité, sous le commandement de l'huissier Maillard, personnage qui s'était signalé dans toutes les circonstances où il y avait eu des forfaits à commettre et du sang à répandre. On le chargea de préparer un service de tombereaux destinés au transport des cadavres. Des agents de la commune se rendirent chez le fossoyeur de la paroisse Saint-Jacques et lui enjoignirent de prendre sa bêche et de les suivre : ils le conduisirent dans ces terrains vagues situés hors de la barrière de Paris, et après quelques moments de recherches opérées à l'aide d'une carte, ils indiquèrent un emplacement qui devait être fouillé afin de retrouver l'ouverture d'un puits communiquant avec les immenses catacombes qui s'étendent sous certains quartiers de la capitale. C'est dans ce trou que devaient être précipités les corps des victimes recélées dans les prisons. On donna, pour ce travail, au fossoyeur un délai de quatre jours, et on lui promit un salaire élevé, en lui recommandant un strict silence. Ces préparatifs, qui ne purent s'accomplir avec un entier secret, répandirent dans Paris les plus effrayantes rumeurs. Chacun trembla sur le sort des parents, des amis, d'un fils, d'un père, qui avaient été jetés dans ces prisons, devenues le vestibule de la mort. Des efforts inouïs et quelquefois heureux furent tentés en faveur de quelques-unes des victimes ; l'or, la corruption, l'influence de quelque scélérat puissant qu'on parvenait à gagner, les dérobèrent aux mains d'hommes, non moins accessibles à la cupidité qu'aux satisfactions du meurtre.

Le signal des massacres fut donné dans la journée du 2 septembre. Vingt-quatre prêtres, condamnés à la déportation, comme ayant refusé le serment, étaient conduits hors de Paris, lorsque, arrivés aux barrières, le poste refusa de les laisser passer, et les fit retourner à la prison de l'Abbaye. Dans le trajet, les voitures furent entourées par les égorgeurs, qui, sous la conduite de Maillard, se rendaient aux prisons, pour y accomplir leur œuvre de sang. Ces hommes, impatients de crimes, ne cessaient de porter des coups de piques aux malheureux prêtres, dont la plupart arrivèrent mutilés aux portes de l'Abbaye. Huit cadavres furent tirés des voitures par les pieds ; les survivants furent égorgés sur le seuil de la prison, où ils espéraient trouver un asile, et qui n'était déjà plus qu'un entrepôt pour la mort. L'huissier Maillard, assisté de quelques affidés, s'installa dans le dernier guichet pour y former un tribunal, chargé, disait-il, de juger les prisonniers. Ceux-ci étaient appelés un à un, et passaient devant ces juges dérisoires, qui, après les avoir sommairement interrogés, prononçaient ces mots : *A la Force !* Les malheureux, croyant qu'il ne s'agissait que de les transférer à la prison de la Force, s'élançaient dans la cour, où les assassins les attendaient pour les massacrer.

Cependant, les bruits de la rue, les cris des prêtres égorgés, l'attitude morne des geôliers, avaient, dès le matin, jeté les prisonniers dans d'horribles angoisses. Écoutons le récit que nous a laissé l'un d'entre eux, M. Journiac Saint-Méard, échappé, comme par miracle, à cette boucherie :

« Vers quatre heures. — Les cris déchirants d'un homme qu'on hachait à coups de sabre nous attirèrent à la fenêtre de la tourelle, et nous vîmes, vis-à-vis le guichet de notre prison, le corps d'un homme étendu mort sur le pavé; un instant après, on en massacra un autre; ainsi de suite. »

» Il est de toute impossibilité d'exprimer l'horreur du silence qui régnait pendant ces exécutions; il n'était interrompu que par les cris de ceux qu'on immolait, et par les coups de sabre qu'on leur donnait sur la tête. Aussitôt qu'ils étaient terrassés, il s'élevait un murmure renforcé par les cris de *vive la nation!* mille fois plus effrayant pour nous que l'horreur du silence.

» Dans l'intervalle d'un massacre à l'autre, nous entendions dire sous nos fenêtres : *Il ne faut pas qu'il en échappe un seul, il faut les tuer tous, et surtout ceux qui sont dans la chapelle : il n'y a que des conspirateurs.* C'était de nous qu'on parlait, et je crois qu'il est inutile d'affirmer que nous avons désiré bien des fois le *bonheur* de ceux qui étaient renfermés dans les plus sombres cachots.

» Tous les genres d'inquiétude les plus effrayants nous tourmentaient et nous arrachaient à nos lugubres réflexions; un moment de silence dans la rue était interrompu par le bruit qui se faisait dans l'intérieur de la prison.

» Enfin le mardi, à une heure du matin, après avoir souffert une *agonie de trente-sept heures*, qu'on ne peut comparer même à la mort, après avoir bu mille et mille fois le calice d'amertume, la porte de ma prison s'ouvre : on m'appelle, je parais, trois hommes me saisissent et m'entraînent dans l'affreux guichet.

» A la lueur de deux torches, j'aperçois le terrible tribunal qui allait me donner la vie ou la mort. Le président, en habit gris, un sabre à son côté, était appuyé debout contre une table sur laquelle on voyait des papiers, un écritoire, des pipes et quelques bouteilles. Cette table était entourée par dix personnes assises ou debout, dont deux étaient en veste et en tablier; d'autres dormaient étendus sur des bancs. Deux hommes en chemises teintes de sang, le sabre à la main, gardaient la porte du guichet; un vieux guichetier avait la main sur les verrous. En présence du tribunal, trois hommes tenaient un prisonnier qui paraissait âgé de soixante ans.

» On me plaça dans un coin du guichet; mes gardiens croisèrent leurs sabres sur ma poitrine et m'avertirent que si je faisais le moindre mouvement pour m'évader, ils me poignardaient. Je vis deux gardes nationaux présenter au président une réclamation de la *Croix-Rouge* en faveur du prisonnier qui était vis-à-vis de lui. Il leur dit que *ces demandes étaient inutiles pour les traîtres.* Alors le prisonnier s'écria : *C'est affreux, votre jugement est un assassinat.* Le président répondit : *J'en ai les mains lavées, conduisez monsieur...* Ces mots prononcés, on le poussa dans la rue, où je le vis massacrer par l'ouverture du guichet.

» Le président s'assit pour écrire, et après qu'il eut enregistré le nom du malheureux qu'on expédiait, je l'entendis dire : *A un autre.*

» Aussitôt je fus traîné devant ce sanglant tribunal, en présence duquel la meilleure protection était de n'en point avoir, et où toutes les ressources de l'esprit étaient nulles, si elles n'étaient pas fondées sur la vérité. Deux de mes gardes me tenaient chacun une main , et le troisième par le collet de mon habit.

» Le président. — Votre nom, votre profession ?

» Un des juges. — Le moindre mensonge vous perd.

» — Journiac-Saint-Méard, officier, etc.

» — Mais enfin, il n'y a pas de feu sans fumée, il faut dire pourquoi on vous accuse.

» Un des juges d'un air impatienté. — Vous nous dites toujours que vous n'êtes pas ça, ni ça : qu'êtes-vous donc ?

» — J'étais franc royaliste.

» Il s'éleva un mouvement qui fut apaisé par un juge qui dit : Ce n'est pas pour *juger les opinions* que nous sommes ici, c'est pour en *juger les résultats*.

» — Oui, monsieur, j'ai été franc royaliste, mais je n'ai jamais été payé pour l'être.

» — Le président, après avoir ôté son chapeau, dit : — Je ne vois rien qui doive faire suspecter monsieur. Je lui accorde la liberté. Est-ce votre avis ?

» Tous les juges : — Oui, oui ; *c'est juste.* » Et on élargit le prisonnier.

Ces scènes, après avoir duré tout le jour, se continuèrent dans la nuit et toute la journée du lendemain. Les égorgeurs, succombant sous la fatigue, suspendirent à peine leur *travail*, pour prendre un peu de repos, les pieds dans le sang, au milieu des cadavres qu'ils avaient amoncelés dans la cour; car le service des tombereaux ne se faisait que lentement, et avait peine à suivre l'horrible rapidité des massacres. De temps en temps , quelques-uns d'entre eux se rendaient au comité et demandaient impérieusement du vin, qu'on n'osait refuser à ces terribles pétitionnaires. Maillard et ses acolytes se firent apporter leur repas, burent et mangèrent sur une table souillée de sang, fumèrent leur pipe, et s'endormirent sur leurs siéges, comme ils eussent fait après une journée tranquille et bien remplie. Pendant ce temps-là, l'orgie des assassins mêlés à des femmes sans nom, les danses atroces autour des cadavres, les vociférations, les chants de la *Carmagnole*, donnaient à cette scène un caractère hideux qu'on ne rencontrerait dans l'histoire, à aucune autre époque, qu'à ces temps de révolution et de malheur encore si près de nous.

Le matin, on jeta sur le pavé les vêtements des victimes, avec de la paille, afin que le sang, s'y imbibant, cessât de couler dans les rues voisines. Puis, on dressa, autour de la cour, des bancs destinés aux spectateurs qui voulaient jouir de la vue des égorgements; on établit, aux abords de la prison, une sorte de police; ces précautions prises, on se remit à l'œuvre, comme la veille.

Un bien petit nombre de détenus parvinrent à échapper à la fureur des assassins. Parmi eux, on cite Sombreuil, gouverneur des Invalides, sauvé par le dévouement héroïque de sa fille. Celle-ci, retenue par son amour filial, avait refusé de le quitter dans sa captivité. Sombreuil est amené devant le tribunal, qui prononce la formule fatale : *A la Force.* Sa fille, apercevant dans la cour les baïonnettes et les piques, comprend le sens de cet arrêt, s'élance au-devant des bourreaux, et se suspend au cou du vieillard, qu'elle enlace de ses bras. Son courage, sa jeunesse, sa beauté, ses larmes, émeuvent les meurtriers, dont le fer était prêt à frapper ; un sentiment de pitié traverse le cœur de ces tigres. *Grâce pour celle-là!* ose dire l'un d'eux.—*Oui*, reprend un autre, mais à la condition qu'elle fera comme nous, qu'elle boira du sang des aristocrates. Et en parlant ainsi, il lui présente un verre du sang qui ruisselle de toutes parts ; la sublime jeune fille refoule son horreur dans son cœur, prend le verre, le porte à ses lèvres au milieu des acclamations ; et Sombreuil est sauvé !

Les scènes que nous avons rapportées se passaient également dans les neuf autres prisons de Paris. Il en était une, celle des Carmes, uniquement occupée par des prêtres, parmi lesquels on comptait plusieurs prélats vénérables : l'archevêque d'Arles, les évêques de Beauvais et de Soissons. Avertis par plusieurs circonstances du sort qui les menaçait, ils passèrent la nuit à s'exhorter et à prier, et, au point du jour, se réunirent dans l'église, pour attendre la mort au pied des autels. Ils étaient occupés à chanter les louanges de Dieu, ainsi qu'ils eussent fait dans un jour de fête, lorsque les cris des assassins se firent entendre : *Calotins*, disaient-ils, *voici votre dernier moment ; vous allez danser la carmagnole. — Où est l'archevêque d'Arles ?* hurlent des voix furieuses. Le vieillard se présente au devant des piques. — *Est-ce toi*, s'écrie un Marseillais, *qui as fait couler le sang des patriotes d'Arles ? — Messieurs*, répond-il, *je n'ai jamais fait répandre le sang de personne, ni fait de mal à qui que ce soit dans ma vie. — Eh bien ! je vais t'en faire, moi.* — A ces mots, le martyr reçoit sur la tête deux coups de sabre : un troisième coup le renverse aux pieds des cannibales, qui l'achèvent avec leurs piques, déchirent ses restes, et s'en partagent les dépouilles sanglantes.

Cependant, les prêtres avaient été conduits dans les jardins du couvent, où les assassins pénétrèrent après eux. Armés de fusils et de pistolets, pendant longtemps ils se firent un jeu de les poursuivre dans les allées, derrière les arbres et les haies, et de les traquer dans tous les sens comme des bêtes fauves. Enfin, lassés de ce jeu barbare, que la nuit menaçait d'interrompre, ils refoulent les ecclésiastiques dans l'église, y portent eux-mêmes ceux qui ne peuvent marcher à raison des blessures qu'ils ont reçues, ou les contraignent à s'y traîner à coups de plats de sabre. Là, ils mettent une sorte d'ordre dans le massacre et de méthode dans le crime. Chacune des victimes est appelée et livrée aux sicaires, qui l'égorgent sur le seuil de l'église. Les prêtres, en attendant le moment suprême, agenouillés au pied des autels, récitent les prières des agonisants, que la voix des bourreaux interrompt, de minute en minute, pour réclamer une nouvelle proie. Les chants des martyrs allèrent en s'affaiblissant, jusqu'à ce qu'il n'en restât plus qu'un seul, qui, après avoir vu tomber tous ses frères, et avoir béni leurs derniers instants, périt comme eux, sans murmure et sans effroi. Les tombereaux transportèrent 185 cadavres. La nuit était venue. Les massacreurs allèrent recevoir leur salaire et continuer leur tâche dans les autres prisons.

Celle de la Force renfermait nombre de personnages distingués, d'hommes et de femmes attachés à la cour, et dès lors dévolus à l'extermination. L'œuvre de mort s'y accomplit avec les mêmes circonstances que dans les autres lieux de détention, au milieu des mêmes formes dérisoires, des mêmes orgies, des mêmes barbaries, des mêmes fureurs. Là, comme ailleurs, on voyait l'insouciance féroce des bourreaux, buvant, mangeant, fumant au milieu des ruisseaux de sang; les danses obscènes autour des cadavres empilés, les jeux avec les têtes coupées, le chant de la Carmagnole, les femmes insultant les victimes et excitant aux meurtres. La plus illustre de ces victimes fut la princesse de Lamballe, célèbre à la cour par sa beauté et par les qualités de son âme, qui l'avaient rendue chère à la reine. Elle s'était attachée à Marie-Antoinette par les liens d'une amitié que ses malheurs n'avaient fait que resserrer, et avait refusé de la quitter, même lorsque cet attachement ne lui promettait plus que des chaînes et des revers. Sa famille, pour la sauver, avait fait passer des sommes immenses dans les mains de ses bourreaux et en avait gagné plusieurs. On l'amena devant le tribunal, mourante par suite des émotions que lui avaient fait subir deux jours d'égorgements accomplis sous ses yeux, sur les personnes qui lui étaient le plus chères. — Jurez, lui dit le président, qui voulait la sauver, jurez haine au roi et à la reine. — Je ne puis faire un pareil serment, répondit-elle, car cette haine n'est pas dans mon cœur. Cependant, le président ordonne qu'on la mette en liberté ; on lui fait traverser les ruisseaux de sang, enjamber les cadavres ; elle va être hors de la portée des assassins. Mais ceux-ci, furieux de se voir enlever cette proie, la poursuivent et l'arrêtent. Un garçon perruquier, nommé Charlot, lui porte un coup sur la tête. La vue du sang qui coule anime les cannibales ; ils se précipitent sur elle, la saisissent par les cheveux, lui coupent la tête, dépouillent et mutilent son corps, dont les lambeaux furent promenés dans tout Paris. Sa tête, portée dans un cabaret voisin et déposée entre les bouteilles et les verres, fut longtemps l'objet des grossières insultes des assistants. Puis une horrible pensée leur traversa l'esprit : ce fut de porter cette tête à la prison de la reine, afin de mettre sous ses yeux les restes profanés de son amie. Le cortége s'achemina vers le Temple, au bruit des chants et des clameurs révolutionnaires, et la tête fut présentée au bout d'une pique à la fenêtre des infortunés prisonniers. Ceux-ci s'informent de la cause du tumulte. — C'est la tête de la duchesse de Lamballe qu'on veut vous faire voir, répond un des gardiens. La reine, à ces mots, tomba évanouie et reconnut ce qu'elle devait attendre des hommes qui avaient entre leurs mains sa liberté et sa vie. Le hideux trophée fut ensuite porté comme une sorte d'hommage au duc d'Orléans, qu'on disait être l'auteur de la mort de cette princesse, dont il devait hériter ; les défenseurs de sa mémoire ont soutenu qu'il n'y avait pas eu de part, parce qu'en réalité il n'y avait qu'un faible intérêt. A chaque crime commis, l'histoire discute la participation de ce prince, ainsi qu'on ferait d'un accusé vulgaire, que son caractère et ses précédents rendent indigne de toute faveur. Il était reconnu capable de tous les attentats, et sur plusieurs il fut condamné par ses propres aveux. Les historiens favorables à ce prince ont pu dire seulement (triste justification) que chez lui il y avait moins d'inclination au crime que de haine pour la vertu et le bien.

Les amis de la monarchie, les royalistes suspects ne furent pas les seules victimes de ces jours néfastes. Bien des vengeances privées, des haines, des cupidités, trouvèrent l'occasion de s'assouvir dans la confusion et le désordre du meurtre. Les femmes surtout portaient dans ces animosités particulières un raffinement de cruauté qu'on a peine à croire. On en cite une d'une admirable beauté, connue sous le nom de *la belle Bouquetière*, à qui la jalousie de la féroce Théroigne fit subir les tortures les plus inouïes. On cloua ses pieds au sol, on brûla son corps avec des torches de paille, on lui coupa les seins avec des fers rouges. Transpercée par des piques brûlantes, ses cris répandaient l'épouvante jusque sur la rive opposée de la Seine. Telles étaient les mœurs qu'avait données au peuple de Paris une Révolution accomplie aux cris de liberté et d'humanité. Tels étaient les fruits d'une philosophie qui, excluant Dieu des lois et des sociétés, avait la folle présomption de moraliser les peuples par des doctrines vides et impuissantes, et avait transformé en une horde de sauvages une nation jusqu'alors justement fière de sa civilisation et de ses lumières.

Durant ces trois jours de massacres, la conduite des pouvoirs publics avait eu le caractère de la plus insigne lâcheté ou d'une connivence plus coupable encore. Billaud-Varennes, sous prétexte de calmer l'effervescence du peuple, se porta à l'Abbaye pour haranguer les travailleurs. « Bra-» ves citoyens, leur dit-il, la municipalité ne sait comment » s'acquitter envers vous. Sans doute, les dépouilles de ces » scélérats appartiennent à ceux qui nous en ont délivrés. Je » suis, de plus, chargé d'offrir à chacun de vous 24 livres, » qui vont vous être payées sur-le-champ. » Les égorgeurs se rendirent aussitôt au comité pour recevoir le prix de leur œuvre. Mais les fonds promis par Billaud-Varennes n'existaient pas, et on chercha à s'en procurer. Déjà les assassins, furieux d'être déçus, agitaient leurs piques et menaçaient de leurs vengeances les membres du comité. Ceux-ci, effrayés de leur attitude, se hâtèrent de vider leurs poches pour les satisfaire. La Commune acheva d'acquitter la dette, et une somme de 1,463 livres fut portée sur son registre à la date du 4 septembre, comme salaire des exécuteurs de ces atroces journées.

Les prisons étaient vides; mais la soif de sang allumée par ces longs égorgements demandait de nouvelles proies. Les agents de Danton, n'ayant plus à assassiner ni royalistes, ni suspects, se portèrent sur Bicêtre, où 3,000 individus, hommes et femmes, étaient renfermés pour divers délits étrangers à la politique. Là, la boucherie dura deux jours encore : les détenus se défendirent et l'on fut, contre eux, obligé de faire usage du canon. Enfin, les assassins n'ayant plus qu'à s'égorger entre eux, les meurtres cessèrent. Le chiffre des victimes, qui resta toujours inconnu, fut porté par les uns à six mille, par d'autres à dix. On essaya ensuite de purger Paris de ces hommes qui avaient contracté l'horrible habitude du crime, et on les dirigea sur les armées. Dans toutes les villes où ils passèrent, ils se signalèrent par des atrocités qui laissaient après eux une longue trace de sang et de terreur. Ils ne se lassaient pas de commettre des crimes dont on se lasse de faire le récit. Les armées qui combattaient pour le pays refusèrent de recevoir dans leurs rangs ces héros de l'assassinat, et les refoulèrent vers Paris et vers l'Ouest, où les balles vendéennes achevèrent de les anéantir. Mais l'esprit révolutionnaire ne cessa de leur donner des successeurs qui continuèrent dignement leur tâche, et une assemblée de scélérats connue sous le nom de Convention vint faire peser sur la France une terreur légale, plus atroce encore que celle du poignard.

VII.

Convention; captivité de la famille royale; procès de Louis XVI.

Ce fut sous l'impression d'effroi répandue par ces scènes atroces que se firent les élections des représentants à la Convention. Dans l'intervalle du 10 août au 20 septembre, jour où se réunit la nouvelle Assemblée, le pouvoir réel fut exercé par la Commune de Paris, composée exclusivement d'hommes issus des émeutes et des agitations de la rue. Ils ne négligèrent rien pour faire prévaloir dans les élections l'esprit qui les animait, et, dans ce but, usèrent largement des ressources que l'anarchie où l'on vivait alors put mettre à leur disposition. Tous les trésors appartenant à l'ancienne liste civile, les richesses des églises, les biens des émigrés, enfin tous les effets des malheureux massacrés dans les prisons, passèrent entre les mains du comité dit de surveillance, qui n'en représenta jamais la valeur et l'employa tout entière, soit à solder des agents de propagande et de corruption, soit à couvrir les dilapidations de ses membres. Quand ces ressources, quelque prodigieuses qu'elles fussent, commencèrent à s'épuiser, la Commune fit vendre le mobilier des grands hôtels dont les propriétaires étaient absents de la capitale. Vainement l'administration supérieure donna-t-elle des ordres pour qu'on mît fin à ces rapines exécutées par le concours des autorités préposées à l'ordre et à la sécurité publique. Les agents de la municipalité, assurés de l'impunité, ne tinrent nullement compte de ces défenses, et continuèrent le cours de ces déprédations contre lesquelles on ne pouvait réclamer sans être taxé d'incivisme et sans appeler sur sa tête un arrêt de mort.

Un fait qui se produisit au milieu de ce pillage organisé jeta cependant une assez grande émotion dans l'opinion publique, et montra, en même temps, à quel point les hommes qui disposaient alors des destinées de la France pouvaient braver la répression et l'empire des lois. Parmi les dépouilles de la monarchie vaincue, les plus précieuses, et celles par conséquent qui irritaient le plus la convoitise des révolutionnaires, étaient renfermées au garde-meuble de la couronne. Là, étaient déposés les riches effets qui servaient à la splendeur du trône, des joyaux magnifiques, des pierres d'un prix inestimable, des objets d'une haute valeur, accumulés pendant de longs siècles, accrus de règne en règne par la munificence de chaque monarque. Ce dépôt, qui de tout temps avait été considéré comme la propriété de la nation, aussi bien que celle des rois, fut volé dans la nuit du 16 septembre. Plus tard, lorsque l'autorité tomba dans des mains moins indignes de l'exercer, on fit d'inutiles efforts pour découvrir les auteurs de ce larcin audacieux, qui, par la connivence de la Commune, ne furent alors l'objet d'aucune recherche sérieuse. On a la preuve qu'une grande partie des valeurs dérobées passa aux mains de Danton, que son caractère et la nature de ses goûts poussaient à d'effrayantes profusions. Outre les ressources dont il disposait par les moyens dont nous parlons, Danton s'était fait attribuer deux millions de fonds de police secrète, dont il ne rendit jamais compte, et dont l'emploi ne fut jamais qu'imparfaitement connu. Cette dilapidation scandaleuse des deniers publics forme le caractère constant des gouvernements révolutionnaires, et nous en avons fait, dans des temps rapprochés de nous, une nouvelle expérience, désastreuse pour le Trésor national. A cette dernière époque, le pays se révolta contre les moyens de corruption et d'intimidation par lesquels on espérait le porter à des choix qui eussent rappelé ceux de la Convention. Mais alors, la nation, séduite ou tremblante, courba la tête devant les injonctions de ces hommes qui disposaient de ses ressources comme de leur propre bien ; elle nomma, pour la représenter, des hommes qui leur ressemblaient, connus les uns par l'infamie de leurs antécédents, les autres par la bassesse de leurs instincts, tous par la violence de leur caractère ; et elle leur livra, sans condition, les destinées et l'honneur de la patrie.

C'est à la Commune qu'on avait confié la garde de Louis XVI et de la famille royale, et elle veillait à cette mission avec des précautions jalouses qui changeaient la captivité des prisonniers en une torture de tous les jours. La tour du Temple, ancien bâtiment à l'aspect sombre, à l'intérieur nu et délabré, avait été donnée pour résidence au monarque, ainsi qu'aux amis dévoués qui, après avoir servi cette famille infortunée dans les jours de splendeur et de prospérité, avaient voulu partager ses revers et l'accompagner dans l'asile du malheur. Dans leur adversité, le roi et Marie-Antoinette trouvaient quelque douceur à se voir entourés de ces courtisans de l'infortune, auxquels ils pouvaient confier les secrets de leurs chagrins et de leurs alarmes, et les témoignages de leur fidélité mêlaient quelques adoucissements aux amertumes dont ils étaient abreuvés. Mais le conseil de la Commune ne leur permit pas de jouir longtemps de cette consolation. Sous prétexte que la présence de ces personnes qui peuplaient autrefois la cour rappelait encore une ombre de royauté, il rendit un arrêté par lequel il ordonnait leur expulsion. Cette mesure rigoureuse, exécutée au milieu de la nuit avec les formes les plus dures et les plus brutales, jeta dans la consternation et le désespoir les habitants de cette prison, dont l'amitié et le dévouement avaient jusqu'alors diminué l'horreur. C'est au milieu des scènes les plus déchirantes qu'il fallut arracher de cet asile d'infortune la princesse de Lamballe et les autres dames attachées au service et à la personne de la reine. MM. Hue et Chamilly refusaient de quitter le maître auquel ils s'étaient dévoués, et donnaient les témoignages de la plus poignante douleur. «Prenez garde, leur dit un officier municipal, la guillotine est permanente et frappe de mort les serviteurs des rois.» Cette menace ne tarda pas à se réaliser pour eux; car en éloignant du Temple les personnes qui y avaient suivi Louis XVI, on ne les rendait point à la liberté, mais on les transférait dans ces prisons où le fer des assassins de septembre devait bientôt aller les chercher. La sympathie pour la vertu malheureuse, la pitié pour d'illustres adversités, étaient des crimes que la Révolution ne pardonnait pas, et qui attiraient sur ceux qui s'en rendaient coupables toute la rigueur de ses vengeances.

Pour remplacer les amis qu'ils avaient perdus, on installa, auprès des prisonniers, un cordonnier nommé Simon, homme dur et féroce, qui mettait une sorte d'orgueil brutal à tourmenter ses victimes et à faire peser sur elles le poids d'un stupide arbitraire. Il s'adjoignit, dans l'exercice de ses honteuses fonctions, un sellier nommé Rocher, personnage grossier, insolent et vicieux, toujours plongé dans les fumées du vin ou dans celles du tabac, et qui, à défaut du rôle de bourreau, était glorieux de jouer celui de geôlier, dans ce drame où la vie d'un roi devenait le jouet des passions les plus viles et les plus perverses. Tels étaient les gardiens auxquels la Commune confia le soin de veiller sur Louis XVI, et qui n'épargnèrent à l'infortuné monarque aucun des outrages que peuvent inventer des âmes dégradées et inaccessibles à tout sentiment généreux. Il ne lui était permis de sortir de son cachot qu'une seule fois par jour, pour accompagner ses enfants, qui allaient chercher dans les allées du jardin un peu de cet air et de cet exercice dont leur âge a tant besoin. Toutes les fois que, pour s'y rendre, il passait devant ses geôliers, il était assailli par des épithètes grossières, par des gestes insolents, par des chants obscènes dont avait à rougir la pudeur de la reine, et dont on cherchait à souiller les oreilles des enfants. Souvent, les augustes captifs, pour échapper à ce supplice, étaient obligés d'abréger ces heures de délassement et de ramener leurs enfants dans l'intérieur des murs sombres et froids où s'étiolait leur frêle nature. Mais là, les attendait encore la même surveillance jalouse, le même système d'inquisition, de tyrannie, de rigueur gratuites. Ils ne pouvaient faire un geste, ils ne pouvaient prononcer une parole qui ne fût interprétée comme un signe de conspiration, et dénoncée à la Commune, qui en prenait occasion de redoubler ses sévérités et ses entraves. Non-seulement les portes de la chambre assignée à chacun des prisonniers étaient défendues par une triple clôture et par d'é-

pais verroux, mais encore des municipaux y passaient la
nuit, et venaient de temps à autre s'assurer de la présence du prisonnier. Sous prétexte de leur enlever tout
moyen d'évasion, on leur avait ôté tous les meubles et ustensiles qui, dans d'autres temps, avaient été pour eux des
moyens de distraction, mais qui, dans leur situation actuelle, étaient devenus d'une indispensable nécessité. C'est
ainsi que, privées de ciseaux, d'aiguilles et d'autres instruments de couture, la reine et madame Elisabeth voyaient
tomber en lambeaux leurs vêtements, sans avoir les moyens
de les réparer. Leur dénuement était tel, que la femme de
l'ambassadeur d'Angleterre leur envoya des vêtements pour
remplacer ceux que la vétusté mettait hors d'usage, et que
la reine de France, après avoir si souvent répandu d'immenses bienfaits sur les besoins de l'indigence, dut accepter avec reconnaissance ce don offert par la compassion
d'une autre femme.

La famille royale, entourée d'hommes qui s'étudiaient à
aggraver les angoisses de sa position, ne trouvait de consolation que dans l'attachement de Cléry, le seul des serviteurs du roi qui lui eût été laissé, et qui lui prodigua jusqu'au dernier jour les témoignages d'une honorable et
courageuse fidélité. De tous ceux qui les approchaient,
c'était le seul auquel les illustres prisonniers pussent confier leurs secrètes pensées, et c'est par son intermédiaire
qu'ils avaient conservé avec le dehors quelques-unes de
ces intelligences qui servaient à entretenir dans leur cachot
un rayon d'espoir et à tromper les longs ennuis de leur
captivité. Quelques amis dévoués, qui comptaient leur vie
pour rien lorsqu'il s'agissait de sauver les jours de leur
roi, quelques-uns mêmes des municipaux, désabusés par les
crimes de la Révolution et entraînés par l'intérêt qui s'attachait au sort d'une famille innocente et malheureuse, for-

mèrent différents desseins qui avaient pour but de tromper la vigilance des geôliers du Temple, et de leur ravir la proie qu'ils gardaient avec tant de soin. Mais ces projets avortèrent devant la multiplicité des précautions prises pour les déjouer, et, pour la plupart, ne procurèrent à leurs auteurs que la captivité et la mort : destinée commune à tous les citoyens qui osèrent manifester leur horreur pour les forfaits de la Révolution, et qu'indignaient tant de cruautés exercées contre le plus juste et le plus bienfaisant des monarques.

La Commune, rendue plus ombrageuse par ces tentatives qui offraient mille chances de perte contre une chance de succès, appesantissait de jour en jour les entraves des captifs. Bientôt, par une nouvelle mesure de défiance, on arrêta que le roi habiterait désormais dans un appartement séparé du reste de sa famille, et serait à l'avenir privé de toute communication avec elle. Les supplications de la reine, les larmes des enfants, ne purent fléchir les municipaux chargés de l'exécution de cet ordre barbare, qui ôtait à ces infortunés la triste consolation de souffrir ensemble. Louis XVI, arraché aux embrassements de son épouse et de sa sœur, fut conduit dans un appartement inachevé dont un lit et une chaise formaient tout l'ameublement. Cléry passa cette nuit douloureuse à côté du roi, qui s'était jeté tout habillé sur le lit, et dont le sommeil ne vint pas un seul instant fermer les paupières, durant ces longues heures données à l'inquiétude et à la douleur. Le lendemain, un morceau de pain, à peine suffisant pour la nourriture d'une personne, fut apporté pour son déjeuner. Le prince s'approche de son serviteur, et, lui présentant la moitié du pain : *Ils ont oublié que nous sommes encore deux*, lui dit-il, *mais moi je ne l'oublie pas; prenez ceci, j'ai assez du reste.* Cléry, cédant aux instances de son maître, prit la moitié de ce pain, qu'il arrosa de ses larmes en le portant à la bouche, et le roi ne put s'empêcher de partager l'émotion de son fidèle serviteur. Cependant, les municipaux, craignant pour les jours de la reine, qui refusait toute nourriture et menaçait de se laisser mourir de faim, consentirent à ce qu'ils pussent se réunir pour les heures du repas; et cette faveur leur rendit un peu moins amère la séparation à laquelle ils étaient condamnés.

Tandis que les hommes pervers aux mains desquels se trouvaient livrées les destinées du pays faisaient subir à la famille royale toutes les rigueurs que leur inspirait la plus aveugle haine, ils commençaient à se déchirer entre eux dans le sein de la Convention, où la terreur imposée au pays les avait appelés. Les élections, faites sous la pression des événements et des massacres de Paris, au milieu d'une agitation fiévreuse entretenue par les émissaires des Jacobins et de la Commune, par les sociétés populaires, par des municipalités qu'avaient imposées la démagogie, eurent pour effet de composer la représentation nationale de tous les hommes que l'exaltation de leur caractère ou leurs antécédents de crime indiquaient au choix de la Révolution triomphante. Des individus qui avaient abandonné tous les métiers pour devenir orateurs de clubs, des avocats et des procureurs discrédités dans le monde des affaires, des comédiens sifflés au théâtre, des prêtres apostats, qui tous rivalisaient par le cynisme de leur langage et l'ostentation de leur violence, se disputaient les suffrages des assemblées électorales d'où s'étaient exclus les amis de l'ordre, et s'apprêtaient, sur les bancs de la Convention, à satisfaire, à l'aide des plus sauvages théories, leur longue rancune contre la société. C'est ainsi que furent nommés plusieurs de ceux qui avaient présidé aux massacres de septembre, et d'autres non moins abjects, tels que l'ex-capucin Chabot, le comédien Collot d'Herbois, le boucher Legendre, et une foule d'individus obscurs, dont une haine stupide contre la religion et contre les rois était le seul titre au choix des électeurs. La ville de Paris se distingua en donnant l'impulsion à ce mouvement, qui plaçait la France sous le joug légal de la terreur, et c'est là que furent élus Robespierre, Danton, Marat, hommes que des passions diverses, mais également effrénées, réunissaient dans un commun système de crimes et de cruautés. Le duc d'Orléans dut aussi à ses lâches apostasies et aux gages qu'il avait donnés à la Révolution de faire partie de cette députation, qui compta autant de régicides que de membres.

La Convention se réunit le 21 septembre 1792, et avant de s'occuper de la constitution qu'elle était chargée de donner au pays, se hâta de prononcer la déchéance de la monarchie et l'avènement de la république. Pendant de longs siècles, la royauté en France avait été associée à toutes les idées de grandeur et de conquête, à l'organisation de toutes les libertés et de toutes les institutions, aux intérêts éternels de la religion, de la justice et de la famille. Les novateurs de 92, en supprimant cette antique base de la prospérité nationale, déclarèrent la guerre à toutes les doctrines qui s'appuyaient sur elle, et on les vit, en effet, comprendre dans un même anathème les croyances traditionnelles aux vérités de la foi, la propriété et la morale telle qu'on l'avait conçue jusqu'alors. La république, proclamée dans d'aussi funestes conditions, devint à jamais le drapeau autour duquel vinrent se rallier les fauteurs de troubles et de désordres, les esprits inquiets de toute dépendance, et les ennemis de toute doctrine qui n'émane pas des conceptions orgueilleuses de la raison humaine. Le triomphe de ce drapeau qui devait être rougi dans les flots du sang le plus pur, fut pour l'humanité un irrémédiable malheur, et cette victoire du génie des révolutions contre les principes immuables de l'ordre devint la source des calamités dont les générations présentes ont à supporter les désastreux effets.

Ce premier pas étant fait, au milieu de l'enivrement de tous les partis révolutionnaires, la Convention ne se préoccupa nullement de prendre les mesures de législation que l'agitation du pays et la désorganisation des services publics rendaient d'une si pressante nécessité. Elle se borna à augmenter l'émission des assignats, qui, au grand détriment du crédit public, avait été portée au chiffre énorme de deux milliards quatre cent millions : ressources prodigieuses, que deux années du régime imposé à la France avaient suffi à dévorer en entier. La Convention, en la portant à trois milliards, taux qui devait bientôt être dépassé dans d'effrayantes proportions, prépara, sans se faire d'illusions, les désastres financiers qui devaient inévitablement aboutir à la banqueroute de l'Etat et à la ruine de ses créanciers. Bientôt, pour donner une sanction à cette mesure, elle renouvela les lois de proscription portées contre les émigrés, dont les biens servaient de gage aux assignats; et, par une disposition dont un temps semblable peut seul fournir l'exemple, on porta la peine de mort, non-seulement contre ceux qui avaient pris les armes sous la conduite des princes, mais aussi contre tous ceux, femmes, vieillards, ou citoyens inoffensifs, qui, pour fuir les persécutions dont ils étaient l'objet, avaient cherché un asile sur la terre étrangère. Une foule de familles et d'individus que la terreur révolutionnaire avait forcés à s'expatrier ne furent admis à aucune soumission; aucun moyen de rentrer en grâce ne leur fut accordé, et le fait seul de leur absence fut considéré comme un crime capital qui devait entraîner, avec la mort des coupables, la confiscation de leurs biens et la ruine de leur famille. Les hommes de la Révolution voyaient dans ces biens une riche dépouille, qu'ils brûlaient de s'approprier, et ils comptaient, en multipliant le nombre des criminels, grossir la proie qu'ils dévoraient déjà dans leurs cupides espérances.

Mais le pouvoir, avec les bénéfices qu'il procure, devait être entre les hommes de la Convention l'objet de luttes sanglantes, auxquelles ils préludèrent, dès leurs premières séances, par les plus violentes récriminations. Ces querelles scandaleuses entre les Girondins et les Montagnards occupèrent la plus grande partie du temps destiné à donner au pays des lois constamment réclamées par le parti le plus faible, et que le parti le plus fort ajournait sans cesse, afin de se livrer aux actes du plus implacable arbitraire. Le parti des Girondins, composé des hommes qui, dans les Assemblées précédentes, avaient, par une longue série de perfidies, provoqué la ruine de la constitution qu'ils avaient jurée, et la chute du roi qu'ils prétendaient servir, comptait des hommes doués, à un haut point, du talent de la parole, et de tout temps partisans de la république où ils espéraient dominer par leur supériorité incontestable. Du reste, flottant dans leurs doctrines, hésitant dans leurs actes, les Girondins, qui comptaient pour chefs Péthion, Vergniaud, Brissot, se montrèrent toujours prêts à commettre toutes les lâchetés, pour conserver une popularité qui s'attachait alors à l'audace, et, par un juste châtiment, quoique beaucoup plus nombreux dans le commencement, ils ne tardèrent pas à perdre, avec la faveur populaire, le pouvoir et l'influence qui faisaient l'objet de leur coupable ambition.

Le parti des Montagnards, au contraire, comptait alors moins de soldats que de chefs : mais ces chefs s'appelaient Robespierre, Danton, Saint-Just, Marat. La plupart d'entre eux n'avaient point, du temps de la monarchie, professé pour la forme républicaine l'enthousiasme des Girondins, et ils étaient loin surtout de les égaler par le talent et par le don de la parole, si puissant dans les assemblées politiques. Ils ne pouvaient donc triompher de leurs rivaux, et racheter la nouveauté de leur foi républicaine, qu'en les dépassant par leurs excès, et en s'appuyant sur cette tourbe des villes qui est toujours du parti des violences, et pour qui la scélératesse est le signe de la force et de la puissance. Danton, qui autrefois s'était vendu à la cour pour un million, avait, en ordonnant les massacres de septembre, conclu avec la lie de l'espèce humaine un pacte indissoluble, et il avait fait connaître le secret de la tactique de la faction, en disant que pour vaincre il fallait de l'audace, encore de l'audace, toujours de l'audace.

Les Montagnards étaient ainsi appelés, parce que, dans l'Assemblée, ils siégeaient sur les bancs les plus élevés et les plus rapprochés des tribunes publiques, où leurs partisans accumulés les encourageaient de leurs vociférations et d'un tumulte non interrompu. Les Girondins, inquiets de leur popularité et de l'appui qu'ils trouvaient, tant dans la commune de Paris que dans le club des Jacobins, les attaquèrent avec plus de passion que d'habileté, leur reprochant, avec les massacres de septembre, les projets de dictature qu'on attribuait alors à Robespierre. Sous ce dernier rapport, il est certain que les deux partis étaient également coupables, et que tous deux non-seulement épiaient l'occasion de s'emparer d'une autorité qu'ils convoitaient également, mais étaient résolus à la faire naître par tous les moyens que la violence ou la ruse pouvaient mettre à leur disposition. Quant aux massacres de septembre, les Montagnards, sans les désavouer, répondaient victorieusement que leurs adversaires étaient au pouvoir lorsqu'ils eurent lieu, et que Roland, l'un des chefs girondins, ministre dans ces moments de crise, ne s'était opposé à tant d'attentats que par quelques paroles de réprobation prononcées lorsqu'ils étaient accomplis, et n'avait paru ni dans les prisons, ni à la tête de la force publique. Brissot, autre Girondin, avait instruit, le 2 septembre, un de ses collègues à l'Assemblée des massacres qui se préparaient, et se refusa à provoquer les mesures qui auraient pu les prévenir. La raison en était qu'il y avait dans les prisons un nommé Morande, ancien complice de ses escroqueries et de ses bassesses, et Brissot était ravi de voir disparaître le témoin importun de ses turpitudes. A la fin de ces terribles journées, son unique souci fut de savoir si Morande vivait encore, et la nouvelle certaine de sa mort put seule mettre fin aux angoisses qui l'obsédaient.

Les meneurs de la Gironde, entraînés par le sentiment de leur haine et de leur jalousie, lancèrent contre Robespierre une accusation dont les termes vagues et les articulations mal précisées offraient un triomphe facile au héros de la Montagne. Robespierre, ravi de trouver l'occasion de parler de lui-même, s'empressa de relever une attaque qui révélait à quel degré sa puissance était parvenue, et y fit une réponse étudiée où il vantait son patriotisme, son dévouement à la république, son incorruptibilité, sa vertu. Après une discussion passionnée, où les appellations de traîtres, de scélérats, de conspirateurs, s'échangèrent entre les hommes des deux partis, qui les méritaient également, l'accusation portée contre Robespierre fut écartée par la Convention, et cette première victoire lui apprit ce qu'il pouvait attendre de cette Assemblée pusillanime, toujours prête à absoudre les crimes accomplis et à justifier cette parole de l'un des Montagnards, déclarant qu'en révolution, le pouvoir et l'influence appartiennent aux plus scélérats.

Il en était un, cependant, qui par ses mœurs, des dehors repoussants, son attitude cynique, inspirait un dégoût profond à ses collègues obligés de s'asseoir à côté d'un tel homme : c'était Marat. La frénésie de ses discours, et les violences d'une feuille où il ne parlait, tous les jours, que d'insurrections à préparer, de traîtres à punir, de têtes à faire tomber, l'avait rendu odieux à tous les hommes qui avaient, tant soit peu, conservé le sentiment de leur dignité. Une voix se fit enfin l'écho de l'indignation générale. *Je sais*, dit un député, *qu'un membre de cette Assemblée a entendu dire à ce monstre, que pour avoir la tranquillité il fallait encore abattre deux cent soixante mille têtes.* — *Hé bien ! oui*, répond Marat, *c'est mon opinion : je vous le répète, qu'avez-vous à y dire ?* Beaucoup de ces conventionnels qui devaient, de sang-froid, mettre en pratique cette doctrine de sang, éclatent en cris d'indignation en l'entendant énoncer avec tant de cynisme : *A l'Abbaye ! à la guillotine !* s'écrie-t-on de toutes parts. Marat, sachant qu'avec l'aide des tribunes et des piques, il triomphera de ces lâches législateurs, ne craint pas de répondre à l'indignation qu'il soulève par de nouvelles provocations. « Il » est atroce, dit-il, que ces gens-là parlent de liberté d'o- » pinions et ne veuillent pas me laisser la mienne.... C'est » atroce !... Vous parlez de factions ; oui, il en existe une, » et cette faction existe contre moi seul ; car personne n'ose » prendre ma défense. Tout m'abandonne, excepté la » raison et la justice. Eh bien ! seul, je vous tiendrai tête » à tous !... Je brave tous mes ennemis. » L'Assemblée, confondue, n'osa relever le défi de ce furieux ; les assassins qui stationnaient à la porte de la Convention faisaient entendre des menaces de mort contre les députés qui attaquaient *l'ami du peuple*, et amortissaient, par leurs murmures formidables, l'effet de la haine des Girondins contre Marat. Celui-ci se retira triomphant, et, le lendemain, dans son journal, il traînait dans la boue les chefs de la Gironde, si ardents et si passionnés dans leurs attaques, et si prompts à rentrer dans le silence devant les menaces de l'effervescence populaire. Un autre jour que Marat avait remporté un triomphe du même genre, après que ses ennemis eurent retiré un décret d'accusation qu'ils étaient prêts à lancer contre lui, Marat, saisissant un pistolet qu'il avait sur lui, en applique la bouche sur son front : *Je vous déclare que je ne vous crains point,* s'écrie-t-il, en se tournant vers les Girondins, *et que, si le décret d'accusation eût été lancé contre moi, je me brûlais la cervelle au pied de cette tribune.*

Pour faire trève à ces luttes scandaleuses, les conventionnels résolurent de faire le procès de Louis XVI. Tous ces hommes, divisés par des haines profondes et se déchirant sans cesse entre eux, se donnèrent rendez-vous sur le terrain commun de la cruauté et de la vengeance. Chacun d'eux, songeant uniquement à acheter la faveur populaire, s'efforçait de donner des gages irrécusables de son patriotisme, et presque tous, dans cet intérêt, étaient prêts à étouffer la voix de leur conscience et à braver les jugéments de l'avenir. Les plus sanguinaires, pour préparer le peuple à cet acte d'une atroce iniquité, remplissaient les journaux et faisaient retentir les clubs des plus ridicules accusations contre les prisonniers du Temple, sur lesquels une surveillance si rigoureuse était exercée, qu'ils ne pouvaient même se communiquer entre eux leurs pensées les plus indifférentes. Si quelque trouble éclatait à l'intérieur, si les populations indignées se soulevaient contre un abrutissant despotisme, la cause, disait-on, en était au Temple ; si les armées françaises éprouvaient quelque revers, on l'attribuait à l'existence de Louis XVI ; si la cherté des subsistances jetait la détresse dans les villes, si l'indigence, apparaissant avec son cortége de vices et de crimes, manifestait partout les effets d'une détestable administration, si les législateurs divisés ne pouvaient efficacement travailler à la prospérité du pays, si le numéraire disparaissait de toutes parts pour faire place à un papier déprécié, la cause unique de tous ces maux était, à entendre les Montagnards, la prolongation des jours du roi. Robespierre, Saint-Just et leurs complices reproduisaient chaque jour à l'Assemblée et aux Jacobins ces allégations, auxquelles ils n'ajoutaient nulle foi, mais qui n'en jetaient pas moins dans les esprits une émotion favorable à leurs détestables projets. D'ailleurs, cette affaire une fois mise en discussion, chacun des membres de la Convention aurait cru, en ne demandant pas le jugement de l'infortuné monarque, se rendre suspect de royalisme, ou d'affection secrète pour sa personne. Plusieurs d'entre eux avaient, en outre, à se faire pardonner leur connivence secrète et leur marché honteux avec la cour, dans le temps où l'on pouvait encore en attendre des faveurs. On décida donc que Louis XVI serait appelé à la barre de la Convention, pour répondre sur les chefs d'accusation articulés contre lui.

Le roi y comparut le 11 décembre 1792. Cléry, qui était parvenu à connaître sommairement ce qui se passait à la Convention, avertit la famille royale du drame douloureux qui se préparait. Le roi devait, en outre, se résigner à rester séparé du reste de sa famille, aussi longtemps que dureraient les débats du procès. Il reçut avec une courageuse résignation la nouvelle de cette double épreuve, et se prépara à affronter avec fermeté la fureur de ses ennemis. Dans la matinée du jour où il devait se rendre à la Convention, tout Paris était en armes. « Louis, dit le rapport du commissaire Aubertier, après s'être levé vers sept heures, et après s'être, comme d'habitude, livré pendant trois quarts d'heure à ses exercices de piété, déjeuna avec sa famille. Au lieu de la leçon de géographie qu'il avait coutume de donner à son fils, continue le rapport, il fit avec lui une partie au jeu de Siam. L'enfant, qui ne pouvait aller plus loin que le point seize, s'est écrié : Le nombre seize est bien malheureux. Ce n'est pas d'aujourd'hui que je le sais, a répondu Louis XVI. »

Le commissaire l'avertit ensuite de la visite du maire Chambon, et lui annonça qu'il devait se séparer de son fils. Louis fit approcher l'enfant, l'embrassa, et se promena pendant quelque temps, se livrant à l'amertume de ses réflexions. Comme le maire tardait à venir, le roi s'en plaignit en disant : « Vous m'avez privé une heure trop tôt de mon fils. » Le maire étant arrivé, il descendit avec lui, et monta en voiture, au milieu de quelques cris de mort proférés par la vile populace qui se presse toujours à ce genre de spectacle. Louis XVI ne manifesta ni inquiétude, ni tristesse, et, pendant le trajet, s'entretint avec Chambon de divers sujets étrangers à sa situation. Le président de la Convention était alors Barrère. « Louis XVI, dit-il, parut à la barre, calme, simple et noble, comme il m'avait toujours paru à Versailles, quand je le vis, en 1788, pour la première fois, et quand je fus envoyé vers lui, au temps des États-Généraux et de l'Assemblée constituante, comme membre de différentes députations. J'étais assis, comme tous les membres de l'Assemblée : le roi seul était debout à la barre. Tout républicain que je suis, je trouvai cependant très inconvenant et même pénible à supporter de voir Louis XVI, qui avait convoqué les États-Généraux et doublé le nombre des députés des communes, amené ainsi devant ces mêmes communes, pour y être interrogé comme accusé. Ce sentiment me serra plusieurs fois le cœur, et quoique je susse bien que j'étais observé sévèrement par les députés du côté gauche, j'ordonnai à deux huissiers de porter un fauteuil à Louis XVI, dans la barre. L'ordre fut exécuté sur-le-champ. Louis XVI y parut sensible, et ses regards dirigés vers moi me remercièrent au centuple d'une action juste et d'un procédé délicat que je mettais au rang de mes devoirs.

» Cependant, le roi restait toujours debout avec une noble assurance. Alors je crus, avant de commencer à l'interroger, devoir lui renvoyer un des huissiers, pour l'engager à s'asseoir. En voyant cette communication entre le président et l'accusé, les députés du côté gauche, soupçonneux comme des révolutionnaires, parurent, par quelques murmures, improuver ces communications. Je demandai la parole pour expliquer les motifs de ces communications, qui ne tendaient qu'à de simples égards qu'on doit à tout accusé, même dans les tribunaux ordinaires. »

Le roi répondit avec calme et dignité au long interrogatoire qu'on lui fit subir, et dans lequel on rappelait toutes les circonstances d'un règne consacré tout entier au soin d'assurer la prospérité de la France. Il n'eut pas de peine à réfuter les misérables insinuations à l'aide desquelles on cherchait à transformer en crimes les précautions, malheureusement insuffisantes, qu'il avait prises pour se défendre contre ses ennemis. Ses réponses aux inculpations odieuses dont il était l'objet furent toujours pleines de mesure et de modération. Seulement, lorsqu'on lui dit : Vous avez fait couler le sang du peuple au 10 août, il s'écria d'une voix forte et émue : *Non, Monsieur, non, ce n'est pas moi !* Il était difficile, en effet, d'articuler une accusation plus mensongère contre un roi qui mille fois avait répété : « Je veux qu'aucune goutte de sang ne soit versée pour ma cause. » Et une semblable imputation avait quelque chose d'atroce dans la bouche d'hommes qui, la plu-

part, conspirateurs ou combattants, avaient les mains teintes du sang de cette journée du 10 août, dans laquelle
s'écroulèrent les derniers vestiges de la monarchie.

Après une séance qui ne dura pas moins de six heures,
Louis XVI fut reconduit au Temple. C'était le soir; il
n'avait rien mangé depuis le matin, et, tombant d'inanition,
il demanda un peu du pain qu'il vit manger à l'un de ceux
qui l'accompagnaient. Puis il reprit le chemin de sa prison,
au milieu des vociférations et des chants sauvages d'une
multitude fanatisée par l'habitude du crime. Depuis ce
moment, il lui fut absolument interdit de revoir sa famille,
et il ne put communiquer avec elle que rarement, à l'aide
de l'un de ces moyens que savait se procurer l'ingénieuse
fidélité de Cléry. Mais on lui communiqua les pièces de l'accusation, et on l'autorisa à choisir des défenseurs. L'un de
ceux qu'il désigna refusa d'accepter cette tâche glorieuse.
Un vieillard de soixante-douze ans, M. de Malesherbes, ancien ministre de l'infortuné monarque, demanda à le remplacer, dans une lettre noblement conçue qu'il écrivit au
président de la Convention : « J'ai été, disait-il, appelé
deux fois au conseil de celui qui fut mon maître, dans le
temps que cette fonction était ambitionnée par tout le
monde : je lui dois le même service lorsque c'est une fonction que bien des gens trouvent dangereuse. » Cette requête, dictée par un noble dévouement, fut agréée par la
Convention, et Malesherbes eut la permission de se rendre
auprès de Louis XVI. A son aspect, le roi se leva et s'é-
lança, les bras ouverts et les yeux mouillés, vers le vieillard :
« Ah! lui dit-il en le serrant dans ses bras, où me retrou-
vez-vous! et où m'a conduit ma passion pour l'amélioration
du sort de ce peuple que nous avons tant aimé tous les
deux! Où venez-vous me chercher? Votre dévouement ex-
pose votre vie et ne sauvera pas la mienne. » Malesherbes,

en pleurant, essaya de lui rendre quelque espérance. « Non, non, répondit le roi, ils me feront mourir, j'en suis sûr; ils en ont le pouvoir et la volonté. N'importe! occupons-nous de mon procès comme si je devais le gagner ; et je le gagnerai, en effet, puisque la mémoire que je laisserai sera sans tache. »

Tronchet et Desèze furent adjoints à Malesherbes pour préparer les éléments de la défense du roi. Celui-ci, ne se faisant aucune illusion sur son sort, se disposait en même temps à la mort avec calme et grandeur d'âme, ainsi qu'il l'eût fait pour un événement important de sa vie. Le 25 décembre, il écrivit un testament où étaient mentionnées ses dernières volontés et déposées ses dernières pensées. Dans cet acte suprême, accompli lorsque les ennemis de ce prince, qui ne haït jamais personne, tenaient levé sur sa tête le glaive de leur vengeance, tout respire la résignation, la paix de l'âme, le pardon. « Je recommande à mon fils, dit-il, s'il avait le malheur de devenir roi, de songer qu'il se doit tout entier au bonheur de ses concitoyens, qu'il doit oublier toute haine et tout ressentiment, nommément ce qui a rapport aux malheurs et aux chagrins que j'éprouve. » Lorsqu'il eut achevé cet écrit, ses défenseurs vinrent lui présenter le plan de sa défense, et Desèze lui lut le plaidoyer qu'il avait rédigé. Louis XVI lui fit retrancher tous les endroits où il essayait de fléchir l'âme de ses juges par le tableau des revers et des vicissitudes de la famille royale. Desèze, qui perdait ainsi un des moyens sur lesquels il comptait pour sauver les jours du monarque, dut se résigner à suivre les dernières instructions qu'il lui donnait. Quand il se fut retiré avec Tronchet, dit un historien, le roi, resté seul avec Malesherbes, parut obsédé d'une pensée secrète. « J'ai une grande peine ajoutée à tant d'autres, dit-il à son ami. Desèze et Tronchet ne me doivent rien ; ils me donnent leur temps, leur travail et peut-être leur vie. Comment reconnaître un tel service? — Sire, dit Malesherbes, leur conscience et la postérité se chargeront de leur récompense. Mais vous pouvez, dès à présent, leur en accorder une qu'ils estimeront à plus haut prix que vos plus riches faveurs, quand vous étiez heureux et puissant. — Laquelle, demanda le roi? — Sire, embrassez-les! » Le lendemain, quand Desèze et Tronchet entrèrent dans la chambre du captif, pour l'accompagner à la Convention, le roi, en silence, s'approcha d'eux, ouvrit ses bras et les tint longtemps embrassés. L'accusé et les défenseurs ne se parlèrent que par leurs sanglots. Le roi se sentit soulagé : Desèze et Tronchet se sentirent payés au centuple de leur noble fidélité au monarque déchu et malheureux.

Le 26 décembre, Louis XVI fut de nouveau conduit devant la Convention. Depuis sa première comparution, les Jacobins faisaient envahir l'Assemblée par des foules hideuses de femmes et d'enfants qui agitaient dans leurs mains des vêtements déchirés, des lambeaux de chemise et des draps couverts de sang, et qui, se donnant pour les veuves et les enfants des victimes du 10 août, demandaient à grands cris, comme une juste vengeance, la mort de Louis XVI. Les tribunes appuyaient de leurs vociférations ces *vœux* des pétitionnaires, et, par des démonstrations menaçantes, contraignaient la conscience des représentants indécis. C'est donc à des hommes inaccessibles à tout sentiment de justice et de commisération, ou dominés par l'épouvante, que Desèze, chargé de la défense du roi, prononça un discours où il réduisait à néant l'échafaudage de mensongères inculpations dirigées contre l'accusé, et démontrait victorieusement que Louis, déclaré inviolable par une constitution qu'il avait toujours respectée, ne pouvait, au mépris de tous les engagements, être traduit en justice pour les actes de son gouvernement; cette constitution, ajoutait-il, n'avait été violée et déchirée que par ses ennemis, devenus ses accusateurs en même temps que ses juges. Enfin, il représenta Louis montant sur le trône à vingt ans, y donnant l'exemple des mœurs, et n'y portant aucune faiblesse coupable ni aucune passion corruptrice. Econome, juste, sévère à lui-même, il se montra toujours l'ami constant du peuple. Il alla au devant de ses vœux, en extirpant les abus, en allégeant les charges publiques, en accueillant toutes les réformes et toutes les améliorations que la situation du pays rendait possibles. Il rendit à la nation les institutions parlementaires, étendit les limites des libertés publiques au détriment de son autorité, et sacrifia ses droits, pour satisfaire au désir d'innovations qui s'était emparé des esprits; et c'était au nom de ce peuple, dont la félicité avait fait l'objet de toutes ses préoccupations, qu'on demandait la tête du plus juste et du plus bienfaisant des monarques.

Lorsque Desèze eut achevé, Louis ajouta quelques mots simples et nobles, dans lesquels il protestait contre l'infâme calomnie qui l'accusait d'avoir fait couler le sang au 10 août, lorsque, au contraire, il avait refusé de se défendre contre la plus criminelle agression. Ses paroles s'adressaient plutôt à la postérité, chargée de juger en dernier ressort ce grand procès, qu'à des hommes fixés, par la peur, dans leur détermination, et que des passions de toute nature rendaient sourds à toute juste et généreuse inspiration.

Il était cependant quelques membres de l'Assemblée qu'indignait l'excès d'iniquité commis contre un prince que son amour pour le peuple avait rendu si malheureux. Lanjuinais, quoique dévoué, par ses opinions, aux principes républicains les plus outrés, était de ce nombre, et lors-

que les défenseurs du roi se furent retirés avec lui , il s'é-
lança à la tribune, pour reprocher à la Convention son in-
justice et le mépris qu'elle faisait de tous les droits. Il
s'écrie que le temps des hommes féroces est passé , qu'il ne
faut pas déshonorer l'Assemblée en la faisant prononcer sur
le sort de Louis XVI , que ce serait faire juger le vaincu
par le vainqueur lui-même, puisque la plupart des hommes
présents se sont déclarés les conspirateurs du 10 août. A
ces mots, un orage épouvantable éclata dans l'Assemblée, et
des cris de fureur, prélude de la sentence préparée contre
Louis XVI, accueillirent cette protestation courageuse. Lanjuinais lui-même, effrayé de la tempête qu'il soulevait,
racheta par quelques paroles adaptées aux circonstances
le crime de s'être montré un instant honnête homme. Enfin, pour satisfaire aux impatiences des Montagnards , on
décida que la discussion sur le procès de Louis XVI serait
ouverte , et continuée, toute affaire cessante, jusqu'à ce que
l'arrêt ait été rendu.

Les jours suivants se passèrent en débats tumultueux et
souvent violents , dans lesquels Robespierre, Saint-Just et
les autres Montagnards s'indignaient qu'on osât leur dis-
puter la tête d'un roi dont l'existence leur paraissait in-
compatible avec leurs desseins de tyrannie sur la nation
française. Robespierre, toutes les fois qu'il vit l'Assemblée
ébranlée dans sa résolution, vint l'adjurer d'étouffer tout
mouvement de sensibilité, et demander, avec une hypocrite
insistance, comme un gage de dévouement à la patrie, l'ab-
dication de tout sentiment d'humanité. Les Girondins, hésitant entre le cri de leur conscience et la crainte de livrer
à leurs ennemis la faveur populaire qui s'attachait aux plus
sanguinaires, ne savaient à quel parti s'arrêter. Ils imaginèrent enfin, comme expédient propre à les tirer d'embarras, de demander que le jugement de la Convention fût

soumis à la ratification du peuple, et Vergniaud, pour faire adopter cette proposition, dépensa les trésors d'une éloquence qui, malheureusement, n'était au service que d'une âme faible et d'un cœur pusillanime. L'appel au peuple fut repoussé par une Assemblée ayant la prétention d'agir au nom de la souveraineté de la nation, et les Girondins se trouvèrent rejetés, par ce vote, en présence de leurs honteuses fluctuations. Enfin, le jour vint où il fallut décider irrévocablement du sort du monarque. La France et Paris attendaient, dans une anxiété mortelle, l'arrêt qui allait être porté par les législateurs transformés en juges. Bien des voix, dans les provinces, et même dans la capitale, s'étaient élevées en faveur de l'infortuné prince, et influaient sur les dispositions d'un certain nombre de représentants, de manière à alarmer les meneurs de la Montagne. De leur côté, ceux-ci, secondés par les Jacobins, n'oubliaient rien pour raffermir les résolutions ébranlées, décider les représentants douteux et épouvanter les faibles. Après de longs préliminaires, on en vint à recueillir les opinions, et chaque député fut appelé à donner son suffrage publiquement, à la tribune, avec la faculté de le motiver. Quelques-uns enveloppèrent dans des paroles embarrassées le vote par lequel, en étouffant la voix de leur conscience et de l'humanité, ils couvraient sous les apparences d'un acte juridique le plus exécrable des assassinats. D'autres énoncèrent leur opinion en termes sauvages ou cyniques, et un député demanda *que le cadavre de Louis fût déchiré en morceaux et distribué dans tous les départements.* Parmi tant de votes émis par la perversité ou la crainte, un surtout excita le dégoût et les murmures. C'est celui par lequel le duc d'Orléans, qui avait pris le nom d'*Egalité*, demandait la mort de son parent, et consommait, par cet exécrable forfait, la longue série de ses lâchetés et de ses trahisons. Le duc d'Orléans, que sa naissance rapprochait du trône, croyait pouvoir se faire pardonner son origine en dépassant, dans la voie des crimes et du sang, les Jacobins les plus forcenés, et espérait ainsi mettre à l'abri, pendant le temps des excès révolutionnaires , son existence et son immense fortune. Il prévoyait, d'ailleurs, que le régime inauguré en 92 ne pouvait avoir qu'une courte durée , que la France, lassée des atrocités commises en son nom et des désordres de l'administration , en reviendrait probablement à reprendre une forme de gouvernement régulier, et que les gages qu'il aurait donnés à la Révolution l'indiqueraient naturellement comme le représentant de la monarchie constitutionnelle qui en serait issue. Il se trompa dans le premier de ses calculs, et, après avoir recueilli, dans tous les partis, le juste mépris que devait inspirer l'acte par lequel il livrait le sang de son cousin et de son roi, il porta sur l'échafaud, au milieu de l'indifférence universelle, une tête odieuse et flétrie. Mais, plus tard, la Révolution triomphante se souvint, en effet, des funestes garanties qu'elle en avait reçues, pour adopter sa famille et porter son fils au trône éphémère qu'elle voulut fonder , essayant de former entre elle et la monarchie un pacte fondé sur l'hérédité du crime, et que les instincts nationaux, la morale et la raison devaient également repousser.

Trois cent quatre-vingt-sept voix avaient demandé la peine de mort ; trois cent trente-quatre avaient opiné pour des peines différentes. Ainsi un petit nombre de suffrages arrachés par la terreur consommaient le forfait qui allait souiller d'une tache ineffaçable les annales de la nation française. Vergniaud proclama avec émotion ce résultat, au milieu d'un silence qui ressemblait à de la stupeur. Il semblait que déjà un grand nombre de ces hommes fussent épouvantés de ce jugement, contre lequel devaient se soulever

les siècles à venir, et qui livrait à une éternelle flétrissure
le nom de leurs enfants. Toutefois, parmi les représentants
dont la bouche, d'accord avec la conscience, avait refusé de
s'associer à cette inique sentence, un seul, Kersaint, eut le
courage de protester en renonçant à ses fonctions de représentant. « Il m'est impossible, disait-il, de supporter la
» honte de m'asseoir dans le sein de la Convention avec des
» hommes de sang, alors que leur avis, précédé de la ter-
» reur, l'emporte sur celui des gens de bien ; si l'amour
» de mon pays m'a fait endurer le malheur d'être le collègue
» des panégyristes et des promoteurs des assassinats de
» septembre, je veux du moins défendre ma mémoire du
» reproche d'avoir été leur complice, et je n'ai pour cela
» qu'un moment, celui-ci : demain, il ne sera plus temps. »
Plus tard, Kersaint paya de sa tête sa généreuse protestation.

L'arrêt était porté, et la Convention, après avoir rejeté
tout sursis, en avait fixé l'exécution au lendemain, 21 janvier 1793. Malesherbes se rendit au Temple, et, par ses
sanglots plus que par ses paroles, instruisit le roi de cette
fatale nouvelle. Louis XVI l'accueillit avec sa sérénité ordinaire, consolant lui-même son ami, atterré de tant d'infortune. Puis il s'entretint avec lui du détail des votes et
des circonstances du procès, ainsi qu'il l'eût pu faire pour
une affaire qui eût regardé un autre, se montrant seulement affligé du suffrage de mort exprimé par son cousin
d'Orléans. Bientôt, le ministre Garat vint lui faire la lecture officielle de l'arrêt rendu contre lui, et resta confondu
de son calme et de sa tranquillité. Louis mit le décret
dans sa poche, demanda à recevoir un prêtre dont il in-
diqua le nom et la demeure, à revoir sa famille, dont il
était séparé depuis longtemps, recommanda à la Convention ses anciens serviteurs réduits au besoin, et demanda à

être débarrassé, pendant les quelques heures qui lui restaient à vivre, de la surveillance importune qui l'obsédait sans cesse. Une partie de ces requêtes lui furent accordées; mais les geôliers de la Commune, prêts à se voir enlever leur victime de tous les jours, ne se départirent point de leur rigueur, et poussèrent la méfiance jusqu'à lui enlever le couteau dont il se servait pour ses repas, « de peur, disaient-ils, qu'il n'attentât à sa vie. »

L'abbé Edgeworth, auquel on consentit à ouvrir les portes de la prison, trouva l'infortuné monarque déjà préparé par la religion au sacrifice de sa vie, et voyant venir sans effroi le moment qui allait mettre fin pour lui à tant de revers. Le soir, Louis eut avec la reine, ses enfants et sa sœur, une douloureuse et suprême entrevue, qu'il consacra, après un long échange de larmes et de tendresses, à graver dans leurs cœurs, où la mort devait bientôt les atteindre, les sublimes instructions révélées par son immortel testament. Après deux heures de ces tristes adieux, on le sépara de ces êtres qu'il avait tant aimés, qui avaient partagé sa grandeur et ses adversités, et que désormais il ne devait plus revoir ici-bas. Le roi s'enferma ensuite avec le prêtre, et s'entretint sans angoisses, avec lui, des affaires de son âme, prête à livrer le dernier combat contre la nature. Vers minuit, sentant qu'il aurait besoin de repos pour subir les épreuves du lendemain, il se coucha et s'endormit paisiblement. Cléry, resté debout près de son lit, admirait le sommeil tranquille dont il jouissait quelques heures avant de monter à l'échafaud, et, à cinq heures du matin, le fidèle serviteur, pour obéir à sa recommandation, fut obligé de l'éveiller pour qu'il pût assister aux saints mystères que le ministre de Dieu avait obtenu de célébrer dans la chambre du captif. Le roi reçut la communion, et attendit, avec la dignité du chrétien, les agents chargés de le conduire au supplice ; ces misérables ne surent même pas, dans ce suprême moment, lui épargner des outrages qui, pour leur nature abrutie et dégradée, étaient devenus une sorte de besoin.

Vers neuf heures, la force destinée à former le funèbre cortége était prête; Paris tremblait devant un appareil militaire formidable ; Santerre entra dans la chambre de Louis : *Vous venez me chercher*, dit celui-ci d'une voix ferme ; *je suis à vous, marchons !* Puis, après avoir serré la main de Cléry, il descendit dans la cour, et y trouva une voiture où il monta, faisant placer son confesseur à côté de lui. Deux gendarmes se placèrent sur le devant, et le cortége, composé de nombreux détachements de troupes et d'artillerie, se mit en route, au milieu d'un silence qui n'avait d'égal que la terreur répandue dans tout Paris. Le long du trajet, le roi prit le bréviaire du prêtre qui l'accompagnait, et y lut les prières des agonisants, avec un calme et un recueillement qui étonnèrent les gendarmes chargés de veiller sur lui, et qui, dit-on, avaient ordre de l'assassiner si un mouvement se déclarait en sa faveur. Mais aucune entreprise de libération ne fut tentée, et soixante mille gardes nationaux, convoqués pour former la haie sur le passage du monarque, et maintenir *l'ordre* dans cette journée qui était le triomphe du désordre, se rendirent complices de l'attentat, par une lâche et impassible attitude. Quelques cris de *grâce* se firent entendre au sortir de la prison, et, un peu plus loin, quelques jeunes gens résolus à mourir essayèrent, pour rompre le cortége, une tentative désespérée, que la plupart payèrent de leur tête. Mais ces protestations isolées de l'humanité et de l'honneur ne troublèrent même pas cette lente et funèbre marche. Ce ne fut qu'au bout de cinq quarts d'heure qu'on arriva sur la place dite de la Révolution, où l'échafaud était dressé au milieu de cent mille spectateurs. Là tous les hommes de sang, les assassins de septembre, les Jacobins fanatiques, s'étaient donné rendez-vous pour assister aux dernières scènes de ce drame odieux, qui n'eût pas été complet sans leur présence. Le roi descendit de voiture, voulut recommander la sécurité du ministre de Dieu aux exécuteurs, qui répondirent par quelques paroles cyniques, et se jetèrent sur leur noble victime, pour lui lier les mains, ainsi qu'ils avaient coutume d'en agir avec les plus vils malfaiteurs. Le prince, qui ne s'attendait pas à ce dernier affront, voulut résister et se tourna avec anxiété vers le prêtre. *Sire*, lui dit celui-ci, *cet outrage est un dernier trait de ressemblance entre votre majesté et le Dieu qui va être sa récompense.* Le roi s'y soumit avec résignation, et gravit d'un pas ferme les marches de l'échafaud. De là, se tournant vers la multitude : « Peuple, s'écria-t-il, je meurs innocent de tous les crimes qu'on m'impute ; je pardonne aux auteurs de ma mort ; je prie Dieu que le sang que vous allez répandre ne retombe pas sur la France.... » Il allait continuer, lorsque Santerre, commandant de la force armée, l'interrompit en ordonnant un roulement de tambours. Louis XVI se rapprocha de la machine et se livra aux bourreaux : *Fils de saint Louis, montez au ciel*, s'écria son confesseur. Un instant après, tout était consommé.

Le bourreau, recueillant le sang qui inondait l'échafaud, en arrosa la foule amassée autour de lui. *On nous a menacés que le sang de Capet retomberait sur nos têtes*, s'écrie-t-il, *eh bien ! qu'il y retombe !* Ce vœu ne fut que trop bien rempli, et l'on ne tarda pas à voir les instigateurs les plus coupables du meurtre de Louis XVI porter aussi sous le couteau de la guillotine leur tête dévouée à l'exécration de la postérité. Ce forfait fut d'ailleurs la condamnation irrémissible de la Révolution, qui assassinait l'homme dont les vertus et l'abnégation avaient ouvert la voie à toutes les réformes qu'elle se vantait d'accomplir. Il enseignait à la postérité que les idées de justice, d'humanité, de vraie liberté, étaient à jamais inconciliables avec les doctrines et avec les hommes de la Révolution, et ne pourraient, dans l'avenir, triompher que par la répudiation de ces principes de mort. C'est pour n'en avoir pas prévu la funeste influence, que Louis XVI ne sut pas résister avec énergie aux empiétements successifs du génie révolutionnaire, et que, de concessions en concessions, il finit par lui livrer sa vie et le salut de la France. La légitimité de l'insurrection, l'exaltation des passions mauvaises, le mépris de tout frein religieux, le triomphe de la philosophie de la matière, tels furent les résultats permanents d'une funeste condescendance, qui fut moins la faute de l'infortuné monarque que celle des temps où il vécut. C'est ainsi que les fruits des réformes utiles qu'il avait méditées ont été perdus pour la France, et que la nation, après avoir détruit le fondement essentiel de sa prospérité et de son repos intérieurs, après avoir dédaigné les principes d'une liberté sage et prudente, s'est trouvée livrée à un esprit d'agitation et d'inquiétude dont un despotisme brutal deviendrait le terme inévitable, si les doctrines de salut répudiées par la Révolution ne reprenaient leur empire sur les esprits et sur les intelligences.

VIII.

Lois révolutionnaires; misère; tyrannie de la Convention.

Les résultats désastreux de la mort de Louis XVI ne tardèrent pas à se faire sentir. Le parti jacobin, pour obtenir la tête de ce malheureux monarque, avait affirmé que son existence était l'unique cause des souffrances du peuple, et que, lui mort, on verrait promptement l'abondance reparaître sur les marchés et la sécurité dans les transactions. Les événements démentirent promptement ces discours inspirés par la haine et la soif du sang. Soit que cette sinistre exécution eût répandu la terreur dans les esprits, soit que les mesures violentes de l'administration eussent pour effet d'intimider le commerce et de suspendre le mouvement des affaires, on vit bientôt les denrées alimentaires indispensables s'élever à un prix excessif, et les désordres redoubler de toutes parts. Dans les campagnes, des bandes de malfaiteurs, se décorant du nom de patriotes, envahissaient les maisons des cultivateurs et des fermiers, et, en les signalant comme accapareurs, les contraignaient à livrer leurs produits contre un papier sans valeur. Les impôts, les emprunts forcés, les réquisitions au moyen desquelles on forçait les habitants de la campagne de transporter aux armées, souvent à de grandes distances, les approvisionnements qui leur étaient destinés, achevaient de ruiner le producteur et avaient réduit l'agriculture à une situation déplorable. Un grand nombre de cultivateurs, se voyant ainsi enlever le fruit de leur travail, abandonnaient leurs champs, ou n'en labouraient que ce qui était strictement nécessaire à la subsistance de leur famille. On doit faire remonter à cette époque l'abandon d'une multitude de travaux agricoles, tels que canaux, digues, etc., créés dans le cours des siècles et qui, n'étant plus entretenus, ont cessé de répandre l'abondance et la richesse dans nos campagnes. D'ailleurs, toute la génération nouvelle, tous les hommes ayant conservé quelque vigueur, plutôt que de se soumettre à ce régime de vexations et de ruine, préféraient porter à la frontière le tribut de leur énergie et de leur sang, et, dans un grand nombre de départements, cette émigration avait été assez générale pour priver l'agriculture des bras dont elle avait rigoureusement besoin. Dans bien des localités, les travaux ruraux se trouvaient donc en quelque sorte abandonnés aux vieillards et aux femmes, qui se bornaient à exécuter les plus urgents; et cette situation, exclusive de toute nouvelle amélioration, avait, de plus, pour résultat de compromettre les conquêtes qu'une longue suite de générations avaient obtenues par des labeurs assidus et héréditaires.

Dans les villes qui avaient servi de foyers à la Révolution, et où les clubs, les sociétés patriotiques, les journaux, lui fournissaient tous les jours de nouveaux aliments, le malaise était encore bien plus sensible, les esprits plus aigris, les plaintes plus nombreuses et plus menaçantes. Les objets de consommation les plus vulgaires étaient montés à des taux inouïs, et quelque prix qu'on y mît, on était loin de pouvoir se les procurer en quantité suffisante. Des foules nombreuses assiégeaient nuit et jour les portes des boulangers, et là, souvent se livraient des rixes sanglantes, et commençaient les émeutes dont les clubs avaient donné le signal. Le peuple, qui ne comprenait pas pourquoi le sucre, le savon, la chandelle, toutes choses pour lui d'un usage quotidien, avaient doublé de valeur, en accusait l'avidité des marchands et des spéculateurs, et tournait contre eux toutes ses colères. Les commerçants, les petits boulangers eux-mêmes, dont la plupart avaient applaudi avec un aveugle entraînement aux premiers actes de la Révolution, étaient aujourd'hui désignés à la vengeance populaire, comme des aristocrates et des oppresseurs qui s'enrichissaient des souffrances du peuple. Les orateurs des sections, les hommes toujours disposés à flatter les passions de la multitude, demandaient contre eux des mesures de violences auxquelles un auditoire inepte ne manquait jamais d'applaudir. Marat, dans sa feuille, s'efforçait chaque jour d'aigrir les esprits et de pousser les masses au pillage et au meurtre : « Dans tout pays, disait-il, où les droits du peuple ne seraient pas de vains titres, le pillage de quelques magasins, à la porte desquels on pendrait les accapareurs, mettrait bientôt fin à ces malversations qui réduisent cinq millions d'hommes au désespoir, et qui en font périr des milliers de misère. Les députés du peuple ne sauront-ils donc jamais que bavarder sur ses maux, sans en proposer le remède ? »

Dans le mois de février, les scènes tumultueuses auxquelles donnait lieu la cherté des denrées alimentaires et
usuelles, devinrent, de jour en jour, plus fréquentes et plus
désordonnées. L'administration, incapable et timide, était
impuissante à réprimer les troubles. On a peine à croire à
quel point étaient parvenues la fureur et la déraison des
masses agitées par les meneurs populaires. Un épicier de
Paris, fatigué des clameurs qu'il entendait, annonça qu'il li-
vrerait sa marchandise gratis, à la condition de n'en céder
qu'une livre à la fois à chaque personne. Il se trouva des
individus qui l'accusèrent de ne pas donner le poids, et, sur
cette accusation, il eut peine à se soustraire aux vengeances
de la multitude. Celle-ci, par l'organe de Marat et autres
patriotes qui cherchaient à lui ressembler, sollicitait de la
Convention l'établissement du *maximum*, mesure qui consistait à fixer le tarif des denrées, sans égard au prix de
revient, en sorte que les marchands fussent obligés de les
livrer souvent à la moitié du prix qu'elles leur avaient coûté.
Il en était qui, non-seulement réclamaient le maximum,
mais qui voulaient, en outre, sous des peines rigoureuses,
forcer les marchands à ouvrir leur boutique et à continuer
leur négoce, jusqu'à ce que leur ruine fût irremédiablement
consommée. Des bandes armées se rendaient, de temps à
autre, à la Convention, pour exposer leurs griefs et réclamer *leurs droits*. L'Assemblée, convaincue que l'adoption
des mesures proposées aurait pour effet de fermer les dernières sources du commerce et de porter au comble la détresse publique, cherchait à calmer la crise en achetant, au
nom de l'Etat, des grains qu'on revendait à perte au peuple
de Paris, et différait de satisfaire aux prétentions qu'on lui
soumettait. Cette mesure, par laquelle on nourrissait le
peuple d'une seule ville, aux dépens du trésor public,
fut loin de contenter les agitateurs, qui prirent alors la ré-

solution de se faire *justice* eux-mêmes. Le 25 février, une multitude de femmes, au milieu desquelles se faisaient remarquer les visages sinistres des entrepreneurs ordinaires d'émeutes et des habitués de clubs, s'assemblèrent en tumulte devant les boutiques des épiciers, demandant, avec des menaces, la réduction du prix des denrées. Comme d'habitude, aucune précaution n'avait été prise par l'autorité pour prévenir le désordre, et les fonctionnaires chargés de la police n'eurent garde de s'opposer au mouvement populaire. Les perturbateurs, maîtres de la capitale, firent preuve d'abord de modération, en se bornant à taxer à moitié prix les objets de consommation, et on les enleva d'abord moyennant ce paiement dérisoire. Mais bientôt, sur les instigations des meneurs, qui ne cessaient d'irriter les esprits en parlant des *accapareurs*, des *monopoleurs*, des *marchands de luxe*, comme autrefois en parlant des *aristocrates* et des *ex-nobles*, on jugea que le tarif imposé était exagéré, et après l'avoir arbitrairement réduit, on finit par le supprimer entièrement. La foule pénétra tumultueusement dans les boutiques, et s'empara des marchandises, sans donner en échange ni monnaie, ni papier. Ce pillage odieux durait déjà depuis plusieurs heures, lorsque quelques patrouilles se présentèrent pour le faire cesser et rétablir l'empire de la loi.

Les magistrats populaires voulurent, comme de coutume, parler à l'émeute pour *éclairer* les esprits, et ramener un peuple qui n'était qu'*égaré*. En vain, pour flatter la tourbe des pillards, essayèrent-ils d'attribuer les désordres aux complots des royalistes et aux menées des ennemis de la Révolution. Leurs paroles ne furent accueillies que par les huées des hommes dont ils cessaient d'encourager les instincts pervers, et qui dès lors refusaient de les entendre. La force armée fut repoussée, comme portant atteinte à l'indépendance de la nation soulevée. Pendant ce temps-là, la Convention, réunie, se faisait présenter un rapport sur la situation, et les différents partis, après s'être réciproquement attribué les excès commis, étaient obligés de s'avouer leur impuissance à les réprimer. Dans le sein de la municipalité, plus spécialement chargée, par la nature de ses fonctions, de veiller à la tranquillité de la ville, les discussions n'étaient ni moins vives, ni moins stériles. Toutes les fois qu'un nouvel acte de violence ou de pillage était dénoncé, les tribunes applaudissaient et criaient : *Tant mieux !* A chaque mesure proposée pour mettre fin au désordre, elles criaient: *A bas!* Chaumette et Hébert, tous deux Jacobins forcenés et membres de la Commune, étaient hués pour avoir conseillé d'employer la force armée. Enfin, on alla de nouveau haranguer la multitude, et l'on fit appuyer les exhortations des officiers municipaux par l'intervention des troupes, que l'on était parvenu à réunir. Le désordre et la dévastation s'arrêtèrent après avoir duré, sans obstacle, pendant toute une journée. Aucune mesure ne fut prise pour venger la loi et la propriété, indignement outragées, et comme les héros de septembre, ceux de février purent continuer à braver impunément la société et l'indignation publique. Le soir, ils trouvèrent des apologistes aux Jacobins, où les cris et les fureurs des tribunes accueillirent les discours des orateurs assez mal inspirés pour reprocher aux émeutiers les excès de cette journée. Robespierre, par une hypocrite flatterie, soutint que le peuple était impeccable, qu'il ne pouvait jamais avoir tort, et que, si on ne le trompait pas, il ne commettrait jamais aucune faute ; il finit par accuser des désordres qu'on avait à déplorer, les Girondins et les agents des émigrés. Des troubles du même genre se produisaient dans un grand nombre de villes des provinces, et jetaient la défiance dans toutes les relations, l'épouvante et la consternation dans les esprits.

Les législateurs de la Convention avaient annoncé qu'aussitôt après le jugement de Louis XVI, ils s'occuperaient de donner à la nation les lois dont elle avait un si grand besoin, et que, dès lors, rien ne pourrait plus faire obstacle à l'établissement d'une constitution. Depuis la chute de la monarchie, la plus grande confusion régnait dans l'administration comme dans les rapports des citoyens entre eux ; et la Convention, qui concentrait tous les pouvoirs, n'avait rien fait pour en régler l'exercice. Des décrets violents, adoptés au milieu de l'emportement des idées, contre certaines classes de citoyens ; quelques mesures financières qui, en remédiant momentanément aux embarras du gouvernement, engendraient, dans le pays, la détresse et la ruine : tels étaient les actes législatifs de ces hommes qui s'étaient flattés de procurer, en peu de temps, à la patrie, le règne de la justice, et une prospérité enviée des peuples voisins. Lorsque leur fureur se fut déchaînée sur la tête de l'infortuné monarque, leur œuvre devint, en quelque sorte, encore plus stérile, et la Convention, impuissante à établir aucune institution durable, ne montra de fécondité que dans la création des lois sanguinaires qui condamnent son nom à l'éternelle réprobation de l'histoire. En vain, quelques membres, venus de leurs départements avec des systèmes inapplicables qu'ils avaient puisés dans la lecture d'écrivains étrangers aux habitudes du gouvernement, osèrent-ils formuler quelques plans, que les préoccupations de l'Assemblée condamnèrent aussitôt à l'oubli. En vain essaya-t-on, au moyen de dispositions impérieuses, d'organiser l'instruction primaire, dont la décadence livrait à une ignorance absolue toute une génération de citoyens. La discussion de cette loi irréalisable, et qui avait pour but de courber tous les Français sous un certain niveau de médiocrité intellectuelle, fournit à une partie de l'Assemblée l'occasion de faire sa profession de foi relativement à l'existence de la Divinité. Un député osa proférer à la tribune ce blasphème : « La nature et la raison, voilà les dieux de l'homme ; voilà mes dieux. Je l'avouerai de bonne foi à la Convention, je suis athée. » Il est juste de dire que cette déclaration excita quelques murmures dans l'Assemblée, et que la minorité seulement des membres l'accueillit avec faveur. Les hommes les plus pervers sentaient que s'ils ne voulaient pas renoncer à l'organisation de toute société et rejeter la France dans le sein d'une abrutissante barbarie, ils devaient donner l'idée de la Divinité pour base à tout système de législation. Aussi les vit-on, plus tard, pénétrés de cette vérité incontestable, décréter à la pluralité des voix l'existence d'un Etre suprême.

La Convention, réunie principalement pour donner à la France une constitution, avait chargé de la préparation de ce travail une commission composée des hommes qu'on jugeait les plus aptes à jeter les bases de l'organisation politique d'un grand peuple. Cette œuvre achevée, l'Assemblée n'aurait eu qu'à remettre ses pouvoirs entre les mains de la nation, et l'opinion publique n'avait, en effet, dans les commencements, assigné qu'une courte durée à l'existence de cette dictature exceptionnelle. Mais les députés chargés de rédiger le projet d'une constitution ne tardèrent pas à rencontrer des difficultés nombreuses, et la Convention, peu soucieuse de se séparer, oublia bientôt complétement la mission qui lui avait été donnée, pour s'occuper exclusivement des difficultés du moment et des luttes passionnées des partis ; par là, elle trouva le moyen de perpétuer, pendant plusieurs années, son autorité arbitraire et détestée. Peu de temps après le meurtre du roi, elle augmenta sans mesure l'émission des assignats, dont le chiffre fut porté dès lors à plusieurs milliards. Comme cette émission exagérée avait pour effet d'en provoquer subitement la dépréciation, on donna à cette monnaie fictive un cours forcé, et une loi fut rendue, prononçant peine de mort contre ceux qui refuseraient de la recevoir. Cette ressource illimitée que s'était créée la Convention n'empêcha pas de décréter un emprunt forcé d'un milliard à prendre sur tous les citoyens qui avaient conservé quelque aisance, pour équiper et organiser en force armée une tourbe d'aventuriers et de scélérats, entre les mains desquels on se proposait de remettre les destinées du pays. Au contraire, les mesures les plus rigoureuses furent prises pour désarmer ceux qu'on appelait les *suspects*, c'est-à-dire les hommes modérés qui désiraient le règne de la justice et des lois, et qui détestaient les excès de la Révolution. La plupart des citoyens qui possédaient quelques dons de la fortune ou de l'intelligence, presque tous ceux qui avaient d'autres moyens d'existence que l'émeute et le crime, furent rangés dans cette vaste catégorie et désignés aux vengeances de la démagogie triomphante. Pour assurer l'exécution du décret qui ordonnait leur désarmement, on en porta un autre qui autorisait les agents du pouvoir à opérer des visites domiciliaires, et, par une prescription dont la tyrannie la plus jalouse avait à peine eu l'idée, on exigea que chaque propriétaire, sous des peines sévères, fût tenu d'inscrire sur la porte de sa maison les noms de toutes les personnes qui l'habitaient. Il n'y eut pas un citoyen qui pût dès lors se croire en sûreté dans son domicile, et chaque jour des invasions brusques et malveillantes venaient jeter le trouble dans le sein des familles épouvantées.

Cette législation inouïe n'eût pas semblé complète aux hommes de la Convention, si elle n'eût été accompagnée d'un mode de procédure exceptionnelle, dont la promptitude et la rigueur ne laissassent que peu de chances de salut aux accusés. Les révolutionnaires avaient pour maxime qu'il était plus dangereux pour la société d'absoudre le coupable que de condamner l'innocent, et chacun d'eux, comptant se tenir à l'abri du danger, calculait qu'un instrument de justice accéléré pourrait, dans un moment donné, le débarrasser de ses adversaires, aussi bien que des ennemis de la république. Alors, sur la proposition de Danton, la Convention décréta la création d'une juridiction criminelle extraordinaire, connue sous le nom de tribunal révolutionnaire, et destinée, était-il dit, à juger tous les traîtres, conspirateurs et contre-révolutionnaires. Ce tribunal, toujours permanent, sans appel et sans recours, devait poursuivre, à la requête de la Convention, ou directement, non-seulement ceux qui auraient arboré quelques signes de rébellion, mais aussi « ceux qui, par leur conduite ou la manifestation de leurs opinions, auraient tenté d'égarer le peuple ; ceux qui, par les places qu'ils occupaient sous l'ancien régime, rappellent des prérogatives usurpées par les despotes, etc. » Le tribunal révolutionnaire, installé avec les applaudissements des Montagnards et par la lâche connivence des Girondins, remplit bientôt la France de sang et de deuil. Quiconque était accusé devant lui était par avance condamné, et, dans tout le cours des siècles, il n'est pas d'exemple d'une institution qui, avec les formes hypocrites de la légalité, ait accompli plus de meurtres et d'atrocités. Le député Férand s'écrie, avec raison, qu'elle n'était créée que pour assassiner l'innocence à l'ombre de la loi. Dans la suite, on vit la plupart des hommes qui avaient concouru à l'établissement de cet exécrable tribunal, amenés tour à tour devant lui pour en subir les lâches et sanglants arrêts ; et c'est ainsi qu'il vengea lui-même par ces jugements, les seuls équitables qu'il rendit, tant de victimes que la fureur des factions et la perversité des hommes avaient dévouées à ses coups.

L'institution du tribunal révolutionnaire fut accompagnée de nouvelles rigueurs contre les émigrés et les prêtres réfractaires, auxquels on ne manquait pas d'imputer le mauvais état des affaires de la république. Les Français qui avaient cherché un refuge sur le sol étranger n'étaient admis à aucune soumission. Une partie considérable de leurs propriétés avait déjà passé entre les mains des acquéreurs de biens nationaux, et l'arrêt de mort prononcé contre eux ne fléchissait ni devant le sexe, ni devant l'extrême jeunesse. Tout absent que le désir de revoir sa famille ou le regret du sol natal ramenait sur le territoire, quel qu'eût été d'ailleurs le motif de son éloignement, devenait, par là même, une victime dévolue à la vengeance nationale. On amena devant les agents du pouvoir des enfants, de jeunes filles de quatorze ou quinze ans, qui, ayant perdu leurs parents à l'étranger, venaient retrouver leurs foyers, à l'abri de leur âge et de leur innocence ; on sollicita en leur faveur quelque atténuation du châtiment porté par la loi. Mais les hommes de la Convention s'indignèrent qu'on leur demandât d'épargner un peu de sang, et confirmèrent le décret par lequel tout fils d'émigré était passible de la peine capitale, si, à l'âge de *quatorze ans*, il n'était pas rentré dans ses foyers, où il ne devait trouver que la désolation et la ruine. Les mêmes sévérités ne tardèrent pas à être déployées contre les familles et parents d'émigrés demeurés en France, contre tous ceux qui correspondaient avec eux et leur faisaient passer des secours, contre ceux qui étaient suspects de n'avoir pas abjuré à leur égard les sentiments de tout temps respectés de l'humanité ou du sang. Pour donner plus d'ensemble et d'efficacité à ces mesures de violence, on décida la création d'un conseil pris dans le sein de la Convention, et chargé, sous le nom de comité de salut public, de surveiller la conduite du pouvoir exécutif, et de lui imprimer, au besoin, plus d'activité et plus d'énergie. Ce comité était d'ailleurs revêtu d'une sorte de dictature absolue, et il était autorisé à prendre, lorsque les circonstances lui semblaient le commander, les mesures propres à assurer le salut de la république, tant à l'intérieur qu'à l'extérieur. Les ministres, ainsi que tous les agents du pouvoir, étaient obligés d'obéir aux arrêtés rendus par lui, et signés de la majorité de ses membres. Ceux-ci, au nombre de neuf, délibéraient en secret, disposaient de toutes les forces et de tous les moyens d'action du gouvernement, et correspondaient avec cent cinquante commissaires envoyés dans les départements par la Convention, pour y répandre son esprit et lutter contre les tendances contre-révolutionnaires qui se manifestaient de toutes parts. La vie et la liberté de tout citoyen étaient entre les mains de ce conseil redoutable, institué d'abord pour un mois, et qui, se perpétuant au milieu des crises de la Révolution, finit par concentrer tous les pouvoirs et par dominer sur le pays et sur la Convention elle-même. C'est du sein de ce comité que Robespierre, Saint-Just, Couthon et leurs complices, levèrent le drapeau de la Terreur, et désignèrent pour l'échafaud ce nombre prodigieux de victimes dont le sang s'élèvera à jamais contre les partisans et les admirateurs de ces exécrables héros du crime.

Telles furent les lois par lesquelles la Convention manifesta son intelligence des besoins politiques du pays. Quelques esprits que l'enivrement révolutionnaire avait remplis d'une sorte de frénésie sanguinaire, n'étaient point encore satisfaits de ces dispositions inouïes et accusaient la tiédeur et la mollesse des représentants de la nation. Des af-

filiés des clubs vinrent présenter à l'Assemblée une pétition par laquelle ils demandaient l'organisation d'une lé-
gion de *régicides*, dont les membres auraient pour mission
d'assassiner tous les rois, et cette pétition, appuyée par un
grand nombre de Montagnards, fut accueillie par la Convention avec faveur et acclamations. Plus tard, cette société d'assassins se forma, en effet, sous le patronage de
tous les scélérats dont l'histoire a flétri les noms, et l'on
est peu étonné de trouver dans sa composition ceux de
certains hommes qui se montrèrent, par la suite, les plus
ardents soutiens du pouvoir despotique auquel aboutit la
Révolution. Les circonstances mirent alors obstacle à l'exécution de ces plans de meurtre, et les associés se bornèrent à célébrer, dans leurs mystérieuses orgies, la mémoire des héros dont ils se proposaient d'imiter les actions.
Mais leur fanatisme n'en porta pas moins ses fruits, et de
ces premiers glorificateurs du poignard sortit une lignée
d'hommes qui érigèrent en théorie l'assassinat politique,
et le pratiquèrent avec une incroyable persévérance : triste
exemple de la confusion et de l'obscurité que l'esprit révolutionnaire avait jetées dans le sens moral des peuples,
et qu'il s'efforce d'y maintenir par la réhabilitation des
doctrines et des hommes dont nous retraçons la lugubre
histoire.

La Convention avait promis à la France la refonte de ses
lois civiles sur une base qui donnerait satisfaction à tous
les intérêts qu'elle avait si puissamment surexcités. Mais,
tout occupée de ses querelles intérieures et du soin d'assurer sa domination au moyen des décrets les plus violents, elle négligea totalement de procurer à la France une
législation civile, ou n'y toucha que pour porter dans les
familles le désordre et les éléments de dissolution qu'elle
avait jetés dans le gouvernement. Son but était de relâ-

cher les liens domestiques, en atténuant l'autorité du chef de famille et en émancipant les enfants à un âge où, aveuglés par leur inexpérience et la fougue des passions, ils se hâtaient de secouer un joug salutaire, pour se livrer à l'entraînement des idées nouvelles, dont ils devenaient les ardents partisans. C'est dans ce but que Robespierre projetait de soustraire indistinctement tous les enfants à la direction de leurs parents, au moyen d'institutions où ils devaient être élevés en commun, sous le prétexte qu'ils appartenaient, non aux auteurs de leurs jours, mais à la patrie, qui en pouvait disposer à son gré ; et tel est encore, on le sait, le système de nos modernes démagogues. Dans les mêmes vues, on priva les citoyens du droit de disposer de leurs biens par testament. La loi seule devait en régler la destination, et la volonté de l'homme n'était comptée pour rien, en présence de la volonté aveugle et impassible du législateur. Déjà, la loi qui autorisait le divorce était rendue depuis longtemps, et, grâce à ses diverses dispositions, les divisions intérieures s'étaient multipliées, et une licence sans bornes s'était introduite dans le sein des familles. Dans le cours du mois de février de cette année, le nombre des divorces s'éleva, à Paris, à la moitié de celui des mariages, et, dans les mois de mars et d'avril, il fut du tiers environ. Tels étaient les résultats du gouvernement de ces hommes qui, durant de longues années, avaient déclamé contre la licence des mœurs de la monarchie, et avaient rempli tant de livres de l'expression de leur hypocrite indignation. Au milieu des désordres qui s'étaient emparés des esprits, on vit la prostitution la plus effrontée s'étaler dans les villes, provoquée par tous les instincts révolutionnaires, et la Convention ne craignit pas d'encourager cette honteuse industrie des peuples abâtardis, en votant des récompenses aux *filles-mères* qui donnaient des enfants à la patrie. C'est ce qu'exprimait un poëte de l'époque, en disant que la loi

A la beauté féconde, avant le sacrement,
Donna des prix d'honneur et d'encouragement.

Il est juste de dire que toutes ces étranges résolutions se prenaient, sur la proposition soudaine d'un représentant, par une Assemblée confuse et distraite, sans que, ordinairement, on laissât la moindre part à la réflexion et à la maturité des délibérations. Comme la Convention, représentant le peuple, était, ainsi que lui, présumée infaillible, les décrets n'étaient soumis qu'à une seule délibération et se multipliaient à l'infini, au gré de la fécondité de chacun des députés, qui croyait voir dans la mesure qu'il proposait un moyen suprême et décisif de salut pour le pays. Souvent aussi, ces décisions étaient prises sur les injonctions de pétitionnaires impérieux, venus à la barre de l'Assemblée moins pour lui soumettre leurs vœux que pour lui dicter les ordres du peuple, la pique à la main et la menace à la bouche. Un grand nombre de propositions votées à la hâte, au milieu du trouble, de l'inattention et souvent du sommeil que provoquait la longueur de séances prolongées dans la nuit, étaient, quelques jours après, rapportées avec la même témérité et la même précipitation.

Enfin, les assassins de Louis XVI avaient annoncé que la mort de ce malheureux roi mettrait fin à toutes les querelles que les partis se livraient dans le sein de la Convention. A les entendre, tous les partisans de la Révolution, abjurant leurs discordes, allaient se réunir dans le but commun d'assurer la félicité du pays ; et la tête du monarque, dont ils se faisaient le sacrifice, devait être le gage assuré de leur réconciliation. Les événements firent connaître bientôt que ce rapprochement, opéré dans le sang, n'était qu'une hypocrisie des factions, et que chacune d'elles luttait, non pour le salut de la patrie, mais pour l'intérêt unique de sa prépondérance. Les Girondins, en s'alliant aux Montagnards dans cette conjoncture décisive, avaient livré le secret de leur faiblesse, et assuré d'avance la victoire à leurs audacieux ennemis. Ceux-ci, ayant pour eux la municipalité et la populace de Paris, formèrent le complot d'arrêter, pour les livrer au tribunal révolutionnaire, les principaux chefs de la Gironde, au nombre de vingt-deux. Débarrassés de ces adversaires puissants par l'influence et par la parole, les Jacobins devaient régner sans contestation dans l'Assemblée, et achever par la terreur ce qu'ils auraient commencé par l'audace. Les attaques dont ils s'étaient servis si souvent contre la royauté, les rumeurs hostiles et calomnieuses, les accusations forcenées, étaient multipliées dans les clubs et dans les journaux, et les titres de Girondin, de Brissotin, de modéré, étaient devenus aussi injurieux et aussi dangereux que l'étaient autrefois ceux de royalistes et d'aristocrates. Dans la nuit du 10 mars, un mouvement fut tenté pour assassiner les vingt-deux, qui furent contraints de se cacher et n'échappèrent au péril que grâce à l'intempérie d'une nuit pluvieuse et peu favorable à de semblables expéditions. Bientôt, les revers de nos armées et la défection de Dumouriez fournirent aux partis une nouvelle occasion de s'accuser et de se dénoncer comme les auteurs de la situation déplorable où se trouvait plongée la nation. Comme on ne voulait pas s'expliquer la cause des calamités dont les excès de la Révolution et ceux de l'Assemblée étaient l'unique source, on cherchait partout à découvrir des conspirateurs et des traîtres, et l'on se livrait d'autant plus volontiers à ces imputations réciproques, qu'on voyait là un moyen assuré de perdre ses ennemis, en leur attribuant des complots imaginaires. La première victime de ce besoin d'accusation et de défiance fut le duc d'Orléans, qui, depuis son vote pour la mort de Louis XVI, traînait une existence inquiète et méprisée de tous les partis. Malgré les tristes gages qu'il avait donnés à la Révolution, il sentait que, tôt ou tard, elle lui demanderait compte de sa naissance, et qu'elle ne pardonnerait pas aux vues ambitieuses qu'on lui supposait; d'un autre côté, il comprenait que ses crimes le feraient repousser des Français émigrés, et que la terre de l'exil elle-même était fermée pour lui. Les partis s'accordèrent pour désavouer cet ancien complice, devenu nuisible à leurs intérêts, et à livrer, comme un traître, à la vengeance du peuple cet homme qui avait trahi en effet, d'une manière si coupable, les devoirs de son sang et la voix de sa conscience et de l'humanité. Une prison le reçut, en attendant que la hache du bourreau vînt le réclamer.

Cette victime, dévouée d'avance au glaive de la Révolution, ne suffisait point aux passions haineuses de Robespierre. Ce tribun, tout pétri de fiel et consumé d'une soif insatiable du pouvoir, voulut profiter de ces conjonctures pour perdre ses ennemis de la Gironde, et, après avoir longtemps préparé les esprits par les perfides insinuations que ses affidés propageaient dans le public, il les attaqua ouvertement à la Convention, par un discours artificieux où il demandait la mise en accusation des *complices* et des *partisans* de Dumouriez. Il désignait sous ce nom tous les adversaires dont il voulait se défaire, et les représentait comme conspirant dans le but de rétablir la monarchie au profit de la famille d'Orléans, et tendant à substituer à l'ancienne aristocratie de la naissance celle non moins oppressive de la bourgeoisie et de la richesse. Les Girondins triomphèrent encore ce jour-là (10 avril), grâce à l'éloquence de Vergniaud, qui écrasa Robespierre sous le poids d'une indignation et d'un dédain accablants, lui reprochant

ses intrigues , ses menées ambitieuses, ses fourberies et
es lâchetés, et représentant, aux applaudissements de l'As-
emblée, l'artificieux Jacobin prompt à se cacher dans les
jours de combat, pour venir , lorsque la victoire était assurée, en recueillir les bénéfices. Un autre orateur de la Gironde, pour démasquer le complot des Montagnards, dénonça
à la tribune un pamphlet signé de Marat, et par lequel on
appelait le peuple de Paris à se soulever contre la Convention. *Le moment est venu*, disait-on dans ce libelle , *nos
représentants nous trahissent : allons, citoyens, armons-
nous et marchons.* Loin de désavouer cet écrit, Marat, en
l'entendant lire , se souleva sur son banc avec un geste frénétique, en s'écriant : *Eh bien, oui, marchons !* A ces
paroles, qui étaient un appel à la guerre civile, l'indignation de l'Assemblée se déchaîna contre le factieux assez téméraire pour la braver dans son sein. Un décret d'accusation
fut lancé contre Marat, et on ordonna sa mise en arrestation
immédiate. Mais la faveur des hommes des tribunes et de la
multitude qui remplissait ordinairement les abords de la
Convention parvint à le soustraire aux effets de cette décision, et à le tenir caché jusqu'au jour prochain où il devait
comparaître devant le tribunal révolutionnaire.

Cette victoire des Girondins fut la dernière qu'ils obtinrent, et ne fut pas de longue durée. A la nouvelle du
décret d'accusation porté contre Marat, les clubs se déchaî-
nèrent en clameurs furieuses, la municipalité s'émut, et
les meneurs de l'émeute se préparèrent à quelque expédition décisive contre la majorité de l'Assemblée. Danton et
Robespierre s'efforçaient, l'un par des provocations violentes et passionnées, l'autre par des discours hypocrites et
étudiés, à entretenir la fermentation des masses, favorables
à leur *vertueux* collègue. Le jour où Marat devait être jugé,
ce fut moins en accusé qu'en maître qu'il parut devant le

tribunal révolutionnaire, accompagné des cris d'enthousiasme et des applaudissements de la foule. Le tribunal, qui
était assez lâche pour envoyer tous les jours à la mort l'innocence et la vertu, l'était trop pour condamner un scélérat que protégeait la faveur populaire, et le renvoya absous,
après une courte délibération. Aussitôt les partisans de
Marat le prennent sur leurs épaules et le reconduisent en
triomphe à la Convention, où sa rentrée devint pour les Girondins consternés un sujet de confusion et un présage de
leur prochaine et irréparable défaite.

IX.

Chute des Girondins; Charlotte Corday; le tribunal révolutionnaire.

Les Jacobins gagnaient chaque jour du terrain dans Paris, et s'étaient peu à peu rendus maîtres de tous les pouvoirs et de toutes les administrations. Exaltés par le triomphe de Marat, ils remplissaient les clubs, les sociétés populaires, les feuilles cyniques de leur parti, d'invectives menaçantes contre leurs ennemis. Marat, Hébert, Varlet, tous les orateurs et les journalistes de la démagogie, parlaient sans cesse de la nécessité d'une grande mesure de salut public, consistant à expulser de la Convention les principaux membres de la Gironde, et ils organisaient ostensiblement l'insurrection qui devait contraindre l'Assemblée à se mutiler elle-même. Les conciliabules secrets, les rumeurs irritantes, les appels à l'émeute, tous les moyens

employés naguère par les Girondins pour préparer et exécuter contre la monarchie le soulèvement du 10 août,
étaient maintenant mis en œuvre contre eux avec autant
de perfidie et non moins de succès. Dans une réunion organisée à la mairie, par la municipalité de Paris, on proposa, sans détour, d'enlever de leur domicile vingt-deux
députés, de les conduire dans une maison d'un faubourg,
et de les égorger en supposant des lettres, pour faire ac-
croire qu'ils avaient émigré. Un des membres ayant voulu
représenter qu'il ne convient pas d'assassiner, et qu'il vaut
mieux faire punir par les tribunaux les ennemis du peuple,
un violent tumulte s'éleva, et on chassa de l'assemblée le
malencontreux orateur, coupable d'avoir émis un conseil
si peu conforme aux doctrines révolutionnaires. Des difficultés d'exécution firent seules ajourner ce vaste projet d'assassinat, auquel tous les véritables Jacobins donnaient un
assentiment sans réserve.

Les Girondins, instruits des complots formés contre eux,
forcés pour la plupart de passer les nuits hors de leurs demeures et de s'armer pour se rendre au sein de la Convention, ne savaient à quel plan s'arrêter pour déjouer les
trames de leurs adversaires. Conservant toujours leur influence parmi les représentants, ils pouvaient, par des
mesures énergiques, casser les autorités municipales de
Paris, et, en transportant le siége de la Convention à
Bourges, ôter aux démagogues de la capitale l'avantage que
leur donnait la présence d'une Assemblée dont ils disposaient à leur gré par l'émeute. Ce parti extrême, le seul
capable de les sauver, et proposé par Guadet, parut exagéré à tous les membres timides de la Convention, et on se
borna à former une commission de douze députés, chargés
de prendre toutes les mesures qu'exigeait la sûreté de la
représentation nationale menacée, et de rechercher les au-

teurs des complots. Hébert et quelques-uns des meneurs les plus forcenés des Jacobins furent arrêtés par les soins de cette commission.

Cet acte de vigueur, loin de mettre fin aux entreprises des Jacobins, ne fit qu'irriter leur fureur et augmenter l'effervescence qu'ils avaient réussi à allumer dans le sein de la population des faubourgs. On cria plus que jamais à la tyrannie et à l'arbitraire ; Marat redoubla de clameurs et d'imprécations contre l'Assemblée ; les clubs retentirent de motions furieuses ; enfin des députations insolentes, composées de démagogues, d'émeutiers et de femmes perdues, vinrent dans l'Assemblée réclamer la mise en liberté d'Hébert et la suppression de la commission des *douze*. La Convention, flottant entre l'intérêt de sa dignité et de sa sécurité d'une part, et la crainte d'une insurrection de l'autre, hésitait dans ses résolutions, et rapportait dans les jours de calme les décrets adoptés aux jours de crise, sous la pression de la démagogie. Les orateurs de la Gironde, dans des discours pleins d'une énergie factice, essayaient de maintenir les droits de la représentation nationale opprimée, et se montraient prêts à mourir à leur poste, plutôt que de céder aux exigences de l'émeute. Mais, malgré ce langage, la Convention se voyait sans cesse contrainte de transiger avec les circonstances, et de compter avec le désordre, auquel elle ne pouvait opposer qu'une légalité impuissante en temps de révolution, et qu'elle avait ellemême trop de fois violée pour y trouver un asile efficace contre la violence des passions soulevées.

Enfin, les Jacobins, voulant frapper un grand coup et dompter les résistances de la Convention, armèrent tous les soldats de l'insurrection, ceux d'une armée destinée à combattre la Vendée et qu'ils avaient gardée à Paris pour servir leurs projets, ébranlèrent les sections, les faubourgs, et, au nombre de quatre-vingt mille, vinrent imposer leurs volontés à l'Assemblée dans la journée du 31 mai. Celle-ci s'empressa de céder, de rendre la liberté aux individus arrêtés et de dissoudre la commission des douze. Ce résultat ne parut pas encore satisfaisant aux chefs des Jacobins, résolus à se faire livrer les vingt-deux principaux Girondins. Marat, dans son club, appela le peuple aux armes pour le lendemain, l'exhorta à ne quitter les abords de la Convention qu'après s'être fait livrer les vingt-deux, et, se tournant vers Henriot, homme brutal et toujours ivre, à qui sa férocité avait donné quelque importance dans les émeutes : *Je te confie*, lui dit-il, *le commandement de l'insurrection. A demain !*

Marat, impatient de triompher des hommes qui l'avaient mis en accusation, passa la nuit à réunir les éléments de l'émeute, et donna lui-même le signal du tocsin qui appelait ordinairement les masses populaires aux saturnales révolutionnaires. On bat la générale dans tous les quartiers, on tire le canon d'alarme, on pousse des cris d'insurrection, et bientôt des masses innombrables entourent d'une muraille d'airain le lieu où siége l'Assemblée. Celle-ci, comme exerçant la souveraineté, tenait ses séances dans ce palais des Tuileries où la royauté, pendant les journées du 20 juin et du 10 août, avait subi tant d'humiliations et d'outrages. Des délégués du peuple, introduits devant les nouveaux souverains, se plaisent à les avilir à leur tour par le renouvellement des mêmes scènes et des mêmes scandales. Ils exigent impérieusement qu'on leur livre les vingt-deux, et parlent en maîtres dans cette Assemblée qui avait osé juger un roi. *Les citoyens de Paris*, disent-ils, *n'ont point quitté les armes depuis quatre jours, il faut qu'on sauve le peuple sur-le-champ, ou il va se sauver lui-même.* En entendant ce langage, les membres

de la Convention se soulèvent de honte et d'indignation.
Pendant que les uns protestent contre la violence, les autres se montrent prêts à profiter de cette indigne victoire
pour accabler leurs ennemis en les livrant à l'émeute. Il
s'ensuit une scène tumultueuse dans la salle et au pied de
la tribune, que les différents orateurs s'efforcent d'occuper
en en précipitant leurs collègues. Les députés Guadet, Legendre, Lanjuinais, se saisissent, se prennent à la gorge,
se terrassent au milieu d'une inexprimable confusion.
Enfin, la Convention, voulant montrer une apparence de
dignité, et espérant, par sa présence, calmer la sédition,
sort en masse de la salle, et, à la suite de son président
Héraut-Séchelle, paraît aux différentes issues des Tuileries, sommant les émeutiers de rendre la liberté aux représentants de la nation. Mais partout les rangs serrés du
peuple ne lui laissent d'autre asile que ce palais où elle est
captive. Henriot, sommé de livrer passage, pour toute réponse se tourne du côté de ses soldats qui tenaient leurs
canons braqués contre la Convention, et s'écrie: *Canonniers, à vos pièces!* Couverte d'avanies, accablée de sarcasmes et d'outrages, l'Assemblée se voit forcée de rentrer
dans le lieu de ses séances et livre les vingt-deux, tandis que
Couthon ose encore parler de liberté et d'indépendance.
Marat, devenu l'oracle de la Convention, fait effacer les
noms de trois députés comme étant des *radoteurs* et des
sots, et en fait ajouter trois autres, pour que le nombre de
vingt-deux reste entier. Ainsi furent proscrits Vergniaud,
Guadet, Gensonné, Péthion et les autres chefs de la Gironde, dont les uns furent mis en arrestation, et les autres
s'échappèrent pour essayer de soulever les provinces, et
finirent misérablement leurs jours, poursuivis comme des
malfaiteurs et des bêtes fauves. Cette chute des Girondins,
en tout semblable à la catastrophe du 10 août, vengea la

royauté, qu'ils avaient renversée après l'avoir perfidement combattue, et la mort de Louis XVI, à laquelle ils s'étaient lâchement associés. L'histoire, juste appréciatrice de leurs actes et des maux incalculables qu'ils appelèrent sur la France, ne peut voir dans leur défaite que le châtiment légitime de leur orgueil et de leur faiblesse. Malheureusement, la Révolution qu'ils avaient déchaînée ne succomba point avec eux. Elle leur survécut pour se manifester dans les œuvres de Robespierre et de ses complices, et pour parcourir, suivie de la guillotine, les pays assez malheureux pour subir son infâme domination.

La chute du parti de la Gironde rendait manifeste l'impuissance où était la Révolution de fonder un gouvernement régulier et stable à l'aide des idées de 89. Sur la ruine des principes qui avaient fait la prospérité de la France pendant une longue suite de siècles, ce parti avait espéré reconstruire le nouvel édifice d'une société tout artificielle, où les doctrines d'une philosophie fausse et nuageuse eussent remplacé les dogmes consacrés par l'expérience séculaire des générations. Aux institutions lentement créées par la sagesse des gouvernants, ils avaient substitué un état de choses emprunté à des nations de l'antiquité, ou aux rêves d'une raison sans lumière et sans guide. Dans leur présomptueuse ignorance, ils avaient, avec une incroyable opiniâtreté, renversé toute hiérarchie sociale, toute idée de dépendance, et n'avaient pas craint de remplacer par les déclamations d'une vaine philosophie les croyances antiques et respectées de la religion nationale. Le fruit de tant de folies fut tel qu'on devait l'attendre. Les Girondins, qui avaient avec eux la majorité de la nation, qui dominaient dans la Convention par le nombre et plus encore par le talent et le génie, qui disposaient du gouvernement et des forces du pays, qui possédaient ces instincts de modération dont les hommes de gouvernement ne doivent jamais se départir, après avoir été entrainés d'erreurs en erreurs et s'être faits les complices des plus grands crimes, furent vaincus par une poignée de scélérats qui n'avaient d'autres titres à la domination que leur audace, et d'autre appui qu'une tourbe d'hommes pervers, avides de sang et de ruines. La lutte entre les deux factions de la Convention devait se terminer ainsi, et cette issue ne saurait nous surprendre. Mais ce qui doit exciter notre profond étonnement, c'est que, après une semblable épreuve, le parti des Girondins subsiste encore dans notre société, et que la même absence des principes de gouvernement, le même mépris des traditions, le même oubli des croyances religieuses, le même culte des doctrines d'une philosophie vaniteuse et stérile, se retrouvent aujourd'hui dans les classes qui avaient espéré profiter de la Révolution, et dont le court triomphe a appelé tant de catastrophes sur le pays. Combien n'avons-nous pas à craindre que le même aveuglement n'engendre des résultats analogues, et ne plonge la nation dans un abîme de calamités plus profondes encore que celles dont nous rapportons la lamentable histoire!

Les Girondins qui avaient pris le parti de la fuite, aidés de leurs partisans des départements, tentèrent divers mouvements pour se relever de leur chute. Mais ces entreprises, mal concertées et compromises par des hésitations, vinrent échouer devant les mesures énergiques employées par la Convention pour dompter ces derniers efforts d'une faction expirante. Les provinces les plus rapprochées de Paris firent marcher contre la Convention quelques levées, qui se dispersèrent après les premiers engagements. Les villes les plus éloignées, celles surtout dont les représentants avaient été proscrits dans la journée du 2 juin, firent entendre des protestations et des menaces qui ne se convertirent en soulèvements sérieux que dans les villes de Lyon et de Toulon. Bientôt, les députés fugitifs, poursuivis par les ordres impitoyables de la Convention, furent réduits à errer d'asile en asile, sans cesse traqués par d'infatigables satellites. Les uns tombèrent dans les mains de leurs ennemis ; d'autres succombèrent au besoin et à la fatigue. Mais il n'en est aucun qui eut un destin plus misérable que Péthion et Buzot. Repoussés de toutes parts et forcés de se cacher dans les bois, ils devinrent la proie des bêtes féroces qui les assaillirent. On ne retrouva d'eux que quelques lambeaux de vêtements et quelques ossements à demi dévorés par les loups.

Cependant les Girondins ne restèrent pas entièrement sans vengeurs. Une jeune fille de Caen, nommée Charlotte Corday, que l'intérêt de leur cause avait vivement émue, résolut, lorsqu'elle les vit vaincus et dispersés, de punir celui qu'elle considérait comme l'auteur principal de leur chute. Elle imagina un prétexte pour venir à Paris, avec la résolution d'assassiner Marat, et cette résolution, elle l'accomplit. L'état de fureur constante dans lequel vivait cet homme avait influé sur son tempérament, et, dans ce moment, Marat était atteint d'une maladie inflammatoire qui le retenait dans sa maison. Là, il passait les journées à écrire des pages frénétiques dans lesquelles il cherchait à entretenir l'effervescence populaire, et dénonçait les citoyens dont le patriotisme et la valeur portaient ombrage à sa jalouse médiocrité. Selon lui, tous les hommes marquants de la Convention aspiraient à la tyrannie ; tous les généraux étaient des traîtres vendus à l'étranger ; tous les fonctionnaires étaient des fripons qui spéculaient sur la détresse du peuple ; il fallait faire périr tous les membres de la famille royale prisonniers, et mettre à prix la tête de ceux qui étaient fugitifs. Charlotte Corday se fit donner une lettre pour pénétrer chez ce monstre. Parvenue jusqu'à lui à travers

mille obstacles, elle feint de lui communiquer des renseignements sur les représentants de la Gironde réfugiés en
Normandie ; Marat, qui espère déjà saisir sa proie, se hâte
de noter leurs noms, en disant : « C'est bien, ils iront tous
à la guillotine ! » Ces mots, qui étaient si bien dans sa nature, furent les derniers qu'il prononça. En les entendant ,
la jeune fille, indignée, tire un couteau qu'elle tenait caché dans son sein, et l'enfonce tout entier dans le cœur de
Marat. Au cri qu'il pousse en expirant, sa concubine ac-
court avec d'autres personnes, qui le trouvent noyé dans
son sang, et font subir à la jeune Corday les mauvais traitements que leur inspire le désespoir. On parvint enfin à la
soustraire à leur rage et à la conduire en prison, d'où elle
devait bientôt passer à l'échafaud. Sa fermeté ne se démentit ni devant les juges ni devant la mort. Qui vous a engagée à commettre cet assassinat, lui demande le président ?
— Ses crimes. —Qui sont ceux qui vous ont excitée à cette
action ? — Moi seule, répond-elle avec intrépidité. Le lendemain elle fut conduite à l'échafaud, au milieu des outrages ordinaires de la foule qui se pressait chaque jour autour des condamnés, pour insulter les personnages des
divers partis qui se succédaient dans cette marche continue
de la prison à la guillotine. Des honneurs solennels furent
rendus à la mémoire de Marat, et l'on ne dépensa pas moins
de 12,000 francs pour les funérailles de ce scélérat, dont
les restes furent déposés au Panthéon, lieu destiné à la sépulture des grands hommes. Quelque temps après, lorsque le parti des Jacobins fut vaincu à son tour, ses ossements furent tirés de là, couverts d'outrages et jetés au
vent. A la Convention, dans les clubs, des discours étaient
prononcés pour honorer la mémoire de ce *grand citoyen*
et convier le peuple à le venger. On alla même jusqu'à lui
consacrer une espèce de culte, à exposer son buste sur le

devant des maisons avec des inscriptions blasphématoires, et à répandre des images où le cœur de Marat était représenté percé d'un poignard, à côté de celui de Jésus-Christ, avec ces paroles : Cœur de Jésus, cœur de Marat, ayez pitié de nous ! Cette stupide impiété n'était pas le dernier degré de l'avilissement où la Révolution devait conduire une multitude qu'elle avait enivrée de ses doctrines et de ses détestables instincts.

La mort de Marat n'arrêta point les terroristes dans leurs desseins de meurtre et de despotisme. L'absence des Girondins les rendait tout puissants dans l'Assemblée, où leurs inspirations devenaient des ordres pour les législateurs, qui, en ayant sans cesse à la bouche le mot de liberté, se courbaient à l'envi sous la plus abrutissante servitude. Dès lors, on ne prit plus la peine de discuter les décrets préparés dans le tumulte des assemblées populaires, et le silence de l'épouvante et de l'esclavage remplaça ces délibérations autrefois violentes, et que rendaient souvent éclatantes les voix éloquentes de Vergniaud et de ses collègues. Chacun cherchait à se tenir dans l'ombre, craignant que quelque mot imprudent ne le dénonçât à la vengeance de Robespierre, devenu l'arbitre suprême des destinées de tous les citoyens. En huit jours, l'œuvre de la constitution, jusque-là négligée, fut élaborée et acceptée. Par là, le mandat des hommes de la Convention était expiré, et le peuple devait être appelé à nommer de nouveaux représentants. Mais les Conventionnels eurent soin de se faire adresser des pétitions, par lesquelles les sociétés affiliées aux Jacobins les conjuraient de garder un pouvoir dont ils faisaient un usage si utile, et de ne pas le quitter au moment où la France avait un si grand besoin de leur patriotisme. L'Assemblée régicide, alléguant les vœux des *bons citoyens* et la gravité des circonstances, se décida à conserver une autorité manifestement illégitime, et justifia son usurpation par un redoublement de violences et de mesures sanguinaires. Elle s'empressa de voter la loi du *maximum*, que les Girondins étaient jusque-là parvenus à éluder. A mesure que le gouvernement tombe entre les mains d'hommes plus violents et plus pervers, il devient plus difficile de pourvoir au soin des subsistances, et les sources de la prospérité publique se tarissent de plus en plus. Cette règle est sans exception, et a reçu son application à chacune des révolutions dont nous avons fait la désastreuse expérience. Le gouvernement de cette funeste époque ne parvenait pas, à l'aide des moyens les plus rigoureux, à produire l'aisance et la sécurité qu'une administration régulière procure en se bornant à protéger la liberté commerciale du pays. Quoique les saisons eussent été favorables et que la récolte fût abondante, une pénurie générale se faisait sentir sur les marchés. Dans les villes, les boulangers, privés d'approvisionnements, se voyaient sans cesse assiégés par une multitude tumultueuse et famélique. Par un arrêté de police, on avait réglé qu'on ne pourrait s'y présenter qu'avec des cartes sur lesquelles était portée la quantité de pain qu'il était permis à chaque famille de consommer par jour, et nul ne pouvait en acheter pour plus d'un jour. Pour éviter les rixes et la confusion qui se reproduisaient à chaque instant, on avait attaché, à la porte de chaque boulanger, une corde que chacun devait tenir par la main, afin de ne pas perdre son rang. Mais souvent de méchantes femmes coupaient la corde, et il s'ensuivait des désordres, que la force armée parvenait à peine à réprimer. Ainsi, l'on passait des journées entières, et quelquefois même les nuits, aux portes des débitants, pour se procurer, à des taux excessifs, des denrées souvent malsaines et corrompues ; et cette difficulté inconcevable à se procurer les substances les plus nécessaires n'était pas un des symptômes les moins caractéristiques de cette époque de vertige et d'épouvante. L'administration, poussant sa jalouse inquisition jusque dans l'intérieur des maisons, défendait d'y accumuler des provisions pour plus d'un mois, sous des peines terribles, comme on en portait dans ce temps, et cette précaution contribuait encore à augmenter la détresse universelle. Enfin, la loi du *maximum*, par laquelle on fixa le taux de chaque marchandise, eut pour résultat, comme on pouvait le prévoir, d'en augmenter immédiatement les prix, parce que les marchands refusaient de les céder publiquement, et les livraient en contrebande aux personnes qui les payaient à leur valeur. On crut remédier à cet état de choses en décrétant de nouvelles rigueurs, qui l'aggrava. On obligea chaque marchand à déclarer la quantité de marchandises qu'il possédait, et on lui interdit d'abandonner ou de laisser languir son commerce, sous peine d'être déclaré suspect et jeté, comme tel, en prison. On régla le mode de fabrication du pain, lequel ne devait contenir que les trois quarts de farine, et on institua des agents chargés d'en surveiller la manutention et de réprimer les fraudes. Enfin, comme les assignats se dépréciaient de plus en plus, on défendit, sous peine des fers, de donner, dans les transactions, une valeur supérieure aux métaux ; on interdit à tout citoyen d'en conserver chez soi au delà d'une somme minime; on les proscrivit dans les ameublements et dans les parures, et peu à peu le gouvernement tendit à faire entrer dans ses coffres toute la masse du numéraire et du métal précieux qui existait en France, sans réussir à les remplir par tant de procédés arbitraires. Toutes ces mesures inouïes ne faisaient qu'empirer la situation que la faction révolutionnaire avait faite au pays, et à augmenter l'arsenal des châtiments contenus dans nos Codes, au grand détriment de la morale publique, méconnue et bouleversée.

La Convention, étant résolue à se maintenir au pouvoir, nonobstant le vote de la constitution qui l'en dépossédait, porta un décret par lequel le gouvernement de la France était déclaré *révolutionnaire* jusqu'à la conclusion de la paix. En même temps, pour assurer l'exécution de ses volontés, elle songea à former de la lie de la population agglomérée à Paris une armée, dite révolutionnaire, destinée à parcourir les départements, à y tenir garnison chez les habitants, et à répandre la terreur par des exécutions quotidiennes ; et, dans ce but, on décida que la guillotine marcherait continuellement à sa suite. Quelque dégradés que fussent les chefs préposés au commandement de cette armée, ils étaient honteux de leurs soldats, recrutés parmi les scélérats et les gens sans aveu que renfermait la capitale. « Je sais, disait Ronsin, en s'en voyant nommer le général, que c'est un ramas de brigands ; mais, trouvez-moi des honnêtes gens qui veuillent faire le métier auquel je les destine. » Ces misérables n'étaient propres, en effet, qu'à remplir les fonctions de bourreaux, et à répandre le deuil et la consternation dans les lieux où ils ne trouvaient pas de résistance. Là, leur barbarie était à la hauteur de leur lâcheté, et, à l'aide de la guillotine dont ils s'étaient pourvus, ils multipliaient les meurtres, qui ne leur coûtaient ni combats, ni fatigue. Mais en Vendée, où ils furent conduits par Ronsin, leurs exploits se bornèrent à quelques dévastations, dont les patriotes furent victimes autant que les royalistes, et, devant un petit nombre de paysans, ils s'enfuirent en abandonnant honteusement leurs armes, pour revenir à Paris, faire cortége aux charrettes qui conduisaient à la mort tout ce que la France comptait de citoyens vertueux et ayant le courage de le paraître.

Pour qu'aucune victime n'échappât à la soif de destruction dont ils étaient dévorés, les membres du comité de salut public reconstituèrent sur de nouvelles bases le tribunal révolutionnaire, et y firent entrer des hommes dont l'esprit de justice n'était que la passion révolutionnaire poussée à l'excès, et la disposition arrêtée d'obéir à toutes les injonctions du pouvoir. Celui-ci les intimait par la bouche d'un accusateur public, appelé Fouquier-Tinville, dont le nom passera à la postérité comme le type de la cruauté froide et implacable, s'entourant des formes hypocrites de la justice pour frapper l'innocence et la vertu.

Afin de pourvoir ce tribunal extraordinaire, on porta un décret plus atroce que les précédents, par lequel on ordonnait l'arrestation immédiate de tous les citoyens *suspects*, et on eut soin de donner à cette qualification une telle latitude, que tous les Français, sous un prétexte quelconque, pouvaient également y être compris. D'abord, on déclare suspects ceux qui, par leur conduite, leurs écrits ou leurs propos, se sont montrés partisans de la tyrannie et du fédéralisme, et ennemis de la liberté ; ceux auxquels on aura refusé des certificats de civisme ; tous les parents d'émigrés qui n'ont pas constamment manifesté leur attachement à la Révolution. Mais bientôt, ces catégories paraissant trop étroites, on y joint des instructions d'après lesquelles on fait considérer comme suspects 1° ceux qui, dans les assemblées du peuple, arrêtent son énergie par des discours astucieux, des cris turbulents et des menaces ; 2° ceux qui, plus prudents, parlent mystérieusement des malheurs de la république, s'apitoient sur le sort du peuple, et sont toujours prêts à répandre de mauvaises nouvelles avec une douleur affectée ; 3° ceux qui ont changé de conduite et de langage selon les événements, et qui affectent, pour paraître républicains, une austérité et une sévérité étudiées ; 4° ceux qui plaignent les fermiers, les marchands avides, contre lesquels la loi est obligée de prendre des mesures ; 5° ceux qui, ayant toujours les mots de *liberté, république* et *patrie* sur les lèvres, fréquentent les ci-devant nobles, les prêtres, les contre-révolution-naires, les modérés, et s'intéressent à leur sort ; 6° ceux qui n'ont pris aucune part active dans tout ce qui intéresse la Révolution, et qui, pour s'en disculper, font valoir le paiement de leurs contributions, leurs dons patriotiques, leurs services dans la garde nationale ; 7° ceux qui ont reçu avec indifférence la constitution républicaine, et ont manifesté de fausses craintes sur son établissement et sa durée ; 8° ceux qui, n'ayant rien fait contre la liberté, n'ont aussi rien fait pour elle ; 9° ceux qui ne fréquentent pas leurs sections et donnent pour excuse qu'ils ne savent pas parler, ou que leurs affaires les en empêchent ; 10° ceux qui sont reconnus pour avoir été de mauvaise foi parti-sans de Lafayette, etc.

Il n'était pas un Français qui ne pût être atteint par quelques-unes de ces désignations, et le caprice des agents de la république était l'unique loi dont dépendissent la liberté et la vie des citoyens. Quiconque parlait sans enthousiasme des affaires publiques était aussitôt signalé comme hostile à la Révolution, et l'on n'était pas certain de trouver dans le silence un asile contre le soupçon ; car on pouvait l'in-terpréter comme un signe de malveillance et d'antipathie. On allait jusque dans les retraites les plus obscures s'em-parer d'hommes inoffensifs qui ne songeaient qu'à se faire oublier, de vieillards courbés par l'âge et que dénonçaient d'anciens services rendus au pays ; de femmes débiles, cou-pables de ne point affectionner un système de gouverne-ment qui avait condamné leurs fils à l'exil, ou leur époux à l'échafaud. Quiconque comptait un ennemi parmi les hommes du jour, tout individu dont l'existence était un embarras ou une charge pour un des agents du pouvoir révolutionnaire, pouvait s'attendre, sous les plus frivoles prétextes, à se voir arrêter pour être jeté dans les prisons, d'où il ne sortait que pour marcher à la mort. « Bientôt, dit un historien, les prisons ne suffisant plus à contenir l'immense population de captifs que cette loi arrachait à leurs demeures, les maisons nationales, les hôtels confisqués, les églises et les couvents, furent convertis en maisons de détention. La peine de mort, multipliée à proportion de cette multiplication des crimes, vint, d'heure en heure, armer les juges du droit de décimer les suspects. Refusait-on de marcher en personne à la frontière, ou de livrer ses armes à ceux qui marchaient? la mort! Donnait-on un asile à un émigré ou à un fugitif? la mort! Faisait-on passer de l'argent à un fils ou à un ami hors des frontières? la mort! Entretenait-on une correspondance, même innocente, avec un exilé, ou en recevait-on une lettre? la mort! Manquait-on à dénoncer les conspirateurs, les individus hors la loi, ou ceux qu'on savait les avoir recélés? la mort! Aidait-on les détenus à communiquer par écrit ou verbalement avec leurs proches? la mort! Avilissait-on la valeur des assignats? la mort! En achetait-on à prix d'argent? la mort! Enfin, brisait-on ses fers, et cherchait-on à éviter la mort par la fuite? encore la mort, pour punir jusqu'à l'instinct de la vie! La mort même fut bientôt suspendue sur les juges. Un décret rendu quelques jours plus tard ordonnait la destitution, l'emprisonnement et le jugement des comités révolutionnaires qui auraient laissé en liberté un seul suspect. »

Dans le commencement, on observait encore dans les jugements une apparence de procédure; on interrogeait les prévenus, on discutait les faits, on écoutait ou on feignait d'écouter les moyens de défense. Mais bientôt, les tribunaux révolutionnaires furent autorisés à se déclarer suffisamment éclairés, sans attendre la fin des débats, et les formalités ordinaires paraissant encore trop lentes, on se borna à interroger sommairement les prévenus, quelquefois même à les juger en masse. Les séances du tribunal révolutionnaire n'étaient qu'un court dialogue entre la victime et les bourreaux au pied de l'échafaud. Votre nom ? demandait le président. L'accusé le déclinait ; c'était quelquefois celui d'une famille ancienne et connue ; plus souvent celui d'un bourgeois obscur, d'un homme du peuple, d'un révolutionnaire victime d'un revirement de l'opinion. — Vous êtes accusé d'avoir trompé le peuple par des discours malveillants, et d'avoir trempé dans les complots des contre-révolutionnaires. — Je défie qu'on puisse justifier cette accusation par un de mes actes ou de mes discours. — Oui ; mais vos intentions sont connues : d'ailleurs, vous avez servi la tyrannie. — J'ai été disgracié en 89 à cause de mes opinions. — Mais votre famille est restée en faveur ; vous avez des parents en émigration, le tribunal est éclairé. — Aucun de mes parents n'a quitté le territoire français. — Vous n'avez plus la parole ; à un autre. On se donnait à peine le temps de constater l'identité des accusés, et quelquefois la confusion des noms amenait devant le tribunal et à l'échafaud un prisonnier à la place d'un autre, qui ne tardait pas à suivre. Un jour, l'un des captifs, victime d'une semblable erreur, dit aux juges : *Je ne suis pas accusé, mon nom n'est pas sur votre liste.* — *Eh bien,* dit Fouquier-Tinville, *donne-le vite !* Il le donna et fut envoyé à la mort comme ses compagnons.

Plus tard, lorsque Fouquier-Tinville fut à son tour traduit devant le tribunal révolutionnaire, on énuméra dans son acte d'accusation une partie des abus dont il s'était rendu coupable, et qui plongèrent tant de familles dans le deuil. On le jugea digne de cette peine de mort dont il avait tant de fois demandé l'application, pour avoir, dit cet acte, « fait périr sous la forme déguisée de jugement, une foule innombrable de Français de tout âge et de tout sexe ; pour avoir requis et ordonné l'exécution de certaines femmes qui s'étaient dites enceintes, et dont les gens de l'art avaient dit ne pouvoir pas constater l'état de grossesse ; pour avoir jugé dans deux, trois ou quatre heures au plus, trente, quarante, cinquante et jusqu'à soixante individus à la fois ; pour avoir encombré, sur des charrettes destinées à l'exécution du supplice, des hommes, des femmes, des jeunes gens, des vieillards, des sourds, des aveugles, des malades et des infirmes ; pour avoir fait préparer les charrettes dès le matin, et longtemps avant la traduction des accusés à l'audience, d'une manière précise, de sorte que, par cette confusion, le père a péri pour le fils, et le fils pour le père ; pour avoir fait juger et condamner des accusés sans témoins et sans pièces ; pour avoir refusé la parole aux accusés, à leurs défenseurs, en se contentant d'appeler les accusés par leurs nom, âge et qualité, en leur interdisant toute défense ; *pour avoir proposé de saigner les condamnés, afin de leur ôter le courage qui les accompagnait jusqu'à la mort, etc... »*

Par ce dernier grief, on voit à quel degré était portée la rage de ce scélérat, qui ne se contentait pas d'envoyer ses victimes à la mort, mais voulait de plus leur faire éprouver par avance les angoisses du supplice, par un système d'énervement que les tyrans les plus forcenés n'eussent jamais imaginé, et triompher de la courageuse fermeté avec laquelle elles trompaient sa férocité. Au gré de cet agent de la Terreur, qui en eut encore de plus exécrables, le nombre des accusés n'était jamais assez élevé, les exécutions assez promptes, les prisons assez vastes. *Ça va bien, di-sait-il, les têtes tombent comme des ardoises. Mais il faut que ça aille mieux encore la décade prochaine; il m'en faut quatre cent cinquante, au moins.* En effet, chaque semaine, le chiffre des têtes livrées à ce monstre s'augmentait, et les vides faits dans les prisons se comblaient aussitôt à l'aide des arrestations illimitées qu'autorisait la loi des suspects. Chaque soir, on venait dans les prisons lire les noms des malheureux qui devaient le lendemain être tra-duits devant le tribunal, et on les conduisait sur-le-champ à la Conciergerie, pour y attendre leur jugement et leur exécution. En entendant le bruit des charrettes qui ve-naient les transporter, les captifs se précipitaient, avec une cruelle anxiété, au devant des huissiers chargés de faire l'appel des accusés, et tremblaient d'entendre dans leur bouche les noms des personnes qui leur étaient chères, plus encore que les leurs. Ceux qui avaient été nommés embrassaient leurs compagnons et en recevaient les su-prêmes adieux. Dans ces séparations déchirantes, c'était souvent un père qu'on arrachait à ses enfants, un époux qu'on enlevait aux bras de son épouse. Alors ceux qui par-taient devaient s'armer de courage, moins encore contre la mort que contre le désespoir de ceux qui étaient condam-nés à leur survivre. Ceux-ci, refoulés dans leurs cachots par de sauvages satellites, appelaient la colère trop lente de Fouquier-Tinville, afin de mettre fin plus promptement à leurs tortures et à des alarmes plus insupportables que la mort. Ordinairement, le farouche accusateur ne les faisait pas attendre longtemps; car le lendemain ramenait les mêmes appels sanguinaires, les mêmes scènes, les mêmes déchirements.

X.

Assassinat de Marie-Antoinette; procès des Girondins; massacres de Lyon.

Les partisans de l'ancienne monarchie, les parents d'é‐ migrés, les prêtres fidèles à leur religion, n'étaient pas les seuls sur lesquels s'appesantit la rigueur des lois de la Convention. Au nombre des premières victimes du système de la Terreur, on compte Custine, un des généraux qui avaient fait remporter à la république ses premières vic‐ toires et donné à la Convention la sécurité dont elle usait si cruellement. Les succès de Custine, la popularité dont il jouissait dans l'armée, ne pouvaient être pardonnés par des hommes jaloux de toute supériorité et qui peuplaient les armées des héros ineptes de l'émeute et des barricades. Bien d'autres généraux distingués suivirent Custine sur le chemin de l'échafaud, que d'obscurs tyrans inondaient du sang le plus généreux de la nation. Ces monstres éprouvaient une sorte de satisfaction et de vanité brutale à faire tomber sous le niveau de la hache révolutionnaire les têtes les plus éminentes, toutes celles qui resplendissaient des dons du génie, de la noblesse et de la vertu.

A ce titre, la compagne de Louis XVI, la reine Marie-Antoinette, ne pouvait échapper longtemps aux coups des hommes dont les mains étaient tachées du sang de ce malheureux prince. Depuis le 21 janvier, sa captivité avait été si resserrée, que la reine n'avait pu obtenir de détails sur les derniers moments de Louis XVI, ni revoir le serviteur dont le dévouement avait rendu ses derniers jours moins amers. A peine avait-elle pu obtenir de la parcimonie de la Commune des vêtements pour porter un deuil aussi profond. Lorsque les Jacobins eurent obtenu, par la chute des Girondins, le pouvoir de donner cours à toutes leurs haines contre une femme si éprouvée, les rigueurs de la prison devinrent encore plus sensibles, et on arracha le jeune dauphin des mains de sa mère, pour le remettre aux mains du cordonnier Simon, qui n'avait d'autre titre à ce choix que sa brutalité et son cynisme. Heureusement, les tortures que Marie-Antoinette éprouvait en elle et en ses enfants ne furent pas de longue durée. Le 2 août, un décret ordonna son transfert à la prison de la Conciergerie; c'était le prélude de sa mise en jugement, et, sous ce point de vue, elle n'en pouvait qu'être satisfaite. Toutefois, cette mesure entraînait une séparation d'avec sa fille et d'avec Mme Elisabeth, la sœur du roi, qui jusque-là avaient partagé sa prison, et dont les larmes ne purent obtenir de l'accompagner dans sa nouvelle captivité. Elle s'éloigna avec calme et courage, ne donnant à ses geôliers le spectacle d'aucune faiblesse, et recommandant à sa fille ces sentiments de pardon et d'oubli qui étaient tout le testament et tout l'héritage de Louis XVI. Il semblait qu'elle eût épuisé jusqu'au fond le calice des misères humaines, et qu'elle quittât sans regrets les seules personnes qui lui fussent encore chères, pour aller se réunir à celles que la hache révolutionnaire lui avait enlevées. C'est dans un cachot humide et froid, à peine éclairé du jour douteux passant par une lucarne traversée de barreaux de fer, que fut jetée la reine de France, ne trouvant pour tout ameublement qu'un grabat garni de couvertures grossières, et deux chaises de paille à côté d'une petite table de sapin. Deux gendarmes, le sabre nu à la main, avaient reçu pour consigne de ne la perdre de vue ni le jour, ni la nuit, comme si on eût craint que, dans cet isolement et sous ces épais verroux, elle ne formât quelque complot contre la sécurité de la république. Mais c'était le prétexte dont ses ennemis se servaient pour aggraver les rigueurs de sa captivité, et lui rendre plus cruels les derniers efforts de leur haine, avant que la mort ne leur arrachât leur victime. Cependant, quelques soins d'amis inconnus qui trouvaient moyen, au péril de leurs jours, de se glisser sous ces obscures voûtes, quelques attentions des concierges de la prison, touchés de tant de grandeur au milieu de tant d'infortune, trompèrent parfois la barbarie des puissants du jour, et consolèrent Marie-Antoinette, en lui faisant comprendre que tous les cœurs n'étaient pas fermés aux sentiments de la pitié et de l'humanité.

Dans le milieu d'octobre, on l'appela devant le tribunal révolutionnaire, pour y être condamnée, après une sorte de procédure accomplie pour la forme. Les accusations formulées contre elle furent celles qu'on articulait contre tous ceux dont le crime était de détester les atrocités commises dans cette époque néfaste. On parla de conspiration, de trahisons, d'intelligences avec les ennemis du peuple, comme si le peuple avait eu alors d'autres ennemis que les scélérats qui, depuis un an, couvraient la patrie de deuil et de sang. La reine, interrogée et connaissant d'avance le destin qui lui était réservé, répondit de manière à ne compromettre aucun de ses amis, et à confondre les misérables qui osaient énoncer contre elle les plus odieuses accusations. Les débats terminés, les juges, après une apparence de délibération, prononcèrent l'arrêt : c'était la mort. Elle l'entendit avec calme et dignité, et se leva pour retourner dans son cachot, sans daigner même répondre au président, qui lui demandait si elle avait à faire quelque observation sur l'application de la peine. Quelques instants seulement la séparaient de l'heure du supplice. Elle en profita pour écrire à sa sœur une lettre où elle lui recommandait le soin de ses enfants, et lui faisait connaître ses derniers sentiments, dignes de ceux qui l'avaient aidée à supporter tant de revers, sans rien perdre de sa majesté et de sa grandeur.

Le 14 octobre, à onze heures, la reine, après s'être elle-même coupé les cheveux, sortit de la Conciergerie et monta sur la charrette préparée pour les condamnés ordinaires : car on n'eût pas voulu la soustraire aux regards et aux avanies de la tourbe immonde qui la suivait, en lui donnant une voiture fermée. Des troupes d'infâmes créatures recrutées par la Commune de Paris, étaient accoutumées à accompagner de leurs huées les charrettes qui s'avançaient vers l'échafaud, et à la vue d'une reine de France elles redoublaient leurs clameurs et leurs invectives. En entendant ces vociférations brutales : *Hélas!* dit la reine, *mes maux vont finir, les vôtres commencent.* Elle était accompagnée d'un prêtre constitutionnel qui l'accablait de ses importunités, et dont elle repoussait avec une constante fermeté le ministère désavoué par l'Eglise. Mais en passant devant une

maison qui lui avait été indiquée en secret , elle s'inclina
sous la bénédiction d'un prêtre catholique, qui s'y était introduit pour prononcer sur elle les paroles du suprême
pardon. Fortifiée par ce secours, elle s'approcha avec une
sorte de joie du lieu de l'exécution, et gravit sans faiblesse
les degrés de l'échafaud, suivie du bourreau, qui, plus ému
qu'elle, trembla en détachant la fatale hache, et en voyant
jaillir ce sang qui , autant que celui de Louis XVI, allait
flétrir l'arbre funeste de la Révolution.

L'infâme Simon, à qui le dauphin, alors âgé de huit ans,
avait été confié, avait, dit-on, reçu de la Convention l'ordre de faire périr, par les mauvais traitements , le jeune
prince, qu'on n'eût osé livrer à l'échafaud, et il n'omit rien
pour remplir l'intention déclarée ou présumée de ceux
dont il avait accepté cette tâche. Ce monstre, dont l'ivresse
dégradait encore habituellement les instincts hideux, s'ap-
pliquait à dépraver, par des enseignements crapuleux, l'intelligence de l'enfant, en même temps que, pour contrarier
son développement physique et énerver ses forces, il le soumettait à toutes les tortures que pouvaient lui suggérer une
infernale perversité. Relégué , pendant l'hiver , dans la
chambre haute d'une tour froide et obscure, n'ayant pas la
force de remuer le grabat sur lequel il couchait, il demeura
un an, sans changer de vêtements et de linge, au milieu
d'un manque absolu de soins et de propreté, qui engendra
chez lui une cruelle maladie. De temps à autre, Simon lui
jetait, en entr'ouvrant la porte, une nourriture malsaine; et
une cruche d'eau, rarement renouvelée, était tout son breu-
vage. La nuit, quand l'enfant était endormi, il le réveillait
brusquement : *Dors-tu, Capet*, lui criait-il, *viens ici,
que je te voie*. Celui-ci, tremblant et nu , s'approchait de
son gardien, et retournait se coucher, pour s'entendre appeler encore quelques instants après. Sous cet affreux ré-

15

gime, dominé par la continuité de la terreur, privé d'air et de mouvement, son intelligence s'asphyxiait, son corps dépérissait, ses membres se nouaient. Au bout d'un an, son état était devenu incurable, et lorsqu'un système moins odieux fut adopté envers lui, il n'était plus possible de le sauver. Il mourut le 8 juin 1795, âgé de dix ans.

Les Jacobins, avides de nouvelles exécutions, réclamèrent, quelques jours après, le sang des députés girondins, retenus dans les prisons depuis le 2 juin. Quoique plusieurs d'entre eux se fussent éloignés, dans cette journée, pour aller soulever les provinces, on avait tenu à maintenir les prisonniers au nombre de vingt-deux, et pour cela, on leur avait adjoint de nouveaux représentants, dont plusieurs protestaient contre toute conformité d'opinions et de doctrines avec les membres de la Gironde. Ceux-ci furent, comme les autres, traduits devant le tribunal révolutionnaire, et, nonobstant leurs réclamations et leurs désaveux, furent condamnés à mort par des juges serviles qui n'hésitaient jamais lorsqu'on leur demandait du sang, et qui, dans leur impatience, ne voulurent même pas attendre la fin des débats pour prononcer l'arrêt. En entendant cette sentence dérisoire, rendue par un tribunal que leur coupable connivence avait contribué à instituer, en voyant la manière cruelle dont ils étaient traités par cette république qu'ils avaient préparée par leurs complots et fondée par leurs œuvres, la plupart éclatèrent en cris d'indignation, et jetèrent dans la salle un tel trouble, que les juges épouvantés quittèrent leurs siéges en toute hâte et s'enfuirent. L'un d'eux, Valazé, se perça le cœur d'un poignard caché sous ses habits. On ordonna, néanmoins, que son cadavre fût porté à l'échafaud sur la charrette préparée pour l'y conduire avec ses compagnons. Ceux-ci, dans la nuit qui précéda leur supplice, se réunirent dans un dernier ban-

quet, pour confondre, en présence d'un même destin, leurs
pensées et leurs espérances suprêmes. Sur le seuil de l'é-
ternité, où ils allaient entrer d'une manière si soudaine,
près de quitter une existence dont les agitations les avaient
préoccupés exclusivement, ils se demandèrent quel sort les
attendait au delà des bornes de la vie présente, et les redoutables problèmes de la rémunération des actes de l'homme,
de la nature et de l'immortalité de l'âme, se posèrent devant leur esprit. Quelques-uns professaient un grossier matérialisme, et, supposant que la mort devait mettre fin à
l'homme tout entier, s'avançaient vers le supplice avec une
déplorable insouciance. Les plus éminents d'entre eux,
Vergniaud, Gensonné, Fonfrède, professaient, au contraire,
leur croyance en l'immortalité des destinées humaines, et
dans l'existence d'un Être, juste appréciateur de nos actions d'ici-bas. Mais cette croyance ne s'appuyait que sur
les théories vagues du déisme philosophique, et n'était propre à leur inspirer, ni d'utiles repentirs, ni de légitimes
espérances. La plupart flottaient entre ces diverses doctrines, indécis et sceptiques. Ainsi, ces hommes, les plus
éminents et les plus éclairés qu'ait produits la Révolution,
qui avaient l'ambition de donner des lois à un grand pays
et de fonder une société sur des bases nouvelles et durables, ne connaissaient ni l'origine de cette humanité qu'ils
aspiraient à régir, ni ses destinées, et n'étaient même pas
d'accord dans leur erreur, sur ces questions essentielles à
l'existence et à la direction des peuples. Tel est le secret de
leurs fautes, de leur impuissance, et voilà pourquoi ces
rhéteurs, qui gardaient dans leur âme quelques sentiments
d'honnêteté et de modération, furent vaincus par des adversaires aussi ignorants qu'eux, mais plus pervers et plus
audacieux, sans être plus aptes à donner à la France des
institutions durables. A la fin de leur entretien, Vergniaud,

résumant tant de nuageuses pensées : « Croyons ce que nous voudrons, dit-il, et donnons en sacrifice, pour la liberté, l'un son doute, l'autre sa foi, tous notre sang. » Tel était le sommaire et le dernier mot de ce génie présomptueux et stérile, qui, après avoir volontairement fermé les yeux aux plus saillantes vérités, en était réduit à ériger la liberté en dogme, comme si, séparée du frein que lui imposent les croyances, elle pouvait devenir autre chose qu'une licence sauvage et destructive de toute société, telle que les révolutionnaires triomphants en tentaient alors l'épouvantable épreuve.

Il se trouvait parmi eux un prêtre, l'abbé Fauchet, que les entraînements de l'époque avaient égaré loin de son devoir. Dans ce moment suprême, il parut revenir sincèrement de ses erreurs. Il offrit à ses compagnons les secours de son ministère ; mais ses paroles trouvèrent peu d'écho, et un seul d'entre eux accepta l'appui d'une religion devenue alors leur unique asile. Les autres marchèrent avec orgueil à la mort, en chantant des hymnes républicains qui leur avaient servi à renverser le règne des lois pour y substituer l'anarchie, dont ils étaient devenus les victimes.

Parmi les auteurs et les partisans de la Révolution, les Girondins ne furent pas les seuls qu'elle immola. Le duc d'Orléans, jeté en prison depuis plusieurs mois, y vivait presque oublié, lorsque l'implacable jalousie de Robespierre le rappela au souvenir de la Convention. Ce prince, traduit devant le tribunal révolutionnaire, avait donné à la Révolution de tels gages, qu'il espérait confondre ses accusateurs et sortir triomphant de cette épreuve. Mais le tribunal ne discutait pas avec les prévenus, et, impassible comme le bourreau, il se bornait à frapper ceux qui lui étaient désignés par le comité de salut public. Le duc d'Orléans discuta sans dignité les allégations produites à sa charge, et se prévalut vainement des sacrifices faits par lui à la Révolution, sacrifices plus grands qu'il ne se l'avouait à lui-même, puisque pour elle il avait affronté le déshonneur de son nom, et la réprobation éternelle de la postérité. Après un débat dans lequel il ne se rencontra pas sur ses lèvres un élan généreux ni une parole digne de mémoire, il fut condamné pour une foule d'autres crimes que celui dont il s'était réellement rendu coupable en se faisant complice de la mort de son roi. Le mépris qu'il s'était attiré par sa lâche participation aux excès révolutionnaires le poursuivit jusqu'au pied de l'échafaud. Un malheureux serrurier, condamné le même jour, refusait obstinément de monter dans la charrette qui devait les conduire tous deux au supplice. « Je suis condamné à mort, disait-il, mais je ne suis pas condamné à marcher au supplice dans la compagnie de ce scélérat d'Orléans. » Il fallut employer la force pour jeter le serrurier dans le tombereau où était le prince qui s'était lui-même dégradé.

L'ancien maire de Paris, Bailly, s'était, dans les commencements, signalé par un enthousiasme irréfléchi pour la Révolution, et, témoin malheureux et muet de ses premiers excès, avait mérité, par une coupable condescendance envers l'anarchie, de devenir l'idole de la populace. Plus tard, il eut honte de sa faiblesse, refusa de se rendre complice du sang versé par d'ignobles assassins, et essaya de remplir avec énergie ses devoirs de magistrat, en résistant aux agitations fomentées par les ennemis de l'ordre. Dès lors, son nom fut pour eux aussi odieux qu'il avait été populaire, et Bailly se trouva désigné comme une des premières victimes de la démagogie triomphante. La multitude, qui l'avait si souvent encensé et enivré de ses adulations, convertit son supplice en une longue et horrible torture. Cet homme, dont l'âge, autant que la science et le caractère, commandait le respect, fut traîné, le corps seulement couvert d'une chemise, la tête nue et les mains liées, sous un ciel froid et pluvieux, à travers les quartiers les plus populeux de Paris. La lie de la populace, se ruant autour de lui, le couvrait d'injures, de boue et de mauvais traitements. Après une marche de deux heures, on arriva au lieu du supplice, où les avanies et les outrages se continuèrent, au milieu des rires et des applaudissements de la foule. Puis, sous prétexte que le lieu du supplice avait été mal choisi, on oblige les bourreaux à démonter l'échafaud pièce à pièce, et on charge des lourds madriers qui le composent les épaules du vieillard, qui succombe et reste évanoui sous le fardeau. On relève le malheureux au milieu de mille brutalités, on le pousse sur un tas d'immondices, où on le fait assister pendant une heure à la lente reconstruction de l'instrument de mort. Sa figure, couverte de sang, de fange et de crachats, était méconnaissable. Bailly, cependant, au milieu de cette passion, conservait toute sa sérénité et son impassible courage. *Tu trembles, Bailly?* lui dit un des assistants. *Oui, mon ami*, répondit-il, *mais c'est de froid*. Ce ne fut qu'au bout de cinq heures que la hache mit fin à ce supplice.

Paris n'était pas le seul théâtre sur lequel s'exerçât la fureur sanguinaire des révolutionnaires. Dans toutes les provinces, la Convention avait envoyé des commissaires choisis parmi ses membres les plus forcenés, et qui, traînant après eux la guillotine, organisaient partout la terreur et couvraient la France de deuil. Avant même la chute des Girondins, les habitants de Lyon, indignés du joug abrutissant sous lequel on voulait les courber, et préférant périr les armes à la main plutôt que de porter leurs têtes sur l'échafaud, levèrent l'étendard de la révolte et refusèrent de reconnaître le gouvernement de Robespierre et des Jacobins. Après une lutte héroïque, Lyon avait succombé, et les délégués de la Convention étaient entrés dans la ville, pour accomplir leur mission de vengeance. La plus grande partie des défenseurs de Lyon avaient péri. Tous ceux qui avaient pris une part plus ou moins active à l'insurrection s'étaient enfuis, et le départ de trente mille citoyens avait fait de la seconde cité de la république une sorte de nécropole lugubre. Il fallait cependant trouver des victimes. Une armée révolutionnaire, composée de l'écume de la population, se répandit sur les six départements voisins de Lyon, et y multiplia, dans toutes les classes, les arrestations et les spoliations. En peu de jours, des milliers de malheureux, propriétaires, négociants, cultivateurs, encombrèrent tous les édifices publics de Lyon, transformés en autant de prisons. A mesure que de nouveaux convois de détenus se présentaient, on leur faisait place en envoyant au supplice les premiers arrivés, et ces entrepôts de la mort se remplissaient aussi promptement que le bourreau les vidait.

Comme on ne pouvait trouver dans Lyon des hommes en assez grand nombre et assez dégradés pour servir les vengeances de la Convention, Collot d'Herbois, ancien comédien, qui présidait aux exécutions, fit venir de Paris une bande de scélérats aguerris par les assassinats de septembre, et dont la férocité ne reculait devant aucune barbarie. Cette horde, incapable d'aucun sentiment d'humanité, et qui ne trouvait de satisfaction que dans le spectacle du sang versé, à son arrivée à Lyon, promena triomphalement la guillotine dans toutes les rues, en la faisant suivre de la croix et des autres signes du christianisme arrachés des églises ; on fit boire de vils animaux dans les vases sa-

crés, on foula aux pieds les hosties, et, après mille autres
profanations, tous ces objets furent jetés dans les flammes.
Collot d'Herbois et son collègue Fouché, dans une instruction adressée à leurs agents, leur traçaient ainsi leurs devoirs et leur but : « Tout est permis à ceux qui agissent dans
le sens de la Révolution. Le désir d'une vengeance légitime
devient un besoin impérieux. Il faut que tous ceux qui ont
concouru directement ou indirectement à la rébellion portent leur tête sur l'échafaud. Si vous êtes patriotes, vous
saurez distinguer vos amis : vous séquestrerez tous les autres. Qu'aucune considération ne vous arrête : ni l'âge, ni
le sexe, ni la parenté. Il y a des gens qui ont des amas de
draps, de linge, de chemises, de souliers ; requérez tout
cela. De quel droit un homme garderait-il dans ses ar-
moires des meubles ou des vêtements superflus ? Que l'or
et l'argent et tous les métaux précieux s'écoulent dans le
trésor national. Extirpez les cultes ; le républicain n'a
d'autre Dieu que sa patrie. Aidez-nous à frapper de grands
coups, ou nous vous frapperons vous-mêmes. »

Les agents de la Terreur suivirent fidèlement ces instructions sanguinaires. On organisa sur une large échelle les
confiscations et les délations, et on promit un salaire pour
chaque dénonciation qui devait procurer une victime à l'é-
chafaud. Chose triste à dire, et qui prouve à quel point de
dégradation les idées révolutionnaires avaient fait des-
cendre les consciences : une foule d'individus vivaient de ce
honteux trafic. A mesure que les cachots se remplissaient,
les bourreaux se hâtaient de s'emparer de leur proie et de
mériter, par leur empressement, les éloges des commissaires de la Convention. Le premier jour, dix membres de
la municipalité de Lyon furent envoyés à l'échafaud dressé
en permanence sur la place de l'Hôtel-de-Ville. En même
temps, on commença la démolition des maisons et des quar-

tiers habités par les ennemis de la révolution, en sorte que cette grande ville ne présenta bientôt plus qu'un vaste monceau de ruines. Bientôt, les exécutions sanglantes se multiplièrent avec les débris. Elles devinrent si nombreuses que l'air respiré dans le centre de la ville venant à se corrompre, l'on fut obligé de transporter dans un autre lieu l'instrument du supplice, afin que le sang des malheureux, s'écoulant dans le Rhône, cessât de séjourner sur la place publique, où il se transformait en mares pestilentielles. Les blanchisseuses du fleuve se virent obligées de changer l'emplacement de leurs lavoirs, pour ne pas tremper leur linge et leurs mains dans cette eau mélangée de sang. Un peu plus tard, le transport des restes des condamnés paraissant trop onéreux, on plaça la guillotine sur un pont, en sorte qu'après l'exécution, les corps étaient immédiatement jetés dans le courant, où les mariniers et les pêcheurs retrouvaient sans cesse ces débris humains. Laissons parler un historien de la Révolution :

« Ces suppliciés, dit-il, étaient presque tous la fleur de la jeunesse de Lyon et des contrées voisines. Leur âge était leur crime. Il les rendait suspects d'avoir combattu. Ils marchaient à la mort avec l'élan de la jeunesse, comme ils auraient marché au combat. Dans les prisons comme dans les bivouacs, la veille des batailles, ils n'avaient qu'une poignée de paille par homme, pour reposer leurs membres sur la dalle des cachots. Le danger de se compromettre en s'intéressant à leur sort et de mourir avec eux n'intimidait pas la tendresse de leurs parents, de leurs amis, de leurs serviteurs. Nuit et jour, des attroupements de femmes, de mères, de sœurs, rôdaient autour des prisons. L'or et les larmes qui coulaient dans les mains des geôliers arrachaient des entrevues, des entretiens, des adieux suprêmes. Les évasions étaient fréquentes. La religion et la cha-

rité, si actives et si courageuses à Lyon, ne reculaient ni
devant la suspicion ni devant le dégoût, pour pénétrer
dans ces souterrains et pour y soigner les malades, y nourrir les affamés, y consoler les mourants. Des femmes pieu-
ses achetaient des administrateurs et des geôliers la permission de se faire les servantes des cachots. Elles y portaient
les messages, elles y introduisaient des prêtres pour consoler les âmes et sanctifier le martyre. Elles purifiaient les
dortoirs, balayaient les salles, nettoyaient les vêtements
de la vermine, ensevelissaient les cadavres; providences
visibles qui s'interposaient jusqu'à la dernière heure
entre l'âme des prisonniers et la mort. Plus de six mille
détenus séjournaient, à la fois, dans ces entrepôts de la
guillotine.

» Là s'engloutit toute une génération. Là se rencontrèrent
tous les hommes de condition, de naissance, de fortune,
d'opinions différentes, qui, depuis la Révolution, avaient
embrassé des partis opposés, et que le soulèvement commun
contre l'oppression réunissait, à la fin, dans le même
crime et dans la même mort. Clergé, noblesse, bourgeoisie,
commerce, peuple, tout s'y confondit. Nul citoyen contre
qui put s'élever un délateur, un envieux, un ennemi, n'é-
chappa à la captivité. Peu de captifs échappèrent à la mort.
Tout ce qui avait un nom, une fortune, une profession, une
fabrique, une maison de ville ou de campagne, était arrêté,
accusé, condamné, exécuté d'avance dans la pensée des proconsuls et de leurs pourvoyeurs. L'élite d'une capitale et de
plusieurs provinces s'écoula par ces prisons et par ces échafauds. La ville et la campagne semblaient décimées. Le séquestre était posé sur des milliers de propriétés. Les scellés
muraient les portes et les fenêtres. Les pestes antiques du
moyen-âge n'avaient pas plus assombri l'aspect d'une province. On ne rencontrait sur les routes de Lyon aux villes

voisines, et jusque dans les chemins des villages et des hameaux, que des détachements de l'armée révolutionnaire,
forçant les portes au nom de la loi, visitant les caves, les
greniers, la litière même du bétail, sondant les murs avec
la crosse de leurs fusils, ou ramenant, enchaînés deux à
deux, sur des charrettes, des fugitifs arrachés à leurs retraites, et suivis de leur famille en pleurs. »

Les exécutions n'avaient d'autres limites que les dimen-
sions de la salle où se tenait le tribunal et la fatigue du
bourreau. Grâce à une épouvantable activité, on en était
venu à décapiter chaque jour soixante ou quatre-vingts
détenus, qui, le matin, sur l'appel du greffier, s'arrachaient
des bras de leurs compagnons d'infortune, pour les devancer à la mort. Toutefois, comme la guillotine ne procédait
que trop lentement au gré des commissaires, ils songèrent
à la remplacer par des massacres en masse, en supprimant
la formalité inutile d'un jugement. Plus de soixante jeunes
gens extraits des prisons furent conduits dans un espace
préparé pour cette atroce exécution, et entassés au bord
d'un fossé où leurs corps mutilés devaient être jetés. A un
signal donné, des pièces de canon placées devant eux vo-
mirent le carnage et la mort dans leurs rangs. Cependant le
résultat trompa l'attente des Conventionnels, qui assistaient
à cette scène, entourés de leurs affidés, comme à une fête.
Un grand nombre de victimes, épargnées par le canon, ou
seulement blessées, font entendre, soit des cris d'angoisse,
soit des chants patriotiques, par lesquels ils défient la rage
de leurs bourreaux. Ce n'est que par de nouvelles décharges et à l'aide du sabre qu'on acheva cette boucherie,
qui ne dura pas moins de deux heures. Cet essai fut le prélude d'autres exécutions du même genre, à l'aide desquelles
on se hâtait de vider les prisons, sans examen et sans jugement. Un jour, il se trouva dans le cortége des con-

damnés un individu en sus du nombre désigné. L'officier qui conduisait le convoi s'arrêtait indécis, dans la crainte de confondre, dans le supplice, quelque Jacobin compris par erreur au nombre des suspects. En effet, parmi les deux cents malheureux condamnés ce jour-là, plusieurs réclamations désespérées se faisaient entendre, et jetaient la confusion dans l'esprit des commissaires. Mais, d'un autre côté, un nouvel examen aurait retardé le supplice, et la populace demandait à grands cris le sang des victimes. Collot d'Herbois se hâta de lever les scrupules de ses collègues : « Qu'importe un de plus, dit-il? Un de plus vaut mieux qu'un de moins. » Le convoi se remit en marche, nonobstant les cris et les protestations de l'individu victime de l'erreur, et qui était connu par l'exaltation de ses idées démagogiques.

Les mêmes exécutions, les mêmes atrocités se commettaient dans toutes les localités voisines de Lyon et occupées par l'armée révolutionnaire. Dans chaque bourg on montre encore aujourd'hui l'emplacement où se passaient ces scènes de carnage, auxquelles la lassitude des bourreaux et le dégoût des soldats purent seuls mettre fin. A Toulon, elles se produisirent en quelque sorte jusqu'à l'extermination de la population entière. C'était par troupe de deux cents que les habitants de cette petite ville étaient conduits dans le lieu où la mitraille devait les égorger en masse. Un jour que le canon en avait épargné quelques-uns, on leur cria : *Que ceux qui ne sont pas morts se relèvent ; la république leur pardonne.* Ils se relevèrent, et furent aussitôt égorgés sur les cadavres de leurs compagnons.

Depuis longtemps, les Conventionnels ne s'occupaient du culte que pour proscrire et envoyer à la mort les prêtres restés fidèles à leur foi. Dans un grand nombre de localités, tout culte public était aboli ; dans les autres, les prêtres constitutionnels, également méprisés des différents partis, continuaient d'accomplir quelques cérémonies religieuses au milieu de l'indifférence et du délaissement universels. Mais, à mesure que les hommes investis du pouvoir devenaient plus pervers, ils se montraient de plus en plus hostiles à tout ce qui rappelait les formes de l'ancien culte et plus enclins à détruire le simulacre qui en restait. Dans leurs discours, dans leurs assemblées, dans leurs écrits, ils ne rougissaient pas de nier la Divinité et de se proclamer les adeptes d'un matérialisme grossier, dernier refuge que se réservaient leurs consciences criminelles. Afin de s'autoriser dans leurs doctrines par le scandale d'une solennelle apostasie, ils persuadèrent à l'évêque constitutionnel de Paris, suivi d'une partie de son clergé, de venir, au sein de la Convention, renoncer à ses fonctions pastorales, pour professer uniquement le culte de l'égalité. D'autres prêtres, entraînés par cette triste scène, et plus encore par la crainte d'affronter l'impopularité attachée à leur état, se hâtèrent de renoncer à leur caractère et de renier les dogmes qu'ils avaient professés toute leur vie. En même temps, la faction athée dont Chaumette et Hébert étaient les instigateurs les plus connus, encourageait partout la dévastation des églises et la destruction des objets du culte catholique. Partout, les livres saints, les statues, les reliques, étaient jetés à la voirie ou livrés aux flammes.

Les églises élevées en si grand nombre par la piété de nos pères se convertissaient en arsenaux, en écuries, en magasins, ou, vendues à vil prix aux acquéreurs de biens nationaux, avaient peine à trouver une destination nouvelle. La plupart de ces églises étaient pourvues de magnifiques sonneries, dont les fidèles aimaient, dans les jours de fêtes, à entendre la voix solennelle et grave. Les révolutionnaires s'en emparèrent, pour fondre les cloches et les convertir en monnaie de billon ou en canons. Les vases sacrés, les reliquaires, les objets précieux consacrés au culte, passaient entre leurs mains et y restaient le plus souvent ; car, sur une valeur de 800 millions environ enlevée des édifices religieux, à peine 200 furent versés dans le Trésor public. Le reste devint la proie des spoliateurs, des commissaires, des agents de toute sorte, et se dissipa en dilapidations et dans des orgies où les ornements sacrés ne manquaient pas de figurer. Souvent, des bandes d'histrions qui s'en étaient couverts parcouraient les rues des villes, et, dans leurs ignobles saturnales, promenaient aux regards des fidèles indignés et tremblants, les vêtements sacerdotaux arrachés du sanctuaire. Ils n'eurent pas honte d'aller, dans cet affublement sacrilège, se présenter à la Convention, qui applaudit à leur patriotisme *éclairé* et décréta l'impression des cérémonies de cette journée, pour en envoyer le récit aux départements.

Ainsi, la faction des Jacobins ne se bornait pas à poursuivre la vertu et le vrai patriotisme, partout où ils se trouvaient : elle s'était attaquée à Dieu même et avait entrepris d'en détruire le culte avec l'idée. Dans certains départements, les administrateurs interdirent aux instituteurs de prononcer devant les enfants le nom de Dieu, qu'ils voulaient, en quelque sorte, effacer de la langue. Pour faire abandonner plus sûrement l'ancien culte, on résolut de lui en substituer un nouveau. On supposait que, dans l'ancienne religion, le peuple était entraîné surtout par les cérémonies et les pompes, et on espéra la lui faire oublier par des solennités païennes et des fêtes toutes théâtrales. L'inauguration du nouveau culte eut lieu le 9 novembre, devant la Convention, où Chaumette, escorté d'une foule nombreuse, amena une courtisane, vêtue des attributs des divinités païennes, et lui adressa des hommages auxquels les représentants furent assez vils pour se joindre. Plusieurs d'entre eux se mêlèrent même aux danses qui s'exécutèrent dans le sein de la représentation nationale, au son des hymnes patriotiques répétés par les adorateurs de la nouvelle idole. L'Assemblée, après s'être unie à cette parodie, ne recula devant aucune turpitude, et décréta qu'une fête en l'honneur de la Raison serait célébrée dans la cathédrale de Paris. Au jour marqué pour cette solennité impie, Chaumette, qui jouait le rôle de grand-prêtre de la Raison, suivi d'un cortége nombreux formé par les sociétés populaires, les comités révolutionnaires, des troupes de comédiens commandés pour cette cérémonie, conduisit une fille de théâtre jusqu'à l'autel, où elle devait recevoir les adorations des fidèles. Une prostituée ne craignit pas de s'asseoir à l'endroit occupé naguère par les saints tabernacles, et de recevoir l'encens que Chaumette brûlait devant elle, tandis que des chœurs de jeunes filles exécutaient, dans les nefs du vieil édifice catholique, des processions allégoriques. En même temps, Chaumette foulait aux pieds les statues renversées de la Vierge et des saints, les défiant de reprendre la place dont elles venaient d'être chassées. La fête ne fut accomplie que lorsque tous les genres de profanations eurent été épuisés. Sous l'impulsion des commissaires de la Convention, le nouveau culte se répandit dans tous les départements, et envahit les églises, où accourait la lie des populations. Dans ces temples, où les images des saints de l'ancienne religion avaient été mutilées et brisées, on voyait des femmes sans pudeur s'offrir aux regards et aux hommages d'une foule qui venait se reposer là des émotions de l'échafaud. Parfois, les agents de la Convention, ne trouvant aucune courtisane qui consentît à remplir ce rôle odieux, forçaient, avec des menaces de mort, les femmes et les filles d'hommes honorables à se prêter à ces scènes sacriléges. Il y en eut qui moururent de honte et de désespoir, après avoir comparu dans ces scandaleuses exhibitions. Les familles étaient parfois obligées de cacher leurs enfants pour les soustraire aux exigences impies des hommes qui disposaient alors de l'honneur comme de la vie des citoyens asservis.

XI.

La Vendée; succès prodigieux des royalistes.

Portons nos regards vers des tableaux plus dignes de les fixer. La France tout entière n'était pas courbée sous le joug avilissant de la Convention. Un despotisme si barbare, tant de honte imprimée sur le front de la nation, soulevait, malgré la Terreur et les armées révolutionnaires, des protestations glorieuses et d'héroïques résistances. Même dans les départements où les autorités révolutionnaires étaient reconnues et les décrets de l'Assemblée promulgués, des hameaux isolés, quelquefois des communes entières, réussissaient à en éviter l'application et à trouver, à l'abri de leurs montagnes et de leurs forêts, une ombre de liberté et de paix. Là, les prêtres persécutés rencontraient un refuge, et, protégés par des populations restées fidèles, exerçaient de maison en maison un ministère souvent

16

troublé par les perquisitions et les dangers de toute nature. C'est dans ces localités, dans le sein de ces familles étrangères aux passions de la Révolution et blessées des excès commis en son nom, que des proscrits, de malheureux fugitifs, des hommes, et quelquefois des femmes, poursuivis par les lois de la Terreur, venaient chercher une asile d'une nuit, un repos de quelques instants, la faveur d'un déguisement à l'aide duquel ils pussent tromper les jalouses embûches des agents de la tyrannie, attendre des temps moins mauvais ou gagner le sol étranger. Ces actes de dévouement, qui n'étaient pas rares, surtout dans les départements voisins des frontières, favorisèrent la fuite d'un grand nombre de proscrits. Les enfants, souvent même les animaux domestiques, étaient dressés à conduire les fugitifs dans les forêts, dans des ravins inaccessibles, dans des sentiers inconnus, où ils devaient trouver le salut. Parfois de simples cultivateurs étaient victimes de leur généreuse intervention, et montaient sur l'échafaud avec les hôtes qu'ils avaient voulu y soustraire. Car la Révolution ne pardonnait ni à la pitié ni au dévouement, et frappait de la même hache ses ennemis et ceux qui cherchaient à les dérober à son implacable vengeance.

Mais la résistance à l'oppression prit des proportions plus vastes dans les départements de l'Ouest. Les populations de ces contrées avaient vu sans entraînement l'explosion des idées nouvelles, et se demandaient quels bienfaits leur avait apportés cette Révolution, si féconde en promesses et si stérile en avantages réels. Depuis longtemps ils vivaient dans une sorte d'égalité bienveillante et cordiale avec les nobles de ce pays, partageant avec eux les rudes plaisirs de la chasse, les fatigues de la guerre, et souvent les travaux rustiques de la campagne. Les paysans, qui n'aspiraient point à régler les affaires du gouvernement et à remplir les hautes fonctions de l'Etat, comprenaient bien que l'agitation soulevée contre les nobles n'aurait pour effet que de substituer de nouvelles influences aux anciennes, et n'étaient point enivrés par les idées de cette égalité brutale dont on s'efforçait de passer le niveau sur la France, au profit de certaines ambitions inquiètes et jalouses; et quand ils voyaient ces autorités nouvelles, ces agents agressifs et tyranniques de la Convention, venir inonder leurs campagnes, « Nous avions de bons nobles, disaient-ils, pourquoi veut-on, en les tuant, en faire d'autres? Il n'y en a pas besoin. Nous ne pouvons que perdre au change. »

Les promesses de souveraineté et d'indépendance à l'aide desquelles on fascinait l'esprit du peuple leur semblaient à bien plus forte raison une sorte de dérision amère. Ils n'eussent demandé à la Révolution que la somme de liberté dont ils jouissaient avant elle, et, sous ce rapport, la plupart des nobles du pays avaient suivi, avec plus d'entraînement que les populations rurales, le mouvement des esprits vers les institutions nouvelles. Plusieurs avaient pris place dans cette imprudente fraction de la noblesse qui, tout en conservant envers la monarchie d'honorables sentiments de fidélité, croyait qu'il était de l'intérêt de la France de rompre brusquement avec son passé, pour se reconstituer sur des bases imaginées par les publicistes du xviiie siècle, et étrangères à ses mœurs et à ses traditions. Cette refonte totale des institutions pouvait, en effet, satisfaire l'ambition des hommes qui, longtemps éloignés des emplois publics et de la scène politique, croyaient être amenés à y figurer par leurs lumières et leur éducation, et c'est pourquoi la bourgeoisie presque tout entière se prononçait pour le développement outré des principes de la Révolution. Mais il n'en était pas de même du peuple. Lorsque les réformes dont le besoin se faisait sentir dans l'administration eurent été obtenues, il se demanda quel était l'avantage de cette reconstitution sociale dont il ne devait point recueillir le fruit, et de ces prétendues libertés qui lui paraissaient être de véritables servitudes. Au lieu du gouvernement paternel et à peine senti qui le régissait depuis des siècles, il voyait tout à coup des maîtres nouveaux surgissant de toutes parts, et faisant exécuter avec dureté et avec un insupportable orgueil les mesures les plus arbitraires du pouvoir. Inviolablement attachées à leurs croyances religieuses, les populations de l'Ouest avaient vu surtout avec un mécontentement profond ces décrets de persécution lancés contre les prêtres qui avaient leur confiance, décrets rendus plus odieux par la manière dont ils étaient exécutés. Aussi, les habitants de la Vendée et de la Bretagne étaient-ils généralement séparés des prêtres constitutionnels, qui, protégés par les autorités établies, possédaient les édifices religieux et y exerçaient le culte schismatique dans l'isolement et au milieu des répulsions universelles. Au contraire, toutes les maisons étaient ouvertes aux prêtres non assermentés, qui allaient de l'une à l'autre célébrer les saints mystères, accueillis par des sympathies rendues plus ardentes par les obstacles et la persécution. Lorsque les perquisitions des révolutionnaires devinrent plus rigoureuses, quand les fouilles multipliées des agents républicains n'épargnèrent ni les châteaux, ni les plus humbles chaumières, les populations suivirent leurs pasteurs dans les bois et dans les lieux déserts, où, à la faveur de la nuit, on se livrait à l'exercice d'un culte proscrit, et d'autant plus cher à ces cœurs simples et croyants.

Aux persécutions dirigées contre les ministres de la religion, s'étaient jointes beaucoup d'autres mesures de nature à exciter au plus haut degré le mécontentement et l'exaspération des habitants de ces départements. Les réquisitions forcées, les désordres, les crises agricoles, l'absence du numéraire, le papier-monnaie, formaient le cortége de vexations et de calamités au milieu duquel apparaissait à leurs yeux l'image de la Révolution. Avant l'explosion de 1793, ces mécontentements s'étaient révélés par plusieurs soulèvements partiels, qui, mal dirigés et dépourvus de tout concert, se dissipèrent promptement, à l'approche des forces envoyées par le gouvernement. Ces premiers et faciles succès faisaient supposer aux révolutionnaires qu'ils triompheraient aisément de tous les soulèvements, et que le pays ne renfermait pas d'éléments de résistance assez nombreux et assez résolus pour inspirer de sérieuses alarmes à la république.

Sur ces entrefaites, le meurtre de Louis XVI, accompli dans les premiers jours de 1793, acheva d'exaspérer les esprits, déjà aigris par deux années du régime révolutionnaire et par l'agitation qui en était le résultat inévitable. Dès lors on résolut de ne point suivre, ni activement ni par une obéissance passive et lâche, les tyrans de la Convention dans la voie de sang et de honte où ils cherchaient à entraîner la France, et de se soustraire par tous les moyens à un joug indigne de tout homme ayant conservé quelque sentiment de fierté et d'indépendance. Le décret par lequel on ordonnait une levée de 300,000 hommes en offrit bientôt l'occasion naturelle. Les habitants des provinces de l'Ouest avaient de tout temps noblement prodigué leur sang sur les champs de bataille, et les armées françaises, comme les flottes royales, les avaient comptés au nombre de leurs plus valeureux soldats, toutes les fois qu'il s'était agi de défendre le sol ou l'honneur de la nation. Mais lorsqu'à son tour la république les appela aux armes, ils se refusèrent avec énergie à servir la cause des tyrans du jour, et se dirent que, guerre pour guerre, ils préféraient combattre pour leur liberté et dans le sein de leurs foyers, qu'en faveur des ennemis de leur roi et de leur Dieu. « Nous aimons mieux, disaient-ils, mourir en Vendée, que d'aller défendre les assassins du roi et les acquéreurs de biens nationaux. »

Dans la plupart des districts, les jeunes gens appelés à former le contingent de la nouvelle levée se préparèrent à résister au décret qui les envoyait à la frontière. L'autorité, instruite de cette agitation, avait pris des mesures menaçantes, à l'aide desquelles elle espérait venir aisément à bout de l'opposition de quelques paysans sans organisation et sans chefs. Dans le district de Saint-Florent notamment, où l'esprit de résistance paraissait plus ardent, on crut devoir le dompter par un grand déploiement de forces, et on pointa une pièce de canon chargée à mitraille devant le lieu où devait s'opérer le tirage. Les jeunes gens venus en grand nombre, accompagnés de leurs proches, furent moins effrayés qu'exaspérés de ce spectacle. Une harangue provocatrice qui leur est adressée ne fait que les irriter davantage. Comme leur attitude devenait de plus en plus hostile, on tira sur eux la pièce de canon, qui n'atteignit personne. Aussitôt les jeunes gens, armés de bâtons, s'élancent sur elle, s'en emparent, dispersent le détachement qui l'accompagne et les autorités venues pour le recrutement. Maîtres du district, ils se bornent à en brûler les papiers, et, après avoir poussé des cris de triomphe autour de ce feu de joie, ils se séparent sans s'inquiéter des suites de cette affaire.

Alors vivait au village du Pin-en-Mauges, un homme âgé de 35 ans, nommé Jacques Cathelineau, nourrissant péniblement de son travail sa nombreuse famille. Plein de vifs sentiments de religion, toujours prêt à rendre service à ceux

qui réclamaient son assistance, il était entouré de l'estime et
de la confiance universelles. Il était occupé à préparer le pain
de ses enfants lorsqu'il vit revenir quelques-uns des jeunes
gens appelés à Saint-Florent, racontant avec enthousiasme
ce qui s'y était passé. « Ces jeunes gens sont perdus, dit Cathelineau à sa femme ; demain on viendra les prendre et les
arrêter. — Que faire donc, lui répond-elle. — Il faut les sauver, reprend Cathelineau. — Mais toi, mais ta famille, tu vas
tout perdre ; cette affaire ne te regarde pas, reste tranquille !
— Que je voie de sang-froid l'arrestation de ces jeunes
gens et le désespoir de leurs familles ! c'est impossible.
Aussi bien, de toute manière, le pays va être écrasé par la
république. Nous n'avons qu'un moyen de salut : c'est de
nous soulever tous et de commencer la guerre. » Aussitôt
il harangue avec chaleur les habitants de la localité. Vingt-
sept sur-le-champ le reconnaissent pour chef et le suivent.
Il part avec ces braves, et deux mois après Cathelineau
commandait à cinquante mille hommes.

Le tocsin sonné dans les paroisses voisines du Pin-en-
Mauges amena autour de lui une foule de volontaires. Lorsqu'il en eut réuni deux cents, à peine armés de fourches et
de bâtons, il résolut d'aller attaquer le château de Jallais,
où un détachement de garde nationale tenait garnison, soutenu par 150 hommes de ligne. A l'arrivée des Vendéens,
le commandant du poste fait tirer contre eux une pièce de
six chargée à mitraille. Les assaillants ne donnent pas aux
soldats le loisir de la recharger, s'élancent sur eux, enfon-
cent leurs rangs et se rendent maîtres du canon et de quelques fusils enlevés aux ennemis. Fier de cette conquête,
Cathelineau les conduit le lendemain contre le bourg de
Chemillé, défendu par 200 républicains, qui, surpris par
une attaque imprévue et irrésistible, n'ont pas même le
temps de tirer et se défendent à peine. Des fusils et des

munitions tombent au pouvoir des vainqueurs, dont les rangs se grossissent à chaque pas.

Le 11 mars, le jour même où Cathelineau commençait les hostilités, Stofflet, garde-chasse au château de Maulevrier, souleva les localités de ce district, et vint le rejoindre à la tête de 1,200 hommes. Forêt, l'un des principaux instigateurs de la résistance à Saint-Florent, lui amena également un précieux renfort. Le lendemain du jour du tirage, Forêt aperçoit les gendarmes qui viennent l'arrêter. Il fait feu sur eux, en tue un, met les autres en fuite et va sonner le tocsin pour rassembler les habitants, auxquels il prêche la révolte, devenue désormais inévitable. Partout ses discours sont accueillis avec enthousiasme et amènent à la cause vendéenne de nombreux soutiens. D'ailleurs, dans presque tous les districts l'opération du recrutement avait rencontré d'insurmontables obstacles, et l'insurrection prenait des proportions formidables.

Dans le Bas-Poitou, en se rapprochant de la mer, le mouvement s'était produit déjà depuis quelque temps, et plusieurs corps conduits par différents chefs se tenaient en révolte permanente contre les lois de la république. Sentant le besoin de donner plus d'ensemble à leurs desseins et d'être dirigés par un général expérimenté, les paysans allèrent trouver le chevalier de Charette, ancien officier qui vivait paisiblement dans sa petite terre de Font-Claus, et lui proposèrent de se mettre à leur tête. Charette se défiait de l'enthousiasme de ces nouveaux soldats, et, ne supposant pas qu'ils pussent tenir tête aux troupes réglées qui allaient être lancées contre eux, refusa par deux fois de se rendre à leur demande. Les paysans, mécontents de ces refus, vinrent une troisième fois solliciter Charette, le menaçant de le tuer s'il ne consentait à les commander. — *Eh bien! répond celui-ci, vous m'y forcez; je marche à votre tête; mais je fais fusiller sur-le-champ le premier qui me désobéira.* Il devint l'un des chefs les plus actifs et les plus persévérants de cette glorieuse guerre.

Le nom de Henri de Larochejaquelein est, avec le sien, un de ceux qui s'y rendirent le plus illustres. C'était un jeune homme de vingt-un ans, doux, presque timide, et qui n'ambitionnait que le droit de se mêler en simple soldat à l'insurrection, lorsqu'elle viendrait à éclater. Il vivait dans le château de M. de Lescure, son parent, lorsqu'un paysan de son district y étant venu porter un message, lui donna des détails sur les premiers soulèvements tentés dans le pays. « On dit, monsieur Henri, ajouta-t-il, que vous irez dimanche tirer à la milice à Boismé : c'est-il bien possible, pendant que vos paysans se battent pour ne pas tirer? Venez avec nous, le pays vous désire et vous obéira. » Le jeune homme suivit le messager, et, passant par des chemins détournés afin d'éviter les bleus (c'est ainsi que les Vendéens nommaient les soldats de la république), il se trouva bientôt au milieu d'un rassemblement nombreux qui le reconnut pour chef. « Mes amis, dit-il, si mon père était ici, vous auriez confiance en lui. Pour moi, je ne suis qu'un enfant : mais par mon courage je me montrerai digne de vous commander. Si j'avance, suivez-moi; si je recule, tuez-moi ; si je meurs, vengez-moi. » De vives acclamations répondirent à ces paroles héroïques. Le nouveau général, qui commandait à sept ou huit cents hommes, n'avait ni armes, ni munitions; sa troupe ne comptait pas plus de deux cents fusils. La plupart n'étaient armés que de bâtons, de broches, de faux. Soixante livres de poudre découverte chez un maçon qui se l'était procurée pour faire sauter des rochers, furent pour lui un trésor. Néanmoins, à la tête de sa petite armée, il s'avança vers le village des Aubiez, que le général républicain Guétineau occupait.

Protégé par les buissons et les haies, il s'élança avec les meilleurs tireurs jusqu'au lieu où l'ennemi était rangé en bataille, et commença à le harceler par une fusillade meurtrière. Les républicains, lassés de ce combat contre des ennemis invisibles, quittèrent leur position pour se reformer dans un endroit découvert. *Les voilà qui s'enfuient*, s'écria Henri. A ces paroles, les paysans sautent par dessus les haies et se précipitent sur les bleus, au cri de *Vive le roi!* Ceux-ci, surpris d'une attaque si subite, se rompent et s'enfuient. Deux pièces de canon demeurèrent entre les mains des vainqueurs.

Dans le département de la Vendée, les succès des royalistes n'avaient pas été moins prompts. De nombreux rassemblements, formés par des chefs dévoués et énergiques, avaient chassé de tous les bourgs les garnisons républicaines, et purgé le pays des agents de la Convention. En peu de jours, sans complot prémédité, sans concert préalable, les habitants s'insurgent contre les décrets de la Révolution, le tocsin sonne, les nobles arrachés de leurs châteaux sont mis à la tête du mouvement, les armées sont formées, les généraux sont improvisés, la Vendée est debout.

Ce premier théâtre de la guerre vendéenne s'étendait sur quatre départements. Celui de la Vendée presque tout entier appartenait à l'insurrection, qui s'étendait au Midi jusqu'aux environs de Luçon et des Sables d'Olonne. Elle couvrait, en outre, la partie du département de la Loire-Inférieure située au sud de la Loire, et s'étendait à l'Est, dans ceux de Maine-et-Loire et des Deux-Sèvres, jusque vers Vihiers et Thouars. L'ensemble du territoire insurgé formerait la surface de deux départements environ. Du côté de l'Est, il est couvert de collines boisées et coupé de ravins qui en rendent l'occupation difficile par une armée régulière. Chaque champ, dans cette contrée où la propriété est très divisée, est entouré de haies vives qu'un développement séculaire a rendues impénétrables. Plantées sur des parapets en terre, autour desquels circulent une multitude de sentiers, elles forment un labyrinthe où les gens du pays eux-mêmes ont peine quelquefois à se reconnaître. L'aspect boisé de la contrée a fait donner à cette partie de la Vendée le nom de Bocage. C'est protégés par ces haies et ces obstacles de toute nature, que les Vendéens ne craignaient pas d'attaquer des forces souvent beaucoup plus considérables que les leurs, et parvenaient à en triompher. S'ils étaient vainqueurs, c'en était fait de l'armée ennemie, dont les débris divisés s'égaraient dans un dédale de chemins où les habitants du sol réussissaient aisément à les surprendre et à les détruire. Si ces derniers étaient défaits, ils étaient loin, pour cela, d'être anéantis. Ils se dispersaient devant les vainqueurs, et leur échappaient ordinairement pour se retrouver dans l'endroit où ils étaient convenus de se reformer pour reprendre l'offensive. En se rapprochant de la mer, la contrée prend un autre aspect, qui n'était guère plus favorable aux tentatives d'une armée d'invasion. Le pays, qui, à raison des eaux dont il est traversé, prend le nom de *Marais*, devient entièrement plat et se trouve coupé par une multitude de canaux bordés de saules, que les habitants franchissent à l'aide de longues perches, ou qu'ils parcourent sur des yoles légères. Les ennemis, au contraire, se voyaient sans cesse arrêtés par ces canaux, qui devenaient pour eux des obstacles sérieux, soit qu'ils voulussent avancer, soit qu'ils fussent réduits à fuir. Les *Maréchins* partageaient les idées et les antipathies des habitants du Bocage à l'égard des innovations révolutionnaires. Ils avaient la même fierté, le même désintéressement, le même courage, et dans une guerre qui, pour eux, était presque constamment défensive, ils surent, pendant plus de deux ans, soustraire leur territoire à la domination du pouvoir républicain. Pajot, qui de marchand de poisson était devenu l'un de leurs chefs principaux, ne fut vaincu qu'à la suite d'un été dont la sécheresse enleva au pays sa défense naturelle.

Telle est la physionomie du territoire qu'on a appelé proprement du nom de Vendée. Au delà du Bocage et du Marais, les armées royalistes ont poussé souvent des excursions plus ou moins heureuses, mais l'insurrection ne s'est pas développée d'une manière générale et constante. Toutefois, elle a trouvé de nombreux auxiliaires dans plusieurs des départements situés au nord de la Loire, où elle a pris plus particulièrement le nom de *chouannerie*. La plus grande partie des populations de la Bretagne prit part à ce genre de guerre, qui s'est continué aussi longtemps que le régime républicain, et l'on peut dire que des départements presque entiers, tels que le Morbihan, où le célèbre Georges Cadoudal commandait en souverain, ne se sont jamais soumis aux lois de la république, qui faisait trembler tous les gouvernements de l'Europe.

Les Vendéens, en se soulevant, n'avaient pris avec eux des provisions que pour quelques jours. Ils avaient rempli leur principal but en chassant les républicains du pays. Le temps de Pâques approchant, ils se séparèrent pour regagner leurs familles et leurs églises. Le territoire insurgé parut à la surface aussi calme qu'avant la prise d'armes, et les généraux républicains purent le parcourir sans rencontrer de résistance derrière ces taillis et ces haies meurtrières devenues tout à coup silencieuses. Ils en profitèrent pour se ressaisir de quelques-uns des postes d'où ils avaient été chassés par les Vendéens.

Mais, dès le lendemain des fêtes de Pâques, Cathelineau et Stofflet reprirent les armes. Jean Brunet, en se portant au lieu du rendez-vous, suivi de quarante hommes seulement, rencontre une colonne de cinq cents républicains qu'on avait levés sur les pavés de Paris pour les envoyer combattre dans la Vendée. Il ne balance point à les attaquer, rassure sa troupe hésitante devant la disproportion des forces, et, quoique atteint de plusieurs coups, se précipite contre le feu, avec ses paysans, qui, en peu d'instants, mettent en fuite ces héros de la Bastille et des barricades. Cependant, Cathelineau, aussi modeste qu'il était intelligent, jugea qu'il était, avant tout, nécessaire de donner à l'armée des chefs instruits, et alla chercher dans leurs châteaux d'anciens officiers, tels que MM. d'Elbée et de Bonchamps, pour les mettre à la tête des forces réunies autour de lui. Le premier, homme d'un grand courage et d'une grande piété, ne tarda pas à acquérir la confiance des paysans. Bonchamps, chez qui l'on trouvait une rare intelligence militaire, se rendit cher aussi à l'armée par son caractère généreux et son humanité. Du reste, à cette époque, entre les chefs et l'armée vendéenne, il n'y avait aucune hiérarchie établie. Ils s'entendaient ensemble pour marcher au même but, et, guidés par un même sentiment, qui était l'amour de la religion, de la justice et d'une sage liberté, il n'y avait parmi eux ni vues d'ambition, ni désir de supériorité. Un esprit commun de désintéressement et de foi animait d'un même enthousiasme les généraux et les soldats de cette admirable armée. Au premier bruit des succès remportés par les paysans, les hommes de la Convention éclatèrent en fureur, et, impatients d'en finir promptement avec la Vendée, lancèrent sur elle cinq généraux pour l'envahir de toutes parts à la tête de plus de cinquante mille hommes. Le 11 avril, Cathelineau, Stofflet et d'Elbée s'avancèrent, à la tête des leurs, contre la principale masse des assaillants, qu'ils rencontrèrent près de

Chemillé. Elle était commandée par le général Berruyer, soumis lui-même à la direction d'un nommé Carra, ancien forçat que la Convention avait choisi pour surveiller les généraux et conduire les opérations des armées de l'Ouest. L'engagement entre les deux armées dura depuis le matin jusqu'au soir. Toutes les troupes qui n'étaient pas d'ancienne levée ne purent supporter le choc des Vendéens et abandonnèrent le champ de bataille. Les autres soutinrent longtemps le combat, que les Vendéens, après avoir épuisé leur faible provision de poudre, étaient obligés de poursuivre à la baïonnette contre des forces abondamment pourvues de toutes choses. Mais l'ardeur des soldats suppléait à tout. Les chefs, se précipitant dans le fort de la mêlée, se virent plus d'une fois au moment de succomber sous le nombre, et Cathelineau, entouré de bleus qui déjà levaient leurs sabres sur lui, allait périr lorsque quelques-uns des siens étant accourus, le dégagèrent à coups de baïonnettes et parvinrent à le sauver. Enfin, les républicains, ne pouvant prolonger la résistance, quittèrent le champ de bataille, poursuivis par les blancs, à qui le défaut de cavalerie ne permit pas de recueillir tous les fruits qu'ils devaient attendre de leur victoire.

Cependant, le succès n'avait procuré aux Vendéens qu'un petit nombre d'armes, et ils restaient totalement dépourvus de munitions. L'armée républicaine, renforcée par des troupes de ligne, s'avançait pour les cerner, et Bonchamps, assailli, d'un autre côté, par des troupes trois fois plus nombreuses que les siennes, avait été obligé de reculer, en abandonnant deux pièces de canon et en entraînant dans son mouvement le reste de l'armée. Elle s'était postée à Tiffanges, s'attendant à succomber sous le feu et la mitraille de l'ennemi. Chaque homme avait à peine un coup de fusil à tirer. Elle était dans cette position presque désespérée, lorsque Henri de Larochejaquelein, qui venait de remporter sa première victoire, vola à son secours, la pourvut des munitions qu'il avait conquises sur l'ennemi, et lui rendit l'enthousiasme et l'initiative. Au lieu d'attendre les bleus, on se porta au devant d'eux, on les chassa de position en position. Le général Ligonnier, après avoir perdu toute son artillerie, arriva presque seul à Doué, où il rassembla avec peine quelques débris de son armée. Les Vendéens, défaits de ce premier ennemi, marchent contre la colonne commandée par Gauvilliers, dont les exploits se bornaient à incendier les maisons, après les avoir pillées, et à ravager les propriétés. Exaspérés par ces excès, ils se jettent, sans tirer, sur les canons et sur les baïonnettes des bleus, mettent les uns en fuite et massacrent tout ce qui résiste. Gauvilliers, parti avec l'assurance de dompter l'insurrection, va rejoindre ses collègues, qu'il trouve, comme lui, sans armée et sans bagages. Les Vendéens, faisant preuve dans leur triomphe d'autant d'humanité que leurs ennemis montraient de férocité, renvoyèrent sans rançon à Saumur un grand nombre de gardes nationaux faits prisonniers, et que leurs familles désespéraient déjà de revoir.

L'armée, après avoir purgé de républicains les bords de la Loire, se tourna vers le Sud, où les révolutionnaires, n'ayant point d'ennemis à combattre, se livraient à d'indignes excès envers les habitants. Onze paysans, arrêtés comme suspects, avaient été conduits à Bressuire, et lâchement égorgés par les Marseillais venus de Paris dans l'espérance de retrouver en Vendée les massacres de septembre et les honteux lauriers des Tuileries. Mais les royalistes leur firent bientôt connaître qu'ils n'auraient point à faire à des hommes sans défense, et résignés à périr sans chercher seulement à vendre leur vie. Le 2 mai, les Vendéens attaquèrent et prirent d'assaut la ville d'Argenton, d'où ils s'avancèrent contre Bressuire. A leur approche, le général Guétineau, réunissant ses forces, se retire à Thouars, où il s'apprête à résister vigoureusement au choc des Vendéens. Ceux-ci s'avancent comme un torrent, en faisant insurger tout le pays qu'ils traversent. Ce fut alors que se joignit à eux Lescure, jeune homme dont la vertu égalait le courage, et qui, dès lors, devenu l'un des meilleurs capitaines de l'armée, ne cessa de la précéder au chemin du danger et de l'honneur.

Les Vendéens occupèrent Bressuire. Bien qu'ils eussent à venger dans cette ville des massacres exécutés lâchement, en deux occasions, sur leurs compatriotes désarmés ou inoffensifs, ils n'exercèrent aucunes représailles. Toutes les fois qu'ils entrèrent dans une ville neutre ou ennemie, ils s'abstinrent de ces actes de cruauté qui étaient entrés dans le système de guerre des républicains, et ne se vengèrent que par la modération, des incendies et des pillages dont ils avaient été victimes. En général, ils se bornaient à brûler les papiers des administrations et les arbres de liberté, et, sans lois ni règles disciplinaires, ils étaient, par le seul sentiment du devoir et de la grandeur de leur cause, maintenus dans un ordre qu'on eût en vain cherché dans l'armée la mieux organisée. Le vice et la débauche étaient inconnus parmi eux. L'ivresse de la victoire était leur seule joie. La continuité du péril et l'ardeur de leur foi étaient leurs seuls freins.

Laissant donc sur leur droite M. de Bonchamps avec dix mille hommes, ils s'avancèrent, au nombre de vingt-cinq mille combattants, contre Thouars, où Guétineau s'était concentré avec toutes ses forces, dans la persuasion qu'on n'oserait venir l'y attaquer. Tandis qu'il était abondamment pourvu d'armes et de munitions, l'armée des assaillants comptait à peine six mille fusils. Des faux retournées, des broches, des bâtons, formaient le reste de son armement. Quelques paysans montés sur des chevaux sans selles, ayant des cordes pour étriers, composaient la cavalerie. Les officiers ne se distinguaient des soldats ni par des insignes, ni par leur costume, et ne se reconnaissaient qu'à la confiance qu'inspirait leur courage. Mais un enthousiasme universel, une confiance sans bornes dans le succès, suppléait à ce qui manquait à l'armée du côté de l'organisation, et tandis qu'en faisant entendre des chants pieux, elle s'avançait avec un irrésistible élan vers une victoire certaine, les révolutionnaires, consternés et découragés, fuyaient de toutes parts, laissant entre les mains des vainqueurs les canons et les armes destinés à les combattre.

La ville de Thouars était défendue par un mur solide et entourée d'une rivière profonde, que les Vendéens devaient nécessairement franchir pour entrer dans la place. Ils dirigèrent leur attaque sur quatre points accessibles, où les différentes divisions de l'armée ennemie les attendaient. Larochejaquelein et Lescure, chargés d'emporter le pont de Vrine, arrivèrent les premiers en face de l'ennemi, et commencèrent une fusillade qui se continua pendant six heures, sans succès décisif. Enfin Lescure, lassé de cette résistance, s'élance seul sur le pont, un fusil à la main, criant aux paysans de le suivre. Aucun n'ose affronter la mitraille qui les foudroie; Lescure revient, les habits déchirés par les balles, les appelle, les exhorte et leur donne une seconde fois l'exemple, sans réussir davantage à les ébranler. Echappé par miracle aux coups dirigés sur lui, il revient encore et parvient à entraîner un paysan, auquel se joignent Larochejaquelein et Forêt, accourus sur le théâtre de cet acte d'audace héroïque. Tous quatre se précipitent, franchissent le pont et sautent le retranchement, tandis que les paysans, marchant sur leurs pas pour les secourir, forcent le passage et décident le succès.

En même temps, les autres corps parviennent à franchir la rivière. Guétineau, se concentrant sous les murs de Thouars, tente une résistance que la fougue des royalistes a bientôt vaincue. Les volontaires du Midi venus en Vendée pour prendre part à la guerre, refusent de céder, se forment en bataillon carré et périssent presque tous ; six seulement échappèrent à la mort. Les royalistes, voulant profiter de leur victoire, marchent à l'assaut de la ville, sans se donner le temps de battre en brèche le mur d'enceinte. Bravant la mousqueterie des bleus retranchés derrière le rempart, ils essaient à coups de piques de détacher les pierres du mur : travail lent, qui ne leur offrait que peu de chances de succès. Henri de Larochejaquelein, qu'aucun obstacle ne rebute, monte sur les épaules du paysan Texier, écarte les républicains à coups de fusil, se cramponne à la crète du rempart, en arrache les pierres, et pratique, au milieu d'une grêle de balles, un passage par lequel les blancs se précipitent comme un torrent. Presqu'en même temps les autres chefs forçaient la place sur d'autres points. Les habitants, consternés, se hâtèrent de demander une capitulation, que Cathelineau signa, quoique déjà il fût maître de la ville. Elle n'ajoutait rien aux garanties que donnaient à la population la modération et l'humanité ordinaires des soldats royalistes. En effet, leur premier soin fut de se précipiter dans les églises, pour sonner les cloches, en signe de joie, et pour rendre grâces à Dieu du succès. Plus tard, l'empereur Napoléon, parlant de cette victoire, rendit ce témoignage aux Vendéens, qu'aucun désordre ne la suivit, et qu'aucune vengeance ne fut exercée par les vainqueurs.

Le général Guétineau était tombé entre leurs mains avec

cinq mille prisonniers, auxquels ils rendirent la liberté. Plusieurs d'entre eux prirent place dans les rangs royalistes. Les autres reçurent des saufs-conduits à l'aide desquels ils purent retourner dans leurs foyers. Ces saufs-conduits, tombés entre les mains des agents de la Révolution, devinrent des titres contre ceux qui les avaient signés par humanité, et dont on fit incarcérer et mourir les parents, comme favorisant l'insurrection. De semblables traits de noirceur et de cruauté sont toute l'histoire des révolutionnaires de 93.

L'armée, après avoir passé deux jours à Thouars, se porta sur Parthenay et y entra sans résistance; de là, elle se dirigea vers la Châtaigneraie, où trois à quatre mille républicains, après un court combat, furent mis en pleine déroute et en grande partie faits prisonniers. Les royalistes, en entrant dans la ville, renversèrent la guillotine dressée sur la place et encore fumante du sang vendéen.

Cependant les paysans, voyant le territoire évacué par les bleus, éprouvaient le besoin, après une assez longue absence, de rentrer dans leurs villages, pour s'y ravitailler et raconter leurs exploits. Il en restait à peine dix mille sous les drapeaux lorsque Cathelineau, Larochejaquelein et Lescure s'avancèrent contre Fontenay, alors chef-lieu du département. Mais le général Chalbos, qui y commandait, ayant reçu un renfort de six mille hommes, soutint l'attaque avec des forces supérieures, de sorte qu'après avoir remporté quelque avantage, les Vendéens furent contraints à la retraite, qui se fit en bon ordre. A la nouvelle de cet échec, une ardeur nouvelle s'empare de tous les esprits. Cathelineau parcourt les campagnes, encourageant ses amis, entraînant les braves, relevant les pusillanimes, et cet homme, qui, au dire de Napoléon, ne laissait jamais reposer ni les vainqueurs ni les vaincus, se trouve, en peu de jours, à la tête de trente-cinq mille combattants résolus à vaincre. De son côté, M. de Bonchamps accourut à la tête de sa division, et, le 24 mai, les Vendéens se présentèrent de nouveau devant Fontenay, où Chalbos les attendait avec son armée et une artillerie nombreuse. Les blancs, pleins d'enthousiasme, marchaient avec confiance à la voix de leurs chefs. « Allons, mes enfants, disaient ceux-ci, il n'y a pas de poudre ; il faut encore prendre des canons avec des bâtons ; c'est à qui courra le mieux. » M. de Lescure, voyant ses soldats hésiter devant une batterie, s'avance seul à trente pas des canons et s'arrête en criant : *Vive le roi !* Un feu de mitraille dirigé sur lui perce ses habits en dix endroits sans le toucher. « Vous voyez, mes amis, crie-t-il aux siens, les bleus ne savent pas tirer. » Les Vendéens se précipitent en avant ; mais, rencontrant une croix sur leur chemin, ils se mettent à genoux, sous le feu des républicains. Un de leurs chefs veut les faire relever et marcher en avant : « Laissez-les prier, dit Lescure tranquillement, ils ne s'en battront que mieux. » Ils se relevèrent, en effet, prêts à triompher de tous les obstacles. En même temps, les autres corps, s'avançant avec une impétuosité irrésistible, mettaient en déroute tout ce qui se présentait devant eux. En peu d'instants, malgré la résistance des bleus, encouragés par la présence de sept membres de la Convention venus pour assister à la bataille, les républicains, refoulés de toutes parts, se jettent en désordre dans la ville, et les blancs y pénètrent après eux. Bonchamps, Lescure, Forêt, entrent les premiers, presque seuls, au milieu d'une foule de bleus, auxquels ils font mettre bas les armes. Un patriote qui se dit père de sept enfants se jette au devant de Bonchamps, implorant la liberté et la vie, qui lui sont accordées. Mais à peine s'est-il éloigné, que, remarquant l'isolement des chefs vendéens, il saisit un fusil et tire sur Bonchamps, qui est grièvement blessé. Sa vie eût été gravement compromise, ainsi que celle de ses compagnons, si les Vendéens, accourant en foule, n'eussent fait cesser toute résistance. Ils coururent droit aux prisons pour délivrer plus de deux cents des leurs, qui, tombés entre les mains des républicains, devaient être fusillés dès le lendemain. Les vainqueurs, au contraire, firent grâce à plus de trois mille prisonniers, et les renvoyèrent, la vie sauve, en se bornant à en exiger la promesse de ne plus porter les armes contre eux, et afin de les reconnaître, dans le cas où ils viendraient à y manquer, ils imaginèrent de leur couper les cheveux. Ils espéraient que la vue de ces hommes relâchés par eux rendrait un témoignage éclatant de leur modération et disposerait leurs ennemis à plus d'humanité. C'était s'abuser étrangement sur les sentiments des patriotes. Ceux-ci se vengèrent de leurs bienfaits par des cruautés nouvelles et par toutes les barbaries que put leur suggérer le fanatisme révolutionnaire dont ils étaient remplis ; la plupart des prisonniers renvoyés sur parole ne tardèrent pas à reprendre leur place dans les rangs de l'armée républicaine.

La victoire de Fontenay procura aux Vendéens quarante pièces de canon, avec une grande quantité de munitions et une caisse militaire bien garnie. Jamais ils ne s'étaient trouvés si riches et si bien pourvus de toutes choses. D'un autre côté, l'occupation d'un chef-lieu de département donnait à l'insurrection une consistance nouvelle, et pour imprimer aux mouvements des divers corps plus de régularité, on organisa un conseil d'administration supérieure, chargé de donner de l'unité aux opérations et de pourvoir aux besoins de l'armée. Après l'adoption de ces mesures, les chefs vendéens ayant appris qu'un rassemblement considérable se formait à Saumur, évacuèrent Fontenay, pour se porter vers les points menacés par les républicains. En effet, la Convention, de plus en plus effrayée des progrès de l'insurrection, avait eu recours aux mesures les plus énergiques, et des troupes nombreuses, accompagnées de canons, voyageant en poste et en bateaux, étaient venues en cinq jours de Paris à Saumur, d'où quarante mille hommes réunis étaient prêts à faire invasion dans le pays insurgé. Déjà les avant-postes républicains s'avançaient jusqu'à Vihiers. A cette nouvelle, les chefs royalistes se hâtèrent de se porter de ce côté, et Stofflet, attaquant le premier, commença à refouler les bleus sur leur centre d'opération. Lescure et Larochejaquelein s'avancèrent bientôt pour l'appuyer, avec une colonne de trois ou quatre mille hommes seulement. Mais, n'ayant pu être avertis d'un mouvement de retraite effectué par Stofflet, ils tombèrent dans une embuscade préparée par les républicains, qu'ils prirent pour leurs compagnons, et qui les accueillirent, à l'improviste, par un feu de mitraille formidable. Le cheval de Lescure est blessé, et les arbres qui l'entourent sont hachés par les projectiles. Mais les paysans, au lieu d'être intimidés, s'élancent en avant et assaillent avec furie les bleus, qui, effrayés de cette attaque, lorsqu'ils s'attendaient à une retraite, abandonnent leurs canons et s'enfuient en pleine déroute vers Doué.

Toute l'armée s'était réunie à Vihiers. Dès le lendemain, Cathelineau, toujours infatigable, court attaquer le général Ligonnier, qui l'attendait à Concourson, dans une position regardée comme inabordable. Mais, accompagné de M. Henri, Cathelineau attaque les avant-postes et les force à lâcher pied. Pendant un combat qui ne dura pas moins de six heures, il ne cesse de donner l'exemple du plus intrépide courage aux Vendéens, rebutés par les difficultés de l'attaque, et décide enfin la journée par une charge exécutée avec autant de hardiesse que d'habileté. Les bleus s'enfuirent en désordre, et les Vendéens occupèrent Doué. De là, on résolut de s'avancer vers Saumur ; mais, dans la prévision que la garnison de Thouars viendrait porter secours à celle de cette ville, on se porta vers Montreuil, afin de couper les communications entre ces deux places. Ce qu'on avait prévu arriva en effet. Le général Salomon, sachant Saumur menacé, accourut avec cinq ou six mille hommes, qui, s'avançant avec confiance, vinrent donner sur l'armée royaliste, campée à Montreuil. Le feu d'une batterie dirigée contre eux les fit bientôt apercevoir de leur erreur. Salomon, après avoir rallié les siens, les ramena à la charge, et un combat meurtrier à la baïonnette s'engagea dans les rues de Montreuil. Mais, attaqué en flanc par Cathelineau et Bonchamps, le général républicain fut bientôt contraint de se retirer presque seul, laissant sur le champ de bataille son armée avec tous ses bagages. Après avoir échappé aux poursuites des vainqueurs, en se cachant dans un fossé plein d'eau, il parvint à gagner Niort, où il se crut à peine en sûreté.

Toutefois, ce n'était pas de ce côté que se dirigeait l'armée vendéenne. Larochejaquelein avait commandé à quelques détachements de cavalerie de se porter sur la route de Saumur pour inquiéter les républicains, qu'on devait attaquer le lendemain. Mais les paysans se mirent à suivre en foule cette avant-garde, et en peu d'instants l'armée entière se trouva en route, aux cris de *Vive le roi ! Nous allons à Saumur !* de sorte que les chefs, ne pouvant arrêter cet entraînement, furent obligés de le suivre, et décidèrent l'attaque de la ville sans différer. Au surplus, rien n'était plus téméraire que cette entreprise. La place, défendue par l'armée républicaine tout entière, était protégée par des travaux de fortifications nouvellement construits et par un château qui tenait lieu de citadelle. Les rivières de la Loire et du Thoué l'entourent en outre de deux côtés. Enfin, les républicains, qui ne pouvaient tous se mouvoir dans la ville, avaient formé un camp dans les prairies voisines. Une armée aguerrie aurait eu peine à triompher de tant d'éléments de résistance, après un siége régulier. Le 10 juin au matin, les Vendéens, avec un élan qui ne calculait aucun danger, commencèrent le combat en laissant à peine le temps à leurs chefs de prendre quelques dispositions et de se partager les points d'attaque. Pendant que Cathelineau se porte contre le château avec Bonchamps, et que Henri de Larochejaquelein marche sur le camp, Lescure, à la tête des siens, se dispose à enlever le pont Fouchard, seul point accessible du côté du Thoué. Le pont était déjà passé malgré un feu croisé des plus meurtriers, lorsqu'une balle vint frapper Lescure au bras. Ses soldats, le voyant couvert de sang, commençaient à reculer. « *Ce n'est rien, mes amis*, leur crie-t-il, *je reste au feu.* » Il se fait à la hâte serrer le bras avec un mouchoir et essaie de les ramener. Mais les ennemis ayant vu le mouvement rétrograde, lancent sur eux un régiment de cuirassiers qui achèvent de précipiter la retraite des Vendéens, dont les balles glissent contre les cuirasses. Dommaigné, en voulant résister à la tête de la cavalerie, est tué d'un coup de feu et sa troupe culbutée. La déroute des royalistes allait devenir complète, lorsque deux caissons s'étant par hasard renversés sur le pont, arrêtèrent les cuirassiers et donnèrent aux Vendéens le temps de se reconnaître. Lescure les ramène aussitôt, leur fait passer les fusils à travers les roues des caissons et viser à la tête des cuirassiers, qui, décimés par ce feu, commencent à leur tour à plier. Quelques pièces d'artillerie, pointées contre eux, achevèrent de les refouler et rendirent l'avantage aux Vendéens.

Pendant ce temps-là, M. Henri s'était porté contre le

camp à la tête des siens, avait marché jusqu'au fossé, l'avait traversé et s'était trouvé au pied d'un retranchement protégé par une armée entière. Là, sans hésiter un instant, il avait jeté son chapeau par dessus le mur, en criant : « Qui va me le chercher? » Puis il s'était élancé le premier, suivi d'un grand nombre de paysans. Les bleus ne purent résister à tant d'impétuosité et se retirèrent en désordre dans la ville. Déjà, les républicains, repoussés de toutes parts, se jetaient vers la Loire au milieu d'une épouvantable confusion. M. Henri, ne voulant pas leur laisser le temps de se reconnaître, les poursuit, accompagné de M. de Baugé, seul et sans regarder s'il est suivi des siens. A la vue des deux Vendéens, un bataillon qui sortait du château jette ses armes avec épouvante et s'enfuit. Ces deux officiers, toujours seuls, pointent des canons abandonnés du côté où se précipitent les fuyards, afin de les empêcher de revenir, et se mettent à tirer sur eux. Il en périt un grand nombre au passage de la Loire.

Cependant l'armée vendéenne, victorieuse sur tous les points, était maîtresse de la ville de Saumur. Le château, où quatorze cents hommes étaient restés, capitula le lendemain. Quatre-vingts canons, cent mille fusils, dix mille prisonniers, d'abondantes ressources en tout genre, étaient tombés entre les mains des vainqueurs. Larochejaquelein, contemplant cet amas de trophées, était absorbé dans une sorte de rêverie profonde. « Nos succès me confondent, disait-il, mais tout vient de Dieu. »

En effet, rien n'était plus merveilleux qu'un tel triomphe pour qui avait vu les commencements de cette insurrection, entreprise par quelques paysans étrangers au métier de la guerre, forts seulement de leur foi et de leur courage, et vainqueurs aujourd'hui des armées devant lesquelles tremblait l'Europe. Leur victoire avait répandu dans les pays environnants une telle consternation , que les républicains n'osaient s'aventurer nulle part, et qu'il suffisait à quelques Vendéens de se montrer, pour faire vider les prisons et fuir les administrateurs républicains. Quatre d'entre eux, profitant de cet effroi universel, allèrent seuls à la Flèche, à dix lieues en avant de l'armée , brûlent l'arbre de liberté , se font livrer les écharpes des municipaux , les font marcher sur la cocarde , et, après avoir dîné, s'en vinrent rejoindre l'armée.

M. de Lescure, forcé de la quitter à cause de sa blessure, proposa d'y mettre quelque ordre en nommant un général. « L'insurrection prend trop d'importance, dit-il, nos succès ont été trop grands , pour que l'armée reste sans chef. Ce chef nous est indiqué par la nature même de la guerre que nous soutenons. M. Cathelineau est le premier qui courut aux armes, le premier qui apprit aux Vendéens combien il était facile de vaincre avec la foi en Dieu, avec la foi en son propre courage. Je propose d'élire M. Cathelineau. » Tous les membres du conseil approuvèrent ce choix, excepté Cathelineau lui-même, qui ne céda qu'à une sorte de violence. Cet illustre paysan, le premier soldat de l'armée, en devint ainsi le généralissime , et resta aussi modeste dans son nouveau rang qu'il s'était montré jusqu'alors.

XII.

Mort de Cathelineau; triomphes et revers.

Après avoir hésité quelque temps sur le parti qu'on avait
à prendre, on se décida à aller faire le siége de Nantes,
ville la plus importante des contrées de l'Ouest. On se
porta d'abord sur Angers, chef-lieu de département, qu'on
occupa sans résistance, et où l'on installa une municipalité
royaliste. En même temps, l'on se mit en relations avec Charette, qui commandait, vers l'embouchure de la Loire, l'armée du Bas-Poitou, afin de concerter avec lui l'attaque de
Nantes.

Jusqu'alors Charette avait agi isolément, se bornant à
défendre contre les républicains le pays qu'il occupait. Sa
tâche avait rencontré d'abord beaucoup d'obstacles dans
l'indiscipline de ses soldats, et dans le morcellement du
commandement, divisé entre plusieurs chefs qui n'obéis-

saient qu'à leur propre inspiration. Ce n'est qu'à force de patience et de courage, et en déployant toutes les ressources d'un esprit fécond en stratagèmes et d'un caractère inébranlable, qu'il parvint à inspirer aux siens l'assurance qui donne la victoire, et à réunir dans sa main les éléments de résistance épars dans le pays. A la tête d'un petit nombre d'hommes, qu'il exerçait à leur nouveau métier, il éprouva d'abord plusieurs revers, devant lesquels il demeura aussi impassible que s'il n'eût compté que des succès. Sa fermeté rendait à sa troupe, vaincue et dispersée, la confiance de la victoire, et, le lendemain d'une défaite, il reparaissait devant l'ennemi, confondu de voir sans cesse reparaître celui qu'il avait si souvent anéanti. Enfin, dans le courant du mois de mai, il commença à se rendre redoutable, et à faire reculer les bleus de tous côtés. Le 14 juin, devenu plus hardi, il attaque le général Boisguyon, renfermé dans Machecoul avec des troupes de ligne, et, après un combat meurtrier, se rend maître de la position et de l'artillerie des républicains. Un combat acharné se continua pendant quatre heures dans les rues de Machecoul; mais enfin, Boisguyon, ayant perdu la moitié de son monde, se vit forcé à la retraite. Poursuivi par les blancs, irrités d'une si longue résistance, il vit les restes de son corps d'armée jetés en déroute et presque anéantis par les vainqueurs.

Le général Beysser, voulant venger cette défaite, sortit de Nantes à la tête d'une force imposante, résolu à regagner le terrain perdu par l'affaire de Machecoul. Le 20 juin, il rencontra quelques tirailleurs, qui, en se retirant, amenèrent Beysser dans une position où dix mille Vendéens rangés en bataille l'accueillirent par une fusillade épouvantable. Les principaux chefs de l'armée républicaine sont renversés, et Beysser lui-même est atteint. La cavalerie vendéenne se jette sur les bleus ébranlés, qui bientôt fuient en désordre et ne s'arrêtent que derrière les remparts de Nantes, où leur arrivée répand la terreur.

En effet, pendant que Charette s'approchait d'un côté, Cathelineau, maître d'Angers, s'avançait de l'autre, sans rencontrer d'obstacles. L'attaque de Nantes avait été concertée entre les deux généraux pour le 29 juin. Malheureusement, l'armée de Cathelineau, en s'éloignant du Bocage, avait perdu beaucoup de ses hommes, qui, depuis longtemps éloignés de leurs foyers, avaient hâte d'y retourner. D'autre part, une garnison suffisante avait dû être laissée à Saumur avec Larochejaquelein, en sorte que les forces dont Cathelineau était accompagné ne dépassaient pas dix mille combattants. Les républicains, renfermés dans Nantes, avaient fait des préparatifs de défense formidables pour conserver cette place, devenue leur seul point d'appui dans l'Ouest, et dont l'occupation, en reliant la Vendée à la Bretagne et à la Normandie, rendait l'insurrection irrésistible et la chute de la Convention presque assurée. Le 28 au soir, les Vendéens, après avoir emporté le bourg de Nort, défendu par douze cents républicains, allumèrent leurs feux de bivouacs sur les hauteurs voisines de la ville, et firent entendre le bruit des cornes de bœufs dans lesquelles ils hurlaient pour remplacer les tambours, dont ils manquaient encore. A cette vue, à ce bruit accompagné des cris de *vive le roi!* plusieurs des chefs républicains, effrayés, conseillèrent l'évacuation de la ville, et il fallut toute l'énergie de Beysser pour les empêcher de prendre ce parti. Le 29 au matin, Charette commença l'attaque sur la rive gauche. Bientôt Bonchamps, à la tête de sa division, pénètre dans le faubourg Saint-Donatien, d'où il cherche à rejoindre Cathelineau. Celui-ci, accompagné de d'Elbée, arrive par la route de Vannes, enlève la batterie qui défendait la porte de la ville, et, mettant en déroute le 19e de ligne, qui lui est opposé, s'avance jusqu'au centre de la ville.

Déjà les assiégés, pressés de toutes parts, sortaient par une des portes, qu'on avait laissée libre dans ce but, quand le prince de Talmont, commandant la cavalerie, faisant pointer contre eux deux pièces de canon, les refoula dans la ville. Ne voyant point d'issue à la fuite, ils jurèrent de se défendre avec le courage du désespoir, et recommencèrent la lutte avec plus d'acharnement. Cathelineau, qui a eu déjà deux chevaux tués sous lui, s'avance à pied, à la tête de ses parents et de ses amis, pour vaincre cette dernière résistance opposée au triomphe de son armée. Déjà l'artillerie républicaine est sur le point d'être enlevée, quand un ouvrier, reconnaissant le général vendéen, tire sur lui un coup de fusil d'une fenêtre où il s'était embusqué. Cathelineau, la poitrine traversée, tombe dans les bras de ses soldats qui entraînent loin du combat le héros expirant. Le bruit de cette catastrophe, promptement répandu dans l'armée, y jeta le découragement, et bientôt elle ne songea plus qu'à la retraite. Les républicains regardèrent comme un insigne succès la conservation de Nantes et sentirent se ranimer leur ardeur, éteinte par tant de déroutes successives. Ils trouvèrent malheureusement un autre motif d'espérance dans la mort de Cathelineau, qui, après avoir survécu quelques jours à sa blessure, expira le 14 juillet, au milieu des larmes de ses amis, c'est-à-dire de tous ses soldats. Nul général ne les mérita davantage. C'était pour les sauver des vengeances de la Convention que, le premier, il avait pris les armes, lorsque son âge le mettait à l'abri de la réquisition, et son obscurité à l'abri des soupçons. Depuis lors, il n'avait cessé de les soutenir par son courage et de préparer leurs triomphes par son active prévoyance. Calme, impassible, persévérant, dévoué, il n'était pas plus enivré par le succès qu'abattu par le revers. Une piété sincère et profonde, qui l'avait fait surnommer le *saint de l'Anjou*, lui inspirait, jusque dans la chaleur du combat, ces sentiments d'humanité et de modération dont il ne se départit jamais. Lorsqu'il apprit la mort de son frère Joseph, assassiné par les révolutionnaires, quelques paroles de vengeance s'échappèrent de sa bouche. En même temps, un républicain fait prisonnier lui fut amené : « Va-t'en, lui dit-il, va-t'en ; une vengeance particulière n'est pas permise à un soldat chrétien. »

D'Elbée fut nommé généralissime en sa place.

Pendant que les Vendéens, pour la plupart revenus dans leurs foyers, pleuraient leur illustre compagnon, les troupes républicaines, accrues par de nouveaux renforts, pénétraient de divers côtés dans le pays insurgé. La Convention, se défiant du patriotisme de ses généraux, tant de fois vaincus par des paysans, envoyait, pour triompher de la Vendée, les chefs qui s'étaient distingués dans les émeutes de la capitale, et qui portaient dans cette nouvelle guerre toute la férocité dont ils avaient si souvent fait preuve au milieu des agitations populaires, et qui les avait rendus la terreur de la Convention elle-même. Westermann, le héros du 10 août, s'avançant de Niort à la tête de forces nombreuses, s'empara de Parthenay, sans que Lescure, à peine rétabli de sa blessure, pût lui opposer une résistance sérieuse. De là, il marche sur Amaillon et livre ce bourg au pillage et aux flammes, massacrant, sans distinction de sexe ni d'âge, les habitants inoffensifs, qui n'avaient pas eu le temps de se retirer devant cette invasion de brigands. Le château de M. de Lescure, envahi par eux, ne fut bientôt qu'un monceau de décombres. Lescure avait depuis longtemps fait ce sacrifice à la sainte cause qu'il défendait, et ne se montra point ému de cet événement. Mais les paysans, indignés de cet acte de lâcheté, prélude de tant d'autres, brûlaient de venger leur général et de punir Westermann des inutiles barbaries qu'il ordonnait. Déjà Larochejaquelein, après avoir tenu dans Saumur jusqu'à ce que sa garnison eût été réduite à neuf hommes seulement, avait volé au secours de Lescure. Pendant que Westermann, parvenu jusqu'à Châtillon, envoyait incendier le château de Larochejaquelein et faisait chanter un *Te Deum* à l'occasion de ses victoires, les chefs vendéens, ayant réussi à rassembler des forces suffisantes, attaquèrent l'armée républicaine, entre Châtillon et Mortagne, le 8 juillet, vers dix heures du matin. Malgré une opiniâtre résistance, les Vendéens, selon leur coutume, se glissant à plat ventre jusque sous les canons ennemis, tuèrent les canonniers sur leurs pièces, tandis que Stofflet, de concert avec Lescure, tournait les positions de l'armée et lui coupait la retraite. Après deux heures de combat, l'armée de Westermann n'existait plus, et toute son artillerie était au pouvoir des blancs. Les fuyards, s'égarant dans un pays coupé de haies et de ravins, tombèrent presque tous sous les coups des vainqueurs. Ceux-ci, irrités des excès commis par l'armée républicaine, refusaient de faire grâce, et Lescure, avec sa douceur ordinaire, eut peine à sauver la vie d'un grand nombre de prisonniers. Westermann fut sur le point d'être parmi ces derniers, et quelques cavaliers vendéens s'emparèrent de sa voiture; mais il parvint à leur échapper et à regagner, presque seul, la ville de Niort, qu'il avait quittée avec une armée nombreuse, destinée, disait-il, à exterminer la Vendée et à étouffer les derniers germes de la rébellion.

Mais pendant que Westermann vaincu allait expliquer devant la Convention les causes de sa défaite, une autre armée républicaine, sortie d'Angers le 15 juillet, rencontra

les généraux vendéens, qui essayèrent vainement d'empêcher sa jonction avec Santerre, parti lui-même de Saumur pour pénétrer dans le Bocage. Santerre était ce chef
de la force armée qui, présidant au supplice du malheureux Louis XVI, avait commandé un roulement de tambours
afin de couvrir les dernières paroles adressées au peuple
par l'infortuné monarque. Les Vendéens, heureux de combattre contre ce misérable, étaient remplis d'une ardeur
inouïe, et avaient juré de lui faire payer chèrement la part
odieuse qu'il avait prise dans le meurtre du roi. Les officiers royalistes n'attendirent pas, pour l'attaquer, que Larochejaquelein, Lescure et Stofflet, occupés à réunir les
contingents des paroisses, fussent revenus au camp avec les
forces nouvelles qu'ils devaient amener. Piron, Forestier
et autres chefs secondaires, ayant rassemblé quelques paroisses, persuadèrent aux paysans, pour mieux stimuler
leur ardeur, que Lescure et M. Henri étaient présents, et
s'avancèrent contre l'armée ennemie, étonnée de leur audace et surprise de se voir attaquée lorsqu'elle croyait les
chefs vendéens bien loin de là. Santerre, dont l'incapacité
égalait la cruauté, avait conduit son armée près de Coron,
dans une position détestable, où elle ne pouvait ni se développer, ni se porter en avant. Tandis que les généraux
républicains délibèrent sur la manière de l'en faire sortir,
et qu'une confusion inexprimable règne dans les rangs de
leurs soldats, les Vendéens attaquent avec vigueur le centre et l'aile gauche, qu'un étang et des ravins séparaient de
la droite. Les royalistes culbutent tout ce qui se présente
devant eux, et, dès le premier choc, la division de Santerre,
faisant entendre les cris de *trahison ! sauve qui peut !* jette
ses armes et se débande. Dès lors la bataille se change en
une déroute, dans laquelle l'aile droite entraînée, au lieu
de prêter aux républicains un concours utile, augmente le

18

désordre de la fuite. Santerre, poursuivi à outrance par quelques Vendéens qui voulaient à tout prix s'emparer de sa personne, allait tomber entre leurs mains, lorsqu'il parvint à faire franchir à son cheval un mur de six pieds. La défaite des républicains avait été si complète, que le pays en fut complétement délivré, et les Vendéens, chargés d'armes et de butin, regagnèrent leurs villages pour faire à leurs familles le récit de leurs combats et de leurs triomphes.

Cependant, il ne leur était pas permis encore de se livrer au repos. Une armée républicaine, formée à Luçon, se preparait à attaquer le pays insurgé, du côté de l'Ouest, et avait commis déjà nombre de meurtres et de déprédations. Les chefs qui commandaient dans cette partie de la Vendée, se voyant trop faibles pour tenir tête aux envahisseurs, firent exposer leur détresse à ceux du Bocage, illustrés par tant de victoires. Ceux-ci, se hâtant de réunir quelques troupes, coururent au secours de leurs frères, et, de concert avec Charette, attaquèrent l'armée républicaine, rangée en bataille sur les hauteurs de Luçon, et protégée par une redoutable artillerie. Charette et Lescure, placés à l'aile gauche, triomphent d'abord de tous les obstacles et s'emparent de plusieurs batteries, qu'ils tournent contre l'ennemi. Mais le centre s'étant trouvé en retard pour l'attaque, le général républicain eut le temps de démasquer de nouvelles troupes et de nouvelles batteries, qui jetèrent le désordre dans les rangs des Vendéens. Pour comble de disgrace, l'aile droite, égarée dans une fausse direction, laissait soutenir au centre tout l'effort de l'armée ennemie, et n'arriva sur le lieu du combat que pour être témoin d'une retraite que les efforts du plus héroïque courage n'avaient pu prévenir. Sa présence permit de l'effectuer avec ordre. Larochejaquelein, se plaçant à la tête d'un pont dont la conservation était nécessaire au salut de l'armée, repoussa tous les efforts de l'ennemi, protégea la retraite, et ne quitta la place que lorsqu'il ne resta plus un seul paysan à sauver. Malheureusement, quinze cents cadavres étaient demeurés sur le champ de bataille.

Les Vendéens avaient à venger une défaite. Déjà les bleus, fiers de leur triomphe, s'étaient avancés jusqu'à Chantonnay, répandant partout la terreur et la dévastation. Les chefs royalistes, résolus à ne point les laisser pénétrer au cœur du pays, réunirent de nouveau leurs soldats; se fortifiant par la division de Bonchamps, absente au combat de Luçon, ils vont demander compte à l'armée républicaine de ses excès et de ses ravages, et, par une habile manœuvre, réussissent à tourner les corps ennemis, imprudemment engagés par leur général Lecomte au centre du pays insurgé. Ce chef, dont les attentats journaliers justifiaient trop bien la réputation de cruauté, et qui se vantait de fusiller tous les prisonniers, se voit tout à coup entouré, sans qu'aucune issue soit laissée à la fuite. Après quelques heures d'un combat désespéré, où les chefs et les soldats ne pensaient qu'à vendre chèrement leur vie, l'armée républicaine est anéantie, et Lecomte tué au milieu du bataillon *le Vengeur,* qu'il avait fait le complice de ses barbaries, et dont il ne s'échappa pas un seul homme. Deux ou trois cents fuyards à peine, échappant aux poursuites des vainqueurs, reparurent dans les cantonnements républicains pour y porter la nouvelle de ce désastre, nouvelle cause de honte et de consternation pour le pouvoir sanguinaire qui s'était promis le prompt anéantissement de la Vendée.

Ces divers succès avaient permis aux paysans de vaquer sans inquiétude aux travaux des récoltes, qui s'achevèrent à l'abri des troubles et des invasions; et, tandis que le reste de la France était épuisé par les réquisitions arbitraires et en proie à des désordres de toute nature, les Vendéens purent jouir, au moins pendant quelque temps, du fruit de leur héroïsme et de leur résistance à l'oppression. Mais la Convention, irritée par leurs victoires, avait juré de ne pas les laisser goûter longtemps les bienfaits d'une paix si chèrement acquise. Dans l'Assemblée régicide, dans les clubs, dans les journaux du jacobinisme, tout retentissait d'imprécations frénétiques et de menaces contre cette population glorieuse, qui humiliait la révolution et étonnait l'Europe par le spectacle d'une lutte gigantesque. Les terroristes, indignés de voir qu'une partie de la nation échappait au joug de leur tyrannie, s'épouvantaient des succès de la Vendée plus que de la ligue de tous les peuples de l'Europe et de la coalition de toutes les armées. « C'est à la Vendée, disait Barrère à la Convention, que correspondent les aristocrates, les fédéralistes, les départementaires, les sectionnaires ; c'est à la Vendée que se reportent les mouvements de l'Ardèche, les conspirations de la Normandie, les agitations de la Bretagne : détruisez la Vendée, et la Révolution triomphera de tous ses ennemis. »

« Prenons enfin, dit un orateur populaire, des moyens rigoureux pour détruire les scélérats de la Vendée et ceux de l'intérieur. Faisons chauffer des boulets rouges, incendions une quarantaine de villages des départements insurgés. Cette mesure de rigueur est un acte de justice, car les innocents qui sont au milieu des révoltés sont des lâches que nous ne devons pas épargner. Mais il s'agit de trouver des soldats, il s'agit de forcer nos ennemis à nous suivre. Tous les bourgeois, tous les boutiquiers doivent être mis sur les rangs. Il faut cinquante mille hommes. Eh bien ! nous ferons marcher tous ces coquins ; et s'ils refusent de se mettre sur les rangs, on les alignera à coups de bâton. (Longs et bruyants applaudissements.) Nous sommes les plus forts, usons de nos droits. Mettons à notre tête des savetiers ; ces hommes-là sont seuls dignes de nous commander. » (Nouveaux applaudissements.)

Dans leur impuissance de vaincre les héroïques défenseurs de la liberté, les révolutionnaires avaient recours aux mesures les plus odieuses, et ils ne reculèrent pas devant le projet insensé de détruire, à l'aide du poison, la population insurgée. Santerre, qui n'avait jamais su que fuir devant les baïonnettes vendéennes, proposa d'employer des mines et des fumées soporifiques, afin de pouvoir égorger les habitants endormis. Rossignol demanda à la Convention d'envoyer à l'armée des chimistes, tandis que des charlatans faisaient, devant les commissaires républicains, l'essai de matières combustibles au moyen desquelles ils promettaient d'asphyxier toute la contrée. Enfin, certains chefs révolutionnaires rassemblèrent, dans quelques dépôts, d'immenses quantités d'arsenic destinées à empoisonner les fontaines et les sources, projet ridicule autant qu'atroce, propre à lui seul à faire juger de leur implacable perversité, si tant d'autres actes de barbarie commis journellement n'en eussent été les irréfragables témoins.

Pendant que ces procédés de destruction étaient discutés par des patriotes en démence, la Convention réunissait contre la Vendée des moyens d'attaque plus formidables. Des troupes retirées des armées et levées sur tous les points du territoire, se préparaient à entourer le pays insurgé dans un cercle de fer, et à y porter la mort et la dévastation. Au nombre de ces nouveaux combattants, on signalait particulièrement un corps de vingt-deux mille hommes, formé par les garnisons de Mayence et de Valenciennes, que des capitulations passées avec les généraux ennemis forçaient à retirer de la frontière. Ces régiments, tout entiers composés d'anciens soldats aguerris au feu et aux fatigues des camps, passaient pour les meilleures troupes de la République et étaient réputés invincibles. Une somme de trois millions fut votée pour les transporter rapidement sur le théâtre de la guerre civile, où elles ne se rendaient qu'à contre-cœur, mécontentes d'avoir à combattre des compatriotes défendant leur liberté et leurs droits, au lieu de se mesurer avec les ennemis de la patrie. Des négociations furent même entreprises, en leur nom, pour les faire passer sous le drapeau royaliste ; mais la promptitude des événements ne leur laissa pas le temps d'aboutir. Quoi qu'il en soit, les Mayençais (c'est le nom qu'on leur donnait) complétèrent cette immense armée de deux cent quarante mille hommes, qui, divisée en six commandements, était destinée à écraser la Vendée sous une masse d'efforts et d'agressions redoublées.

Les Vendéens ne furent pas un instant ébranlés à l'aspect de tant de périls. Leurs chefs, réunis aux Herbiers, les mesurèrent avec sang-froid, et après s'être partagé le pays insurgé en cinq cantonnements, afin de faire face de tous les côtés à l'ennemi, ils se préparèrent à combattre jusqu'à la mort, et à donner à la postérité l'exemple d'une lutte magnanime contre le despotisme révolutionnaire. De leur côté, les bleus ne marchaient plus que la flamme à la main ; tous leurs mouvements étaient accompagnés de massacres exercés principalement sur les femmes et sur les enfants, restés seuls dans les villages, et souvent sur des hommes qui, à raison de leurs opinions révolutionnaires, n'avaient pas pris part au soulèvement. La Convention, par un décret ajouté à tous ceux qui livrent sa mémoire au mépris de l'histoire, avait donné ordre que tout un pays de cinq cent mille habitants fût transformé en un désert sans hommes, sans maisons, et même sans arbres, et il ne tint pas aux généraux républicains qu'un tel décret ne fût mis à exécution. Mais la Vendée comptait encore de nombreux enfants pour la défendre, et pour mettre obstacle à l'accomplissement de ces sinistres desseins.

Lescure, du côté de Bressuire, eut divers engagements avec les bleus, et dirigea enfin sur Thouars une attaque sérieuse, dont le résultat fut de dissiper toutes les levées qui s'y réunissaient, en sorte que le pays fut bientôt entièrement dégagé de ce côté. En même temps, Bonchamps, Larochejaquelein et Stofflet livrèrent aux troupes républicaines, parties de Saumur et d'Angers, divers combats dans lesquels les deux derniers furent blessés. Bonchamps l'était déjà et se faisait porter en litière sur les champs de bataille. De semblables accidents arrivaient fréquemment aux chefs royalistes, toujours ardents à se jeter au fort du danger, encourageant leurs soldats à marcher en avant, et restant les derniers au combat lorsque la retraite était ordonnée, tandis que la plupart des généraux républicains, héros de clubs et d'émeutes, donnaient aux leurs le signal de la fuite. Nonobstant leurs blessures, tous ces chefs restèrent à la tête de leurs divisions, et, obligés de courir au secours de Charette, que les Mayençais, sortis de Nantes, harcelaient de toutes parts, ils laissèrent Piron pour faire face au gros de l'armée ennemie. Piron, quoique n'ayant avec lui que onze mille hommes et trois pièces de canon, marcha droit aux généraux Santerre et Ronsin, qui, à la tête de quarante mille hommes, s'étaient déjà avancés jusqu'à Coron, théâtre de leur précédente défaite. Par suite de leur incapacité militaire, ils avaient étendu leur armée sur une ligne de quatre lieues, en sorte que, malgré l'infériorité de ses forces, Piron n'hésita point à les attaquer. Se portant à l'improviste, avec sa troupe, sur le centre de l'armée ennemie, il le rompt après un court engagement, et partage l'armée ennemie en deux tronçons également incapables de se défendre. Santerre, que son sang-froid abandonnait dans l'action, engagea toute son artillerie dans le bourg de Coron, où, loin de pouvoir manœuvrer contre les blancs, elle jeta dans les rangs de ses propres soldats un désordre qui se convertit bientôt en une véritable déroute. Ronsin, se cachant sous l'habit d'un paysan, prit le premier le parti de la fuite, en s'écriant : « Ce ne sont pas des hommes que nous avons devant nous; ce sont des enragés : il n'y a pas moyen de les vaincre. » Beaucoup de républicains se tuèrent et s'étouffèrent les uns les autres en s'empressant de fuir. Huit bataillons, qu'on parvint à réunir pour protéger la retraite, furent anéantis. Vingt-quatre pièces de canon, une quantité énorme de munitions de toute espèce, tombèrent entre les mains des vainqueurs.

En même temps, l'armée républicaine, sortie d'Angers, s'avançait dans le pays. Piron, avec une partie de ses troupes victorieuses, alla renforcer le corps du chevalier Duhoux, laissé pour lui résister, et les efforts de ces deux chefs firent bientôt reculer les bleus. Ceux-ci se retranchèrent derrière la rivière du Layon, en protégeant par une nombreuse artillerie le seul pont qui réunit les deux rives. Mais un semblable obstacle n'était pas de nature à arrêter l'élan des Vendéens. Pendant que le gros de l'armée attaque de front la position, Jean Bernier, meunier de Saint-Lambert, se jette à la nage, suivi de onze paysans, et, parvenu sur l'autre rive, s'empresse d'établir une communication qu'une colonne royaliste franchit en peu d'instants. Les bleus, assaillis sur leurs derrières et acculés dans un espace étroit, n'opposent plus qu'une résistance incertaine. Le bataillon de Jemmapes, qui s'avance pour soutenir le combat, est exterminé, et l'armée, mise dans une entière déroute, est refoulée sur Angers, où son général est traduit devant un conseil de guerre, pour s'être laissé vaincre par une poignée de paysans.

Mais c'est du côté de Nantes que se portaient les coups principaux de ce duel terrible. Les Mayençais, débouchant dans la Basse-Vendée, avaient fait reculer de position en position l'armée de Charette, qui, dans ce péril imminent, se hâta d'appeler à son secours les autres généraux. Le 19 septembre, ils l'avaient rejoint sur les hauteurs de Torfou, et se trouvaient en face des bivouacs ennemis et d'une armée que sa discipline et son courage faisait passer pour invincible. Après avoir assisté à une messe solennelle célébrée à minuit par l'abbé Bernier, les Vendéens, conduits par Charette, commencent l'attaque dès le point du jour. Mais, en présence de ces troupes à l'attitude martiale, qui s'avancent sous le feu sans s'ébranler et manœuvrent comme à une parade, les soldats de Charette s'étonnent et reculent. Lescure, apercevant ce mouvement de retraite, qui peut devenir une déroute, saisit une carabine, et, s'adressant aux siens, il s'écrie : « Y a-t-il quatre cents hommes assez braves pour venir mourir avec moi ? » Les gens des Echantraignes et ceux des paroisses voisines, qui n'ont jamais hésité devant le feu républicain, et venus au grand complet à la bataille, répondent à cet appel. « Nous irons où vous voudrez, Monsieur le marquis, » s'écrient-ils ; et trois mille hommes se jettent sur les pas de Lescure. Pendant deux heures, il soutint avec eux le choc formidable de l'armée ennemie. Enfin, Charette, ayant rallié les siens, revient au combat, et Bonchamps, qui s'est fait hisser à cheval, tombe avec sa division sur le flanc des bleus. Les canons sont enlevés à la course, manœuvre habituelle aux Vendéens, et les canonniers tués sur leurs pièces. Enfin, les républicains, désespérant de vaincre, commencent à se retirer sous un feu meurtrier. Kléber, leur chef, destiné à devenir l'un des généraux les plus illustres de la république, les préserva d'un anéantissement complet, en sacrifiant l'un de ses bataillons laissé à la défense du pont de Boussay. — *Mourez ici avec votre bataillon*, dit-il à celui qui le commandait. L'officier obéit, et en périssant avec tous les siens, retarda la marche victorieuse des royalistes. Les débris de l'armée de Kléber, après s'être ralliés, purent gagner un poste de sûreté.

D'ailleurs, les Vendéens, entourés d'ennemis, avaient à peine le temps d'achever leurs victoires. Celle-ci était à peine obtenue, qu'ils allèrent attaquer le général Beysser, renfermé dans Montaigu, où, se croyant solidement couvert par l'armée de Kléber, il ne songeait pas à être assailli. Ses troupes, bien inférieures aux Mayençais, furent promptement jetées en déroute, et lui-même, accompagné du conventionnel Cavaignac, fut heureux de gagner Nantes, en abandonnant ses canons et ses équipages. La Convention ne tarda pas à le punir de ce revers en l'envoyant à l'échafaud.

Les Vendéens pouvaient, en se repliant sur l'armée de Kléber, bien qu'elle fût renforcée d'une nouvelle colonne, le placer entre deux attaques et le détruire entièrement. Ce plan avait été convenu avec Bonchamps, qui, avec sa division, continuait à le tenir en échec, et sa réussite aurait livré aux royalistes un immense convoi de vivres et de munitions. Mais Charette préféra aller attaquer la sixième armée révolutionnaire, qui, après être partie de Luçon, s'était avancée jusqu'à Saint-Fulgent en commettant de nombreux ravages. Les habitants des pays qu'elle traversait demandaient à grands cris qu'on marchât contre elle. Charette et Lescure, hâtant leur marche, arrivent le soir à Saint-Fulgent, commencent immédiatement l'attaque et refoulent les républicains dans le bourg. Mais, ne voulant pas leur laisser le temps de se reconnaître, les royalistes y pénètrent avec eux, malgré la nuit qui les enveloppe, et un combat meurtrier s'engage au milieu des ténèbres. Les deux partis, éclairés seulement par la lueur des décharges, prennent des cartouches au même caisson et se fusillent à bout portant. Un bataillon de la Marne, qui s'est surnommé *l'Invincible*, est exterminé ; un autre, d'Angoulême, qui s'avance pour le remplacer, partage le même sort. Le général républicain, après huit heures de combat, est forcé de fuir, laissant la moitié de son armée sur le champ de bataille. Pendant ce temps-là, Bonchamps et d'Elbée, comptant sur le concours de Charette, avaient attaqué les Mayençais à Clisson. Mais, se trouvant très inférieurs en forces, ils se retirèrent après avoir fait des efforts héroïques, emmenant une centaine de charriots du convoi. Malheureusement, ce succès était loin d'être complet et laissait presque intacte devant eux la redoutable armée conduite par Kléber et Canclaux.

Ainsi, les Vendéens avaient, en peu de jours, détruit et repoussé six armées républicaines, et trompé encore une fois tous les efforts de la Convention, en rejetant loin de leur sol les forces envoyées pour les asservir au joug de la Révolution. Malheureusement, tandis que leurs ennemis, sans cesse vaincus, réparaient leurs désastres et se recrutaient par des renforts venus de tous les points du pays, les Vendéens voyaient chacune de leurs victoires diminuer leurs moyens de lutte et éclaircir leurs rangs par la mort de leurs plus vaillants combattants. Condamnés à toujours vaincre, la première de leur défaite devait livrer leur pays à la fureur de leurs ennemis ; mais, résolus à faire le sacrifice de leurs biens, comme celui de leur vie, pour conserver leur liberté et leur religion, ils voyaient sans effroi les nouveaux préparatifs qui s'accumulaient de toutes parts pour triompher de leur héroïque résistance. En effet, la Convention, instruite par les revers de ses généraux, multipliait ses proclamations, ses menaces, ses appels aux armes. Par une mesure plus efficace, elle révoquait en masse les chefs incapables qui jusque-là avaient dirigé les opérations de ses armées, et, renonçant à envahir le territoire insurgé par un grand nombre de corps que les royalistes battaient successivement, elle réunit toutes ses divisions sous le commandement de deux généraux, qui, en partant l'un de Nantes et l'autre de Niort, devaient se rejoindre au cœur de la Vendée, et y réunir une masse formidable de troupes aguerries.

Pour exécuter ce plan, Westermann rassemble les débris de toutes les colonnes récemment refoulées loin du sol vendéen, et en les renforçant par de nouvelles troupes, s'avance sur Bressuire et Châtillon. Il entrait dans le nouveau système des généraux républicains de livrer le pays au fer et aux flammes, en sorte que leur marche était partout signalée par le meurtre, les incendies et les ravages de toute sorte. La Convention, désespérant de vaincre la Vendée, avait résolu de l'incendier. Lescure, réunissant à la hâte quelques paysans, appelle à son aide Larochejaquelein et Stofflet, qui s'empressent d'accourir, et, à la tête de sept mille hommes seulement, essaient d'arrêter le torrent dévastateur sur les hauteurs des Moulins-aux-Chèvres. La victoire penche d'abord pour les blancs, et déjà les bleus fuyaient de toutes parts, lorsque Westermann, accourant avec des troupes fraîches, les force de céder au nombre. Les chefs royalistes, reconnaissant l'inutilité de la lutte, ordonnèrent aux leurs de se disperser pour se rejoindre sur les points qu'ils leur assignaient. Puis, afin que leurs soldats pussent se retirer sans être inquiétés, ils se désignèrent eux-mêmes aux républicains et détournèrent sur eux, pendant plus de deux heures, les efforts de leur poursuite. Lescure et Larochejaquelein furent plus d'une fois sur le point d'être tués ou pris. Stofflet, cerné dans un chemin creux, tua plusieurs des assaillants, et, se dressant sur son cheval, sauta par dessus une haie et parvint à se mettre à l'abri. Pendant ce temps-là, les paysans s'échappaient par d'autres routes.

En même temps, d'Elbée et Bonchamps rassemblaient la grande armée à Chollet. Dès le lendemain, Lescure les avait rejoints avec les siens, et tous ensemble marchaient contre Westermann, qui avait pénétré jusqu'à Châtillon. Sans laisser aux républicains le temps de se ranger en ligne, les royalistes les attaquent, les pressent et, les mettant dans une pleine déroute, s'emparent de la ville, où vingt-cinq canons et tous les bagages de l'ennemi tombent entre leurs mains. Les Vendéens, fatigués par une longue marche, suivie d'un combat acharné, ne poursuivent pas les vaincus et s'abandonnent avec imprudence à un sommeil que le vin et les liqueurs trouvés dans la ville rendent funeste pour un grand nombre. Westermann, honteux de sa fuite, réunit une partie de ses troupes, rentra dans la ville au milieu de la nuit, y mit le feu, et, aux lueurs sinistres de l'incendie, commença un épouvantable combat, massacrant dans les maisons, hommes, femmes et enfants, sans distinction de parti. Après quelques heures d'un épouvantable carnage, les deux armées évacuèrent cette ville infortunée et cherchant à se reconnaître et à se rallier. Les royalistes y rentrèrent le lendemain, et n'y trouvèrent que des ruines et des cadavres. Ils s'en éloignèrent pour marcher à de nouveaux combats.

L'armée partie de Nantes, et forte de plus de trente mille hommes, s'avançait dans la Vendée, détruisant tout sur son passage. Les chefs vendéens se donnèrent rendez-vous à Chollet pour lui livrer bataille. Lescure, en se portant de ce côté, rencontra les républicains et s'avança pour les reconnaître. Un poste ennemi se montra tout à coup à vingt pas de lui. « Mes amis, en avant, s'écrie-t-il. » Au même instant, une décharge ennemie le renverse entre les bras de ses soldats. Une balle qui l'avait frappé au front, était ressortie derrière l'oreille. Après un combat acharné, les paysans parvinrent à arracher aux mains des républicains leur général blessé mortellement, et qu'ils gardèrent dans leurs rangs plusieurs jours avant qu'il n'expirât.

Cet événement porta le découragement parmi les Vendéens. Ils eurent le tort d'abandonner le poste de Chollet, dont les républicains s'emparèrent, et où ils firent leur jonction avec Westermann et les divisions venues du sud. Ils formaient un effectif de près de cinquante mille hommes. Les Vendéens, concentrés à Beaupréau, se décidèrent à les attaquer dans cette position, résolus à tenter un glorieux et suprême effort pour délivrer leur sol envahi.

Malheureusement, Charette, dont l'armée s'était trop éloignée du lieu du combat, et auquel les courriers ne parvinrent point, ne put joindre ses forces à celles des autres chefs engagés dans cette lutte décisive. Nonobstant l'absence de cet appui et l'infériorité du nombre, les Vendéens se portent au combat avec la confiance qu'inspire le mépris de la mort. Larochejaquelein et Stofflet entament l'action avec fureur, conduisant les Vendéens en colonne serrée sous le feu et la mitraille de l'ennemi. Bientôt, le centre des républicains est enfoncé et les blancs pénètrent jusqu'au parc de leur artillerie. L'attaque de l'aile droite, conduite par d'Elbée et Bonchamps, n'est ni moins impétueuse, ni moins irrésistible. Mais les royalistes avaient devant eux non-seulement des troupes excellentes, mais encore des généraux habiles, Kléber, Haxo, dont les conseils suppléent à l'incapacité du général en chef Léchelle. Haxo, voyant les républicains ébranlés et repoussés de toutes parts,

amène sur le terrain la réserve, tombe sur le flanc de
l'armée vendéenne et rétablit le combat. Les blancs reculent à leur tour ; ils se reforment en masse épaisse et con-
tinuent la lutte jusqu'au soir avec l'acharnement du désespoir. Enfin, une dernière charge exécutée par la cavalerie
républicaine mit le désordre dans leurs rangs et décida la
victoire. Les chefs vendéens, voyant le salut de l'armée
compromis, se forment en escadron, réunissent quatre
cents volontaires, et avec cette poignée de braves, affron-
tent le choc de la masse des ennemis. Dans ce combat héroïque et que la nuit couvre déjà de son ombre, les généraux des deux armées se mesurent corps à corps comme
les derniers soldats. Mais un combat si disproportionné
ne pouvait se prolonger longtemps. Bonchamps est renversé par un coup de feu, d'Elbée a la poitrine traversée
d'une balle. Leurs compagnons les arrachèrent avec peine
de la mêlée et rejoignirent avec eux le gros de l'armée, qui
se retirait vers la Loire. Les républicains avaient trop souffert pour songer à les poursuivre. Ainsi, les Vendéens,
après avoir relevé leurs blessés, eurent le temps de se reconnaître et de se décider à une résolution que leur situation précaire rendait, en quelque sorte, inévitable. Ils se
voyaient contraints de porter la guerre sur une autre rive
de la Loire. Ce parti leur était depuis longtemps conseillé
par Bonchamps, qui comptait avec raison sur les sympathies
des populations de la Bretagne et du Maine. Il avait ménagé
cette ressource aux royalistes, en détachant quatre mille
hommes qui chassèrent la garnison de Varades, et assu-
rèrent le passage du fleuve. Mais le héros vendéen ne put
voir la réalisation de son plan favori. Sa dernière parole
fut un cri en faveur de l'humanité. Les Vendéens, aigris par
le revers et ne sachant que faire de cinq mille prisonniers
qu'ils traînaient avec eux, étaient sur le point de les

égorger, quand Bonchamps, se soulevant sur son lit d'a-
gonie, leur prescrivit, pour dernier ordre, d'épargner ces
malheureux. Le héros chrétien est obéi. Le cri de « *grâce*,
grâce, Bonchamps l'ordonne! » retentit dans la ville, et les
royalistes pardonnent encore une fois aux partisans de cette
Révolution qui ne leur pardonnait jamais. La plupart des
prisonniers, rendus à leurs foyers, oublièrent promptement
le bienfait qu'ils avaient reçu, et ne tardèrent pas à reprendre les armes contre leurs libérateurs.

XIII.

Campagne d'outre-Loire; pacification.

Les populations du Maine et de la Bretagne étaient, autant que celles de la Vendée, ennemies de la Révolution et de ses doctrines. Dans ce mouvement désordonné qui avait jeté à la tête du gouvernement les hommes les plus décriés, et livré le pays aux plus détestables influences, au nom de certaines formules menteuses, elles n'avaient vu que la perte de leur liberté véritable, la ruine de leurs coutumes antiques et traditionnelles, la destruction violente et systématique de leur culte. Les injustices de toute nature, les crimes, les abus de pouvoir, les exécutions par lesquelles la Révolution inaugurait son règne sanglant, les remplissaient d'une profonde et légitime indignation, qu'elles laissaient éclater en toute circonstance. Aussi, lorsque des hommes, que leur autorité récente enflait d'une insupportable vanité, vinrent avec des tableaux d'enrôlements et de réquisitions, réclamer leur concours pour la défense du nouveau gouvernement, elles se rappelèrent que ces lourdes charges n'avaient jamais été exigées d'elles par la monarchie ancienne, et jurèrent de refuser au régime révolutionnaire un appui et une obéissance qui, dans leur pensée, n'appartenaient qu'au roi. Les autorités de la Mayenne, croyant intimider les habitants par un grand appareil, se transportèrent à Saint-Ouen, menaçant de la prison et de la mort les jeunes gens rebelles aux ordres du gouvernement républicain. Voyant quelques-uns d'entre eux ébranlés par ce déploiement inusité de forces, les administrateurs redoublèrent de confiance et d'audace, annonçant l'adoption des mesures les plus rigoureuses contre ceux qui se montreraient récalcitrants. Mais leurs menaces et leur ton d'arbitraire produisirent sur les jeunes gens de Saint-Ouen un effet directement opposé à celui qu'ils attendaient. « Point d'enrôlement, s'écria l'un d'eux; si le roi nous appelle, nous marcherons tous; mais s'il s'agit d'aller défendre votre autorité, partez vous-mêmes, et laissez-nous notre liberté. » Celui qui parlait ainsi s'appelait Jean Cottereau, surnommé *Chouan*. Se mettant aussitôt à la tête de ses compagnons, il se jette sur les gendarmes et les gardes nationaux et les disperse en quelques instants.

Jean Chouan gagna bientôt la confiance des habitants du Maine, et son nom devint commun à tous ceux qui l'imitèrent, non-seulement dans le pays, mais encore dans les départements du Morbihan, du Finistère, d'Ille-et-Vilaine et dans d'autres cantons circonvoisins. Sur la surface d'une vaste contrée, il s'organisa une sorte de gouvernement indépendant de celui de l'Etat, s'appuyant sur l'adhésion volontaire des populations, toutes hostiles à la Révolution. Au milieu de ces contrées, les gentilshommes, les prêtres poursuivis, étaient certains de trouver un sûr refuge. Aucune loi, aucune mesure révolutionnaire n'avait accès dans ces provinces, et cet état de choses dura autant que la république elle-même. La perception des impôts de toute nature frappés par le gouvernement d'alors, et qui, la plupart, se perdaient en honteuses dilapidations, était aussi impossible que la levée des hommes destinés aux armées et la circulation des assignats. Presque tous les fonds prélevés par l'Etat, et qui traversaient les départements de l'Ouest, tombaient entre les mains des Chouans, qui les employaient à indemniser ceux d'entre les royalistes qui avaient eu à souffrir du passage des colonnes républicaines.

A l'époque où nous sommes arrivés, l'organisation dont nous parlons n'avait pas encore acquis l'étendue et la régularité qui lui furent données après le passage de l'armée vendéenne. Alors, les Chouans, souvent aux prises avec des détachements de troupes ou de gardes nationaux, faisaient des forêts du pays leur principale résidence, et en sortaient pour tenter quelque expédition, défendre un village attaqué ou un château menacé par les bleus, délivrer des prisonniers enlevés par les révolutionnaires, et soustraire à la mort des royalistes, des femmes, des vieillards, sur lesquels la république se vengeait de ses défaites. Dans ces forêts, où ils s'étaient creusé des retraites souterraines, leur aspect avait quelque chose de sauvage : la tête couverte d'un chapeau à larges bords, des culottes courtes, selon la mode du pays, les jambes nues, les épaules couvertes d'une peau de chèvre pour se défendre de la pluie, ils portaient, pour se reconnaître, un scapulaire ou un chapelet, et ne quittaient jamais le fusil, qui leur servait à défendre leur famille, leurs propriétés et leur vie. Chaque nuit amenait ses périls et son combat. Mais, le 25 octobre, au moment où, en commun, ils achevaient la prière du soir, l'un des compa-

gnons de Jean Chouan dit : « Je crois entendre le tonnerre.
— Le tonnerre ! interrompt Jean, écoutons. » Il applique
son oreille contre terre, se relève et s'écrie : « Ce tonnerre,
c'est le canon, le canon de la Vendée ; l'armée royale a
passé la Loire. Mes amis, en route pour Laval. » Un cri de
vive le roi ! vive la Vendée ! lui répond. Les Chouans saisissent leurs armes, se jettent à genoux pour remercier
Dieu, qui leur envoie ce puissant appui, et, au nombre de
cinq mille, à la suite de Jean, allèrent grossir l'armée vendéenne.

Celle-ci avait passé la Loire, comptant trente mille combattants environ, laissant sur l'autre rive plusieurs corps
qui ne cessèrent d'inquiéter les républicains et de maintenir la Vendée en état d'insurrection. Mais la grande armée
traînait à sa suite une foule innombrable de femmes, d'enfants, de vieillards débiles, qui n'avaient pas voulu rester
dans un pays que la population virile abandonnait, et où
ils redoutaient, avec raison, les excès des révolutionnaires.
La présence de cette population imprima quelque confusion
aux premiers mouvements des Vendéens, et le passage de
la Loire, sur une vingtaine de petits bateaux, s'accomplit au
milieu d'un trouble et d'un désordre voisins du désespoir.
Cependant il s'effectua sans accident, et les Vendéens, après
avoir mis cette large barrière entre eux et l'armée ennemie,
après avoir brûlé toutes les embarcations qui pouvaient fa-
ciliter la poursuite, commencèrent à reprendre confiance
et songèrent à se donner un chef capable de les diriger dans
la nouvelle campagne qu'ils entreprenaient. Larochejaquelein leur était désigné par son courage et son intelligence,
et il fut élu tout d'une voix. Pendant que ses soldats l'entouraient de leurs acclamations, lui seul, attristé de l'honneur qu'il recevait, versa des larmes en se voyant chargé
d'une tâche si lourde. Dès le premier jour cependant, il

se montra à la hauteur de ses nouveaux devoirs. Par ses soins, l'armée se réorganisa, le courage rentra dans les âmes, et on désira de nouveau de se rencontrer avec les bleus et de venger l'échec qu'on avait éprouvé. Les corps républicains, qui occupaient Ingrande, Condé, Segré, furent promptement dispersés, et après quatre jours de marche les Vendéens arrivèrent à Château-Gontier, d'où ils chassèrent la garnison. De là, ils se portèrent sur Laval, accueillis partout avec une vive sympathie par les habitants, qui se joignirent en foule au drapeau royaliste. Lavallée essaie de défendre la ville avec quinze mille hommes ; mais les Vendéens, espérant y trouver du repos et des cœurs amis, se précipitent en aveugles sur les bataillons républicains, et les mettent en déroute malgré une vive résistance. En les poursuivant, Larochejaquelein se trouve seul aux prises avec un grenadier ennemi, et, quoique ayant le bras droit blessé et en écharpe, le saisit de la main gauche, le terrasse et s'en rend maître. Les paysans, accourant de toutes parts, voulaient fusiller le bleu. Mais Larochejaquelein le renvoya aux siens : «Dis-leur, ajouta-t-il, que tu t'es mesuré seul avec le général des brigands, qui n'a qu'une main et point d'armes, qu'il t'a terrassé et laissé la vie. »

Maître de Laval, il résolut d'y attendre l'attaque de l'armée républicaine. La sienne, recrutée par les Chouans et par de nombreux volontaires, s'élevait alors à quarante mille hommes. De leur côté, les généraux républicains ne croyaient pouvoir hâter assez leur marche, dans l'espérance d'anéantir ce qu'ils appelaient les débris de l'armée royale. Westermann, commandant l'avant-garde, se sépare des autres généraux avec six mille hommes, et, croyant que les blancs n'oseraient l'attendre, s'avance à marches forcées sur Laval. Mais à une lieue de la ville, au milieu de la nuit, il rencontre les avant-postes vendéens, qui bientôt, soutenus par des corps nombreux, livrent au présomptueux Westermann un combat meurtrier. Les deux partis, confondus dans l'obscurité, ne distinguaient leurs ennemis qu'à la lueur des coups de feu, et, comme à Saint-Fulgent, puisaient dans les mêmes caissons les munitions qui leur servaient à s'entretuer. Les paysans tiraient partout où ils entendaient des jurements et des imprécations contre Dieu, sûrs, par ce moyen, de ne frapper que des révolutionnaires. Enfin, les chefs républicains, cernés de toutes parts, se retirèrent avec peine, laissant sur le champ de bataille la moitié de leur monde, et allèrent rejoindre le gros de l'armée, pour laquelle leur défaite devint un triste présage du sort qui l'attendait.

Ce premier choc n'était que le prélude de celui qui allait avoir lieu entre deux armées également ardentes à en venir aux mains, composées de soldats aguerris, et désireuses, l'une de couronner ses succès, l'autre de venger un revers. Les républicains étaient commandés par le général Léchelle, homme incapable, qui avait sous ses ordres des lieutenants habiles, Kléber, Marceau, Beauquy. Ils s'avancèrent vers Laval, sur une seule colonne, dont le front rétréci devait supporter tout l'effort des royalistes et dont tous les tronçons, successivement attaqués, étaient voués à une perte inévitable. Les Vendéens, au contraire, avaient à leur tête un chef digne d'eux, et qui, dans cette journée, déploya l'intelligence du capitaine le plus consommé. Ils attaquèrent la tête de la colonne ennemie avec leur impétuosité ordinaire, et ne tardèrent pas à la mettre en déroute. Le corps de bataille, qu'ils assaillirent ensuite, partagea le même sort, et fut rejeté sur Entrames. Là, une batterie pointée par Kléber arrêta leur marche par des feux meurtriers. Les Vendéens, d'après leur tactique ordinaire, se précipitent sur les canons, et un combat sanglant s'engage autour de ces pièces, dont la possession doit assurer le salut de l'armée républicaine. Boirand, l'un des généraux royalistes, est renversé mortellement à cette attaque ; ses soldats le relèvent en pleurant. « *Mes amis*, dit Larochejaquelein en retenant ses larmes, *nous le pleurerons demain ; vengeons-le aujourd'hui !* »

Enfin, tous les obstacles cèdent à la valeur des Vendéens, qui, s'avançant en colonne serrée, poursuivent les bleus jusqu'à Château-Gontier, sans leur permettre de se rallier nulle part. A Château-Gontier, les généraux parvinrent à remettre quelque ordre dans les rangs et essayèrent de défendre la ville. Mais Larochejaquelein n'était pas homme à se contenter d'une demi-victoire. « *Mes amis*, dit-il, *est-ce que les vainqueurs coucheraient dehors et les vaincus dans la ville ?* » Puis, à la tête des siens, il se jette sur un pont défendu par une batterie, l'enlève et pénètre dans la ville, où la bataille se prolongea jusqu'au milieu de la nuit, et se termina par l'anéantissement de l'armée révolutionnaire ; elle avait duré quinze heures.

Rien ne saurait rendre la consternation que cette victoire jeta dans le parti révolutionnaire et jusqu'au sein de la Convention. Les Jacobins, croyant déjà voir l'armée vendéenne aux portes de Paris, et comptant les jours qui restaient à leur odieuse domination, tremblaient au souvenir de leurs crimes et de tant de sang versé par eux. En effet, rien n'eût été capable d'arrêter la marche des royalistes, si, profitant de la terreur qu'ils répandaient, ils se fussent avancés contre la capitale. Dans son effroi, le comité de salut public fit couper les routes, fit sauter les ponts, rappela trente mille hommes des armées, et ordonna sur tout le territoire de la république, déjà épuisé, des réquisitions en hommes, en vivres, en habillements, en munitions, afin de créer des forces capables de mettre à l'abri son détestable pouvoir. Ces mesures, exécutées avec la sauvage énergie de la Terreur, mirent, en moins de quinze jours, une armée nouvelle à la disposition de ses généraux. Les chefs incapables qui compromettaient leurs succès furent éloignés, et bientôt les républicains se virent en état de reprendre l'offensive contre l'armée qui les avait vaincus.

Cependant, les Vendéens, ignorant la faiblesse de leurs ennemis, ne crurent pas pouvoir marcher sur Paris. Ils ne suivirent point non plus le conseil de Larochejaquelein, qui les engageait à rentrer triomphalement dans la Vendée, d'où ils auraient pu encore braver les efforts des révolutionnaires, ainsi qu'ils l'avaient fait si heureusement pendant une année de combats et de victoires. L'espérance de recevoir du dehors les secours dont ils avaient besoin, et de tendre la main à sept mille émigrés cantonnés à Jersey, leur inspira la pensée de s'emparer d'un port, et, dans ce but, ils se dirigèrent sur Granville. Telle était l'épouvante dont étaient saisis leurs ennemis, que dix-sept mille réquisitionnaires rassemblés à Mayenne par le général Lenoir, se dispersèrent à l'apparition de quelques cavaliers vendéens. Un corps d'armée, commandé par Brière, qui tenta d'arrêter leur marche triomphante, fut détruit aux portes de Fougères, où trois cents prisonniers, menacés de l'échafaud, furent rendus à la liberté. Mais en approchant de Granville, les Vendéens, de plus en plus éloignés, se prennent à regretter leurs villages et leurs champs, et sentent s'attiédir l'ardeur dont ils étaient animés. Cependant un assaut formidable est livré à la ville, que les républicains, pour assurer leur défense, livrent eux-mêmes aux horreurs de l'incendie, et, quoique dépourvus d'échelles et d'instruments de siége, les royalistes pénètrent jusqu'au cœur de la place. Mais là, le cri de trahison, jeté par un déserteur, les fait hésiter; toute l'ardeur des chefs ne peut parvenir à leur rendre l'élan et

la confiance, et après vingt-huit heures de combat, Larochejaquelein est contraint de renoncer à son entreprise.

Les Vendéens demandaient à grands cris à rentrer dans
le Bocage. Mais déjà les forces républicaines formées par
les mesures de la Convention, leur en fermaient l'accès et
s'apprêtaient à les cerner de toutes parts. Pour arriver jusqu'à Dol, ils durent passer sur le ventre de la division du
général Tribout, qui, après un combat acharné, laissa dans les
rues de Pontorson treize canons et tous ses bagages. A peine
étaient-ils entrés à Dol, qu'ils virent fondre sur eux trois
armées commandées par les chefs les plus renommés de la
république. Là se donna la plus mémorable et la plus furieuse
bataille qui ait été livrée dans cette guerre meurtrière. Le
19 novembre au soir, Westermann la commença par une
attaque d'avant-garde qui se prolongea toute la nuit au
milieu d'une confusion épouvantable. Larochejaquelein,
après avoir refoulé Westermann sur le centre de l'armée
ennemie, partagea la sienne en deux corps, dont l'un, conduit par Stofflet, devait attaquer l'ennemi par la route
d'Antrain, et l'autre, qu'il commandait lui-même, par celle
de Pontorson. Mais, tandis qu'il faisait reculer les forces
qui lui étaient opposées, un brouillard épais s'étant élevé,
enveloppa son corps d'armée et fit croire à l'aile droite
qu'il avait été vaincu et forcé à la retraite. Aussitôt, un désordre épouvantable se mit dans les rangs des Vendéens,
qui, suivis de Stofflet lui-même, se rejetèrent dans Dol, se-
mant la nouvelle de la défaite de l'armée au milieu d'une
multitude de femmes dont le salut dépendait uniquement
de l'issue du combat. Dans cette circonstance, où tout semblait désespéré, elles montrèrent une résolution digne de
véritables Vendéennes et digne de la cause sainte qu'elles
soutenaient avec tant de constance. Sans songer à se mettre
par la fuite à l'abri des armes révolutionnaires, elles cou-

rurent au devant des fuyards, leur reprochèrent leur pusillanimité, et, ramassant les fusils qu'ils jetaient derrière
eux, leur donnèrent l'exemple du courage en les devançant
au combat. Les Vendéens, ranimés par elles et honteux de
leur faiblesse, revinrent se ranger autour de Larochejaquelein, qui, désespéré de leur fuite, cherchait la mort devant
les batteries ennemies sans pouvoir la trouver. Heureusement, le brouillard qui avait occasionné ce désordre, l'a-
vait en même temps dérobé aux yeux des chefs républicains. Talmont, réunissant huit cents combattants résolus
à périr, avait tenu tête aux ennemis avec une rare intrépidité, en dissimulant, dans le brouillard, le petit nombre
d'hommes dont il disposait, jusqu'à ce que Stofflet, ramenant les siens au combat, fit reprendre l'avantage aux Vendéens. Ceux-ci, résolus à venger la honte de leur fuite pré-
cipitée, se précipitent sur les républicains avec une telle
furie, qu'ils les forcent à lâcher pied de tous côtés. Kléber
lui-même est entraîné dans ce mouvement, et Marceau,
avec ses plus braves bataillons, parvient avec peine à protéger la retraite.

Cette victoire causa aux Vendéens une joie d'autant plus
vive, qu'ils s'étaient crus plus près d'une entière défaite.
Toutefois, la bataille, qui durait depuis vingt-quatre heures,
n'était pas encore terminée. Le lendemain, elle recom-
mença dès la pointe du jour, plus furieuse que la veille, et
dura encore quatorze heures. Les bleus, refoulés de position en position, tentent vainement, dans les rues d'Antrain, un dernier effort de résistance. Les royalistes y pénètrent pêle-mêle avec eux, écrasent un régiment laissé en
arrière pour les arrêter, et forcent les républicains à se disperser, laissant douze mille des leurs sur ce dernier champ
de bataille.

Ce triomphe, chèrement acheté après deux jours et deux

nuits de combat, ouvrit une route aux Vendéens, que les chefs conventionnels s'étaient flattés d'exterminer sur les côtes de la Manche. Ils s'avancèrent jusqu'à la Loire sans obstacle et sans se faire illusion sur leur triste position; car ils savaient que la Convention en avait fait fortifier tous les points, jetant dans toutes les villes riveraines de nombreuses garnisons, et que le passage de ce fleuve immense rencontrerait d'insurmontables difficultés. Ils essayèrent cependant de le forcer à Angers, où les républicains s'étaient fortifiés. Mais, dénués, comme à Granville, de tous moyens de siége, ils durent, après deux jours d'attaque, se replier sur le Mans, à travers un pays qu'on avait dévasté à dessein, afin qu'ils n'y pussent pas trouver de ressources. La famine et les maladies régnaient dans l'armée lorsqu'elle arriva au Mans, déjà sensiblement diminuée par la retraite ou la mort d'un grand nombre de combattants. Au Mans, l'abondance des vivres et les liqueurs fortes produisit sur ces soldats exténués un effet plus funeste encore que la disette, en sorte que, lorsque les généraux républicains, ayant réuni tous les débris de leurs armées vaincues, vinrent pour troubler leur retraite, Larochejaquelein ne put réunir autour de lui que douze mille hommes, avec lesquels, pendant toute une nuit, il protégea par des prodiges de valeur, la fuite de plusieurs milliers de femmes et d'enfants. Mais les bleus, cette fois victorieux, en trouvèrent encore un grand nombre dans les murs de la ville, qu'ils massacrèrent sans pitié, ne cessant d'opposer la plus révoltante férocité aux actes d'humanité exercés tous les jours envers leurs prisonniers par les généraux vendéens.

Les restes de l'armée se rapprochèrent de la Loire, et, après quelques jours de marche, parvinrent à Ancenis, pour en tenter le passage. Mais les républicains avaient détruit tous les transports, et l'on ne put trouver que deux batelets et quatre grosses barques qui étaient amarrées à la rive opposée. Comme le rivage était couvert de partis ennemis et que nul n'osait les affronter pour aller chercher les barques, Larochejaquelein, Stofflet et quelques braves, se jetant dans les batelets, tentèrent cette périlleuse expédition. A peine avaient-ils mis pied à terre qu'ils furent attaqués par une grosse colonne républicaine. La faible escorte de Larochejaquelein est dispersée; lui-même, obligé de se cacher dans un bois, se retrouve seul dans cette Vendée, au milieu des champs de bataille déserts qu'il avait illustrés par son courage.

Les Vendéens, témoins de ce désastre, et reconnaissant l'impossibilité d'effectuer en commun le passage du fleuve, se séparèrent, les uns pour le tenter individuellement, les autres pour se cacher dans les campagnes et attendre un moment plus favorable. D'autres, plus mal inspirés, et se fiant à une amnistie trompeuse que les républicains avaient fait publier, se présentèrent devant les autorités de Nantes, qui les firent impitoyablement mettre à mort. Enfin, un corps de sept mille hommes environ, composé des plus intrépides, se retira vers Savenay, et là attendit l'attaque des forces républicaines pour succomber noblement dans un dernier effort capable de consoler leur valeur. Beaucoup périrent dans ce choc héroïque, qui eut lieu le 24 décembre. Quelques-uns se firent jour à travers l'armée ennemie, et, se dispersant dans les bois de la Bretagne et du Maine, allèrent entretenir dans les populations ces semences de fidélité et de dévouement qui les ont à jamais illustrées.

En effet, les espérances que les révolutionnaires avaient conçues de victoires si chèrement achetées furent encore une fois trompées. Leurs rapports, leurs journaux, leurs orateurs, annonçaient partout que la Vendée avait cessé d'être et que tout élément de guerre civile dans l'Ouest était

pour jamais étouffé; mais au même instant la Vendée relevait sa tête sur les deux rives de la Loire, et se montrait
plus que jamais résolue à ne pas subir le joug de la Révolution. Jamais la Convention n'exerça moins de domination
sur les provinces de l'Ouest, que depuis ce moment qu'elle
avait cru être celui de son triomphe définitif, et c'est à
cette époque qu'il faut faire remonter cette vaste organisation qui eut pour effet de soustraire plusieurs départements
à l'influence de l'autorité révolutionnaire, aussi longtemps
que subsista le gouvernement républicain. Dans toute la
Bretagne, dans la Mayenne, dans la Sarthe, dans plusieurs
cantons de la Normandie, des chefs intrépides et d'une
constance à toute épreuve commandaient au nom du roi,
et se voyaient spontanément obéis par des populations qui,
sans se lasser, entretinrent un état de guerre permanent
contre la Convention et le Directoire. Adonnés à leurs travaux pendant le jour, ces cultivateurs soldats étaient prêts,
chaque nuit, à répondre au signal par lequel un de leurs
chefs les appelait à délivrer des prisonniers, à châtier les
crimes des révolutionnaires, à s'opposer à quelqu'une de
leurs ténébreuses et sanglantes exécutions. Des volumes suf-
firaient à peine à retracer les exploits prodigieux qui rendirent illustres les noms de plusieurs dans cette lutte de
six années, dont nous ne pouvons qu'indiquer le caractère
principal.

Après la campagne de l'armée vendéenne, Jean Chouan
renonça à se cacher dans les forêts et tint ouvertement
la campagne, aux environs de Laval, avec un corps de troupes qui se dissipait ou se recrutait suivant le besoin des circonstances. Dans toute la contrée où il commandait, nul
accès n'était permis ni aux ordres, ni aux agents du gouvernement, et tout corps de troupes qui s'y aventurait mar-
chait à sa perte inévitable. Les républicains, furieux de ne

pouvoir triompher de ce chef hardi, parvinrent à s'emparer de ses deux sœurs et les conduisirent à Laval, où elles furent guillotinées, sans autre motif que la haine qu'on portait à leur frère. L'aînée, plus forte et plus courageuse, soutint l'autre jusqu'au pied de l'échafaud, pria pour elle pendant l'exécution, et mourut à son tour en criant *Vive le roi! Vive mon frère Jean Chouan!* Celui-ci, dégoûté de la vie par tant d'atrocités, ne songea plus qu'à la vendre chèrement aux bleus, et après les avoir défaits en plus de vingt rencontres, fut blessé mortellement en défendant une femme qui allait tomber dans leurs mains. Il expira au milieu des larmes de ses compagnons, les entretenant de leurs devoirs de royalistes et de chrétiens, et les adjurant de ne jamais aimer et de ne jamais servir la république. Après sa mort, dix chefs non moins audacieux se levèrent pour le remplacer et le venger.

Parmi eux, on distingua bientôt Treton, dit Jambe d'Argent, parce qu'il boitait de naissance, qui commandait dans les environs de Cossé. A raison de son infirmité, son enfance avait été misérable, et lorsqu'il se présenta à l'armée de la Vendée on refusa de lui donner un fusil. Mais, dès la première rencontre, son intrépidité sut conquérir sur les républicains des armes qui devaient leur être funestes. Bientôt il reparut dans son pays, allant de porte en porte et disant: « Je suis Louis Treton, que votre charité a nourri dans son enfance; j'ai été soldat dans l'armée de la Vendée, et je vous dis qu'il ne faut pas nous laisser tuer comme des lâches. » Son éloquence et son courage réunirent autour de lui une foule de volontaires avec lesquels il tenait en échec de nombreux cantonnements, ne manquant jamais de se porter partout où ses compagnons avaient besoin de son concours ou de son appui. Ses vertus, son humanité, lui avaient acquis sur ses soldats un ascendant irrésistible, et sa parole était sacrée, même pour les bleus, qui avaient appris à vénérer son nom. Saint-Paul dans la Sarthe, M. Jacques vers la Loire, et Coquereau dans la Mayenne, combinaient avec lui leurs opérations et désespéraient les bleus par la soudaineté et la fréquence d'attaques qui ne leur laissaient aucun repos. Piemousse, que sa grande pénétration faisait croire doué d'une sorte de seconde vue, avait défendu aux siens, sous peine de mort, de profaner le nom de Dieu, de s'enivrer, de faire violence ou injure à quelque femme. Les crimes et les excès étaient inconnus parmi ces soldats de la religion et du roi, bien différents de ceux de la Révolution, qui, insultant à toutes les choses saintes, signalaient partout leur passage par l'incendie et les violences, par le meurtre des enfants et des femmes; uniques exploits dont pussent se glorifier les généraux que la Convention condamnait à cette honteuse guerre.

Plus tard, M. de Scépeaux, que son intelligence et son dévouement rendaient digne de cette tâche, réunit sous son commandement ces divers chefs, et composa, sur les rives de la Loire, une armée redoutable qui occupa toutes les villes du littoral et défia par son organisation les efforts des républicains. En même temps, Boisgny, du côté de Fougères, Bois-Hardy, dans le Calvados, et ensuite MM. de Frotté et de Bourmont, dans le Calvados et le Haut-Maine, ne laissaient au gouvernement de la république qu'une autorité nominale sur les contrées qu'ils occupaient. Mais, de tous ces chefs, celui qui exerça la puissance la plus incontestée et la plus durable fut, sans contredit, Georges Cadoudal, dans le Morbihan. Fils d'un simple cultivateur, et pénétré, comme tous ceux qui l'entouraient, d'une aversion profonde pour la tyrannie et les rigueurs révolutionnaires, il réunit, quoique très jeune, quelques-uns de ses compagnons d'enfance, et alla s'offrir avec eux à l'armée de la

Vendée, où sa bravoure froide et intrépide le fit bientôt remarquer. Après la campagne d'outre-Loire, il rentra dans le Morbihan, et, parcourant les bois, les fermes, les hameaux, rassembla de nombreux partisans, et se mit en relation avec les chefs que la chouannerie avait déjà suscités et qui ne tardèrent pas à le reconnaître pour leur guide. Doué d'une force et d'une activité prodigieuses, on le vit bientôt, avec eux, attaquer et détruire les colonnes républicaines, intercepter les correspondances du gouvernement, disperser les escortes des prisonniers royalistes et ouvrir leurs cachots. Les bleus, traqués de toutes parts, se virent contraints de laisser Cadoudal maître du pays, et de se confiner dans les places principales, où ils n'étaient pas toujours en sûreté, et où la police établie par leur redoutable ennemi les exposait à une dure famine. Car toutes les campagnes lui obéissaient, et nulles denrées ne pouvaient pénétrer dans les villes sans son autorisation.

En effet, Cadoudal n'était pas seulement un soldat hardi et heureux; il était de plus un administrateur habile et plein de prévoyance. Nul ne savait mieux que lui procurer des vivres à une armée, la pourvoir abondamment d'armes et de munitions, lui dispenser le repos nécessaire et y entretenir la discipline. Un conseil civil, formé par ses soins, gérait les affaires du département, et entretenait la correspondance entre les divers points de son commandement. L'organisation militaire n'était pas moins parfaite, et neuf généraux de division commandant à autant de circonscriptions, réunissaient sous ses ordres, au moindre signal, des forces qui défiaient les armées de la république. Lemercier, Guillemot, Sol de Grisolles, Jean-Jean, de Sales, étaient les principaux de ses lieutenants, qui tous s'illustrèrent par des actes éclatants de courage et d'habileté. Ces différents chefs, qui commandaient dans l'Ouest, séparés ou réunis, étendirent leur domination sur plus de dix départements, décimèrent de nombreuses armées envoyées contre eux, vainquirent des généraux renommés et signèrent avec les agents de la République des armistices et des traités de paix où ils se montraient souvent plus intraitables que les monarques des nations puissantes qui étaient alors en lutte avec le gouvernement français.

Pendant la marche de l'armée royaliste sur la rive droite de la Loire, la Vendée était restée presque sans défenseurs, et les républicains en avaient profité pour y établir le régime de la Terreur. Divers corps de troupes, connus sous le nom de colonnes infernales, la parcouraient dans tous les sens, y répandant l'incendie et le carnage, massacrant les femmes et les enfants qui n'avaient pas suivi l'armée royale, ou qui, appartenant à des familles patriotes, avaient cru, sur la foi de leurs opinions révolutionnaires, pouvoir continuer à résider dans le pays. Comme la plupart des blancs avaient pris soin de s'éloigner ou s'étaient réfugiés à l'abri des corps vendéens, les vengeances révolutionnaires atteignirent presque exclusivement les patriotes, qu'une aveugle confiance faisait affronter l'approche des colonnes infernales. Celles-ci, composées de la lie des égorgeurs des villes, déjà rompus aux meurtres et à tous les genres de crimes, des suppôts du bourreau trop lâches pour être envoyés au combat et assez vils pour se ruer sur des prisonniers ou des femmes sans défense, se livrèrent envers tous les partis à toutes sortes d'atrocités, et l'on frémit en lisant les rapports où quelques-uns des exploits de ces scélérats sont consignés. « Dans une distance de trois lieues, dit un de ces procès-verbaux, rien n'est épargné : les hommes, les femmes, les enfants même à la mamelle, les femmes enceintes, tout périt par les mains de la colonne. En vain, de malheureux *patriotes*, leur certificat de civisme à la main,

20

demandent la vie à ces forcenés ; ils ne sont pas écoutés, on les égorge. Pour achever de peindre les forfaits de ce jour, il faut dire que les foins ont été brûlés dans les granges, les grains dans les greniers, les bestiaux dans les étables ; et quand de malheureux cultivateurs connus de nous par leur civisme ont eu le malheur d'être trouvés à délier leurs bœufs, il n'en a pas fallu davantage pour les fusiller. »

D'autres commissaires écrivent à la Convention, le 24 mars : « Patriotes ou brigands, Turreau confond tout dans la même proscription. A Montournais, aux Epesses et dans plusieurs autres lieux, Amey fait allumer les fours, et lorsqu'ils sont bien chauffés, il y jette les femmes et les enfants. D'abord, on a condamné à ce genre de mort les femmes brigandes, et nous n'avons trop rien dit ; mais aujourd'hui, les cris de ces misérables ont tant diverti les soldats et Turreau, qu'ils ont voulu continuer ces plaisirs. Les femelles des royalistes manquant, ils s'adressent aux épouses des vrais patriotes. Déjà, à notre connaissance, vingt-trois ont subi cet horrible supplice, et elles n'étaient, comme nous, coupables que d'adorer la nation. La veuve Pacand, dont le mari a été tué par les brigands à Châtillon, lors de la dernière bataille, s'est vue, avec ses quatre petits enfants, jeter dans un four. Nous avons voulu interposer notre autorité ; les soldats nous ont menacés du même sort. »

Telles étaient les mesures par lesquelles la Convention espérait épouvanter la Vendée et lui faire déposer les armes. Quelques généraux qui avaient abandonné leurs professions de comédiens ou de bouchers pour embrasser ce nouveau métier, s'offrirent à les exécuter et donnaient à leurs soldats l'exemple de la férocité. Grignon, l'un d'eux, avait l'habitude, pour essayer le tranchant de son sabre, de couper en deux les enfants à la mamelle, et un autre, nommé Commaire, en fit une loi à ses soldats. « Nous le voyons tous les jours, dit un commissaire, prendre les premiers enfants venus, fils de républicains ou de brigands, peu lui importe ; il les saisit par une jambe, et les fend par moitié, comme un boucher fend un mouton. Ses soldats en font autant, et si les autorités veulent réclamer, on les menace d'être fusillées. »

Ces actes de barbarie, qui s'exerçaient le plus souvent sur des familles de patriotes, n'atteignirent pas le but que la Convention s'était proposé. Loin d'en être intimidés, les Vendéens n'en conçurent qu'une plus grande horreur contre le régime qui les avait prescrits, et afin d'en châtier les exécuteurs, ils se groupèrent en plus grand nombre autour des chefs que la fortune de la guerre leur avait laissés. Larochejaquelein, revenu sur le théâtre de ses premières victoires, se vit bientôt entouré de compagnons, les uns restés dans le pays, les autres échappés, comme lui, aux désastres de la grande armée, et qui parvenaient tous les jours à franchir la Loire. A peine en a-t-il réuni quelques-uns qu'il tombe sur un détachement d'une colonne infernale, et passe au fil de l'épée douze cents de ces misérables. Dans le cœur de l'hiver, il multiplie ses opérations. Indomptable à toutes les fatigues, et trompant tous les calculs des bleus, il se présente, chaque jour et à d'immenses distances, sur tous les points qu'ils menacent et où ils croient le moins trouver leur infatigable ennemi. Larochejaquelein, rentré victorieux dans plusieurs villages, fait partout reculer les républicains, consternés de voir la Vendée renaître plus indomptable que jamais. Dans cette guerre, qui n'est qu'un combat de tous les jours, et où il lutte avec quelques milliers d'hommes contre des forces dix fois plus nombreuses, on retrouve toute l'habileté dont il avait fait preuve dans sa campagne d'outre Loire, et cette audace qui, depuis le commencement de la guerre, ne lui a jamais fait défaut. Après avoir chassé les républicains du bourg de Chemillé, il les poursuivait avec quatre compagnons, sur la route de Chollet, lorsqu'il arrive au poste de Vesins, gardé par cent vingt soldats. Il brûle la cervelle à la sentinelle, et, pénétrant dans la caserne : *Combien êtes-vous de coquins ici?* s'écrie-t-il ; et, saisissant son fusil par le canon, il tue tout ce qui s'offre à ses coups, tandis que les bleus surpris, sans compter leurs ennemis, sautent par les fenêtres et s'enfuient en désordre.

Malheureusement, Larochejaquelein devait périr comme presque tous les héros de cette guerre, pour lesquels le danger n'était qu'un jeu de tous les instants. Vers la fin de l'hiver, il vint un jour attaquer une colonne qui s'apprêtait à incendier le bourg de Nuaillé, et la mit en déroute. Les siens se disposaient à tuer deux républicains laissés en arrière, lorsqu'il accourut, en disant : « Rendez-vous ; je vous fais grâce. » L'un des républicains, l'ayant reconnu, lui présente le canon de son fusil, l'ajuste et le tue. Ainsi périt dans sa victoire et dans sa magnanimité le héros le plus brillant qu'ait enfanté cette guerre si féconde en grandes âmes. A vingt-un ans, il avait remporté déjà seize victoires signalées, et s'était trouvé à plus de quatre-vingts combats.

Stofflet prit le commandement de l'armée de Larochejaquelein et poursuivit la série de ses succès contre les républicains, disant exécuter les ordres du jeune général, dont il dissimulait la mort. Le 10 mars, il attaqua la ville de Chollet, qui servait de centre aux opérations de l'ennemi, et s'en rendit maître après un combat acharné. Le général Moulin, qui commandait les républicains, se voyant près de tomber entre les mains des royalistes, préféra se donner la mort. Moulin était l'un des plus impitoyables exécuteurs des barbaries commises dans la Vendée, et, comme plusieurs de ses collègues, il portait habituellement des culottes faites avec de la peau humaine enlevée sur les corps des suppliciés. Quelques autres affaires forcèrent peu à peu les républicains à évacuer une grande partie du pays, et le Bocage, après tant d'épreuves, commença à respirer.

Dans le Bas-Poitou, Charette était parvenu, par des efforts inouis et une incroyable ténacité, à se soutenir contre tous les généraux envoyés pour l'exterminer. Acculé aux rivages de la mer, après le désastre de la grande armée, il s'était vu, avec trois mille hommes seulement, cerné dans les marais de Boin, au milieu des neiges et des inondations, réduit à une extrémité où tout autre que lui eût désespéré du salut de son armée. Alors, enterrant ses canons, tuant ses chevaux, jetant à l'eau ses munitions, il se fraie une issue par des chemins impraticables, avec quelques pièces traînées à bras, et, après avoir brisé une colonne républicaine, il se trouve tout à coup sur les derrières de l'armée ennemie. Pour recouvrer des munitions et de l'artillerie, il n'eut d'autres ressources que de surprendre un camp républicain défendu par deux mille patriotes, qu'il tua ou dispersa, et de s'emparer des convois destinés à ravitailler les bleus. Pendant tout l'hiver, à travers les frimas et les difficultés sans nombre, tantôt vainqueur et tantôt errant dans les bois avec quelques compagnons, il trouve moyen de harceler sans cesse les républicains et de leur rendre avec excès toutes les fatigues qu'ils lui font subir. Sans provisions ni bagages, il se portait avec une surprenante activité partout où il était le moins attendu, attaquant les corps détachés, se trouvant sur les derrières des généraux qui croyaient l'avoir devant eux, et faisant échouer tous les plans conçus pour le réduire. Blessé dans un combat acharné, près du village de Brouzèle, que les républicains venaient incendier, obligé de se séparer des siens, poursuivi et traqué de tous côtés, il reparaît tout à coup, au bout de quelques jours, à la tête de dix mille hommes, et, dans trois journées consécutives, bat et disperse complétement les colonnes infernales commandées par les généraux Jaba, Grignon et Lachenaie. Enfin, le 23 février, il conduit contre le camp républicain de Légé ses soldats, exaspérés des ravages et des désastres dont ils sont témoins, et qu'aucun obstacle n'arrête. L'impétuosité de leur attaque rend inutile la résistance des bleus, qui, culbutés de toutes parts, ne peuvent même trouver dans la fuite un refuge contre les coups d'un ennemi infatigable.

La Convention, consternée de ces revers, qu'elle était loin d'avoir prévus, résolut de remplacer les chefs incapables et sanguinaires qui commandaient dans l'Ouest, par un de ses plus habiles généraux, et y envoya Haxo, militaire aussi distingué que brave. Haxo, en recevant la mission que lui confiait la Convention, jura de lui « envoyer avant six semaines la tête de Charette, ou d'y perdre la sienne. » De son côté, Charette se prépara, en redoublant d'activité et de constance, à résister à un ennemi qu'il redoutait plus à lui seul que tous les autres réunis. Il organise de nouveaux corps, distribue à ses soldats, dénués de tout, les vêtements et les fusils pris sur les républicains, et, malgré les ressources de son génie et la confiance que lui inspire le courage des Vendéens, il se condamne longtemps à éviter l'ennemi par des marches et des opérations où il ne doit pas déployer moins d'habileté que dans des batailles rangées. Enfin, lassé de cette fuite, il se résout à attendre Haxo, qui, croyant le surprendre, se voit surpris lui-même près de la Vivantière, le 5 mars, et, assailli avec une incroyable furie, maintient avec peine l'ordre dans ses ba-

taillons ébranlés. Après une courageuse résistance, le général républicain est entraîné par les siens, qui, mis dans
une déroute complète, laissent sur un espace de trois
·lieues le sol couvert de cadavres et de blessés. Quelques
jours après, Haxo, ayant rallié son armée et brûlant de
prendre sa revanche, attaque les royalistes et, par une manœuvre hardie, coupe en deux l'armée royaliste et la sépare de Charette. Celui-ci se voit de nouveau contraint à
errer dans les bois avec quelques soldats. Mais il a bientôt
rejoint ses compagnons et vient, le 19 mars, aux Clouzeaux,
livrer à Haxo une bataille décisive. L'issue en resta longtemps incertaine entre deux chefs également résolus à
vaincre ou à périr. Enfin, Charette, s'élançant avec sa cavalerie aux cris de *mort aux bleus!* jette le désordre dans
les rangs de l'armée républicaine. Haxo s'efforce en vain
de la rallier, et, à six reprises différentes, la ramène en
ligne pour rétablir le combat; assaillis par des charges
à la baïonnette furieuses, ses soldats se voient à chaque
fois rompus et refoulés. Haxo, désespéré, restait le dernier
au combat, lorsqu'une balle l'atteint et le renverse de
cheval. Tout frappé qu'il est, il fait face à tous les adversaires qui se précipitent sur lui, et, refusant de se rendre,
tombe couvert de sang et de blessures.

Ce combat décida du sort de la Vendée. La Convention,
épuisée, n'avait plus de troupes à lui opposer. Les républicains, chassés de Mortagne par Marigny, se bornèrent à entourer le pays insurgé d'une ceinture de camps retranchés
qui le séparait du reste du territoire français. Charette, trouvant deux de ces camps, ceux de Fraligné et de la Roullière,
trop rapprochés de ses quartiers, les attaqua, les prit et
les rasa complétement, sans que les républicains cherchas-
sent même à en tirer vengeance. Les Vendéens profitèrent
du repos qui leur était laissé pour réparer les pertes qu'ils

avaient souffertes, pour se livrer, comme dans un temps de paix ordinaire, aux travaux de la culture, et bientôt leur riche pays, qui nourrit plusieurs départements voisins, reprit son aspect accoutumé. Charette et Stofflet, qui s'en partageaient le commandement, après avoir complété et consolidé l'organisation militaire de la contrée, durent lui donner aussi une organisation civile. Comme dans tout pays régulièrement gouverné, des tribunaux furent institués, une police fut établie, et des commissaires exerçant gratuitement leurs emplois maintinrent partout le bon ordre et décidèrent les contestations. Divers combats, dans lesquels les chefs royalistes eurent ordinairement l'avantage, interrompaient de temps à autre cet état de demi-tranquillité, qui se prolongea pendant le reste de l'année 1794 et les premiers mois de 1795.

À cette époque, le régime de la Terreur avait cessé d'inonder la France de sang et de crimes. La Convention, désespérant de réduire la Vendée par les armes et résolue à pacifier les provinces de l'Ouest, où de nombreuses armées se consumaient sans profit, commença à parler de paix et fit, non sans difficultés, parvenir jusqu'à Charette quelques intermédiaires chargés de paroles de conciliation. Charette, sentant qu'après tant de combats le repos était nécessaire à la Vendée, consentit, sur l'invitation qui lui en était faite, à envoyer à Nantes deux de ses officiers autorisés à poser, au nom des royalistes, les préliminaires de la paix. Ces officiers, munis des instructions de Charette, et incapables de transiger avec leur conscience, se montraient aussi exigeants que si l'armée vendéenne eût campé aux portes de Paris. Ils proposaient à la Convention les plus fières conditions, et refusaient formellement de reconnaître le gouvernement de la république. — *Mais,* leur dit avec impatience l'un des commissaires, *les rois de l'Europe l'ont bien reconnu ? — Monsieur*, répliquèrent-ils fièrement, *ces gens-là n'étaient pas des Vendéens.*

Après divers pourparlers, les commissaires républicains consentirent à signer un traité sur les bases proposées par Charette. Par ce traité 1° le libre exercice de la religion catholique, proscrite dans le reste de la France, était autorisé en Vendée ; 2° un corps militaire, désigné sous le nom de garde territoriale, devait demeurer armé, sous les ordres de Charette, et soldé aux frais de la république ; 3° la Vendée restait exempte de toute conscription et de toute réquisition ; 4° une forte indemnité en argent et en mobilier lui était accordée et les frais de la guerre remboursés. Enfin, par un article destiné à demeurer secret, la Convention s'engageait à rétablir la monarchie et à rendre la liberté au fils de Louis XVI. Après la conclusion de ce traité, signé à la Jaunais, Charette fit à Nantes une entrée triomphale au milieu des acclamations d'une foule étonnée de voir flotter le drapeau vendéen dans une ville républicaine.

Stofflet et les chefs de la rive droite ne tardèrent pas à accepter également la paix qui leur était offerte aux mêmes conditions, et les provinces de l'Ouest se trouvèrent momentanément pacifiées.

De l'opinion de tous les hommes capables de comprendre les choses héroïques, de l'opinion de Napoléon, qui appelait la guerre de la Vendée une guerre de géants, jamais lutte ne fut plus généreuse, plus grandiose, plus magnanime. Jamais peuple ne combattit, avec de plus faibles moyens, avec plus de constance et de valeur, contre des ennemis plus redoutables, en faveur des idées d'ordre et de justice, pour défendre ses croyances, sa religion, son roi, sa véritable liberté. Dans le cours de cette guerre mémorable, de 1793 à 1800, on compte deux cents prises et reprises de villes, sept cents combats particuliers et dix-sept grandes batailles rangées. La Vendée tint, à diverses époques, soixante-dix et soixante-quinze mille hommes sous les armes ; elles combattit et dispersa à peu près trois cent mille hommes de troupes régulières et six à sept cent mille réquisitionnaires et gardes nationaux. Elle s'empara de cinq cents pièces de canon et d'un nombre énorme de fusils et d'armes. Le spectacle de tant d'héroïsme console le cœur affligé à la vue des dépravations et des forfaits de cette époque funeste. Il nous reste à voir quels événements avaient délivré la France du joug sanguinaire de la Terreur, et rendu possible une suspension d'armes entre le gouvernement de la Convention et la Vendée.

XIV.

Les Conventionnels; Carrier; mort de Danton et des Hébertistes.

Tandis que cette généreuse contrée résistait si vaillamment à la tyrannie de l'Assemblée régicide, celle-ci avait continué à livrer le reste du territoire français au régime de persécutions et d'assassinats que préconisaient alors toutes les fractions du parti révolutionnaire. Ainsi que nous l'avons dit, la Convention, craignant que les provinces ne suivissent pas l'élan et les tendances que la Révolution avait reçus des clubs de Paris, les avait inondées de commissaires pris dans son sein, chargés de faire exécuter les lois monstrueuses qu'elle rendait chaque jour, d'activer les enrôlements et surtout de développer l'esprit démagogique des villes, par le spectacle permanent des emprisonnements, des confiscations, des supplices, de la guillotine. Les départements virent avec stupeur arriver ces proconsuls, revêtus d'un pouvoir sans limites, et annonçant, dans des proclamations menaçantes, des projets de *vengeance* dont leur conduite manqua rarement d'exagérer la rigueur. La Convention, pour donner à leur autorité une sanction sévère, avait prononcé la peine de dix années de fers contre quiconque résisterait à leurs injonctions, leur refuserait une obéissance absolue, ou, de quelque manière que ce fût, exciterait les citoyens au mépris de leur pouvoir ou de leurs personnes. Mais les commissaires ne trouvèrent pas cette pénalité suffisante, et décrétèrent partout la peine de mort, non-seulement contre ceux qui se rendaient coupables d'opposition directe à leur mission, mais encore contre tous ceux qui leur étaient suspects d'hostilité secrète et de mauvais vouloir envers la république. La même peine était inévitablement le partage de tout individu coupable, même involontairement, d'offense ou d'injure envers ces hommes qui avaient sans cesse à la bouche les mots d'humanité et de liberté, et les fastes de cette sanglante époque sont remplis des exemples d'un orgueil qu'on chercherait en vain dans les annales des tyrannies les plus réprouvées.

Léonard Bourdon, l'un de ces conventionnels, de passage à Orléans, après avoir consumé dans des orgies la journée du 16 mars, parcourait, pendant la nuit, les rues de la ville avec ses affidés, lorsque l'un de ces derniers vint provoquer le factionnaire de la maison commune. Le factionnaire appelle le poste à son aide, et il s'ensuivit une mêlée dans laquelle Léonard Bourdon reçut, par hasard, quelques contusions insignifiantes. Le commissaire, indigné de cette mésaventure, qu'il ne pouvait attribuer qu'à son imprudence, fit rendre aussitôt plusieurs décrets pour révoquer la municipalité d'Orléans, déclarer la ville en état de rébellion, et déférer au tribunal révolutionnaire quarante citoyens, présumés être les auteurs de cet *horrible attentat*.

Neuf furent condamnés à mort ; l'un de ces malheureux
était père de dix-neuf enfants, et un autre, veuf, était le
seul soutien de cinq enfants en bas âge. Une députation
d'habitants d'Orléans vint demander pour eux à la Convention la faveur de prouver leur innocence. Plusieurs femmes,
dit le procès-verbal, fondant en larmes et poussant des cris
de douleur, sont introduites. Un homme, dont tous les mouvements annoncent le désespoir, les accompagne ; on entend
les cris *grâce! grâce!* Un des pétitionnaires : « Citoyens,
c'est au nom de l'humanité, de la justice, que nous nous
présentons devant vous. On conduit au supplice nos pères,
nos frères, nos enfants. L'un d'eux est père de dix-neuf
enfants, dont quatre sont aux armées. Léonard Bourdon
lui-même ne nous démentira pas ; nous croyons qu'il est
assez généreux pour s'unir à nous, afin d'obtenir à nos
malheureux parents les moyens de prouver leur innocence. »
(On demande l'ordre du jour. On entend des sanglots et des
gémissements. On demande de nouveau l'ordre du jour.
Plusieurs des pétitionnaires se prosternent à genoux, et
prononcent des paroles entrecoupées.) *Un membre.* Nous
ne devons pas oublier ce que nous devons à la justice et à
la représentation nationale, indignement violée dans la personne d'un de nos collègues exerçant la *fonction auguste*
de représentant du peuple. Je demande l'ordre du jour. —
Un des pétitionnaires. J'offre ma tête, pour sauver mon
cousin, père de famille respectable. — Le président fait retirer les pétitionnaires. L'ordre du jour est décrété.

Le conventionnel Dartigoyte ne se montra pas moins
impitoyable dans sa vengeance contre les citoyens de la ville
d'Auch, où il avait été envoyé en mission, avec son collègue
Cavaignac. Tous deux, accompagnés de la guillotine, s'é-
taient transportés dans les différentes villes de la province,
dépouillant les églises, détruisant les signes de la religion

et faisant couler le sang de tous les citoyens dénoncés comme ennemis de la Révolution. Tous deux rivalisaient, dans l'exercice de leurs odiéuses fonctions, de férocité et de cynisme ; et Dartigoyte, qui faisait attacher les détenus à des crèches, où on leur distribuait, comme à de vils animaux, la plus dégoûtante nourriture, s'était acquis des titres plus particuliers à la haine des habitants d'Auch. Un jour qu'il parlait avec son cynisme habituel au club de cette ville, une brique fut lancée contre lui et l'atteignit à peine. Outré de fureur, il organisa aussitôt une commission chargée de punir les auteurs de ce fait ; elle envoya à la mort dix malheureux qui en furent accusés, quoiqu'un seul eût pu s'en rendre coupable. « Vous avez su, écrivait Cavaignac à la Convention, *l'attentat horrible* commis sur notre brave et digne ami Dartigoyte ; vous avez su qu'une main scélérate faillit enlever à la république un de ses plus dignes défenseurs, au moment où, au milieu du peuple, il tonnait contre les malveillants. Pénétrés d'horreur et d'indignation, et voulant venger la représentation nationale outragée, nous prîmes sur-le-champ un arrêté pour ordonner à la commission extraordinaire de s'y transporter : dix scélérats ont porté leur tête sur l'échafaud, et le principal auteur de *l'assassinat* de Dartigoyte a fait retentir jusqu'à son dernier instant l'infâme nom de Louis XVII. Les monstres ! ils périront tous !... » A la suite de cette affaire, la Convention augmenta les pouvoirs de Dartigoyte, et son ardeur révolutionnaire en reçut une nouvelle impulsion.

Saint-Just, l'un des héros de la Terreur, s'étant un jour arrêté avec sa suite dans une auberge près de Senlis, demanda qu'on lui servît à déjeuner. — Nous n'avons que des œufs et du pain, dit l'hôte. — Et ce dinde que j'aperçois, à qui le destines-tu ? — A un citoyen qui demeure au premier, et qui l'a payé d'avance. — Qu'importe ? je m'en empare. — Permettez-moi, citoyen, d'aller recevoir son agrément; cette propriété ne m'appartient plus. — Dis-lui donc qu'un représentant l'exige. — On monta au premier, et la réponse du propriétaire est un refus formel. Saint-Just, indigné qu'il se trouve un homme assez hardi pour résister à une de ses volontés, réclame aussitôt des chevaux, part, et, arrivé à la poste suivante, donne l'ordre à la gendarmerie de se transporter à l'auberge, et d'y saisir tous les habitants du premier étage. Deux heures après, ils furent guillotinés.

Telles étaient les mœurs de ces agents de la Révolution, qui déclamaient sans cesse contre les excès de la royauté, et dont l'orgueil sanguinaire condamnait la France à un état de servitude et de calamité dont on ne trouve l'exemple dans l'histoire d'aucun peuple. S'il est vrai que, de tout temps, le danger de la puissance souveraine, surtout lorsqu'elle est due, non à la naissance, mais au caprice des circonstances et des agitations politiques, ait été d'enfler le cœur de ceux qui en sont les dépositaires, et d'affaiblir, par l'opinion exagérée de leur valeur personnelle, ees sentiments de fraternité véritable qui font de l'humanité une seule famille, il est incontestable que jamais ce danger n'a été aussi funeste qu'à l'époque où la Révolution, ayant détruit tous les principes de la morale politique et sociale, ainsi que ceux de la religion, avait remis entre les mains de ses ministres une autorité à la fois sans limite et sans frein. Jamais aucune nation ne supporta un abus aussi révoltant du pouvoir absolu livré à des hommes pervers et se faisant gloire de leur dégradation. A peine arrivés dans la ville où devait s'exercer leur mission, les conventionnels réunissaient tout ce qu'ils pouvaient trouver de gens tarés, de repris de justice, capables de se livrer à tous les forfaits; ils en formaient leur garde et la force armée destinée à l'exécution de leurs conceptions sanguinaires. Tandis que l'on procédait à l'organisation de cette bande de sicaires, le délégué chargé de l'opération, s'adressant aux assistants, à chaque nom proposé, demandait : « En connaissez-vous un qui soit encore plus scélérat que celui-ci ? » Personne n'en connaissait, et la troupe était ainsi composée d'une manière irréprochable. Cette première mesure prise, il fallait trouver un *citoyen* capable de remplir l'office de bourreau, car ces fonctions demandaient une aptitude particulière, et l'on dut, plus d'une fois, faire appel au patriotisme des révolutionnaires, qui, nous devons le dire, ne fut jamais trouvé en défaut. Cet agent si utile étant désigné, le commissaire l'invitait à sa table, le faisait figurer à côté de lui dans les fêtes patriotiques, et le comblait d'honneurs dont il eût été avare envers le soldat qui combattait chaque jour pour la défense du pays. Enfin, dans les villes où il n'existait point de club ou de société patriotique, un des premiers soins des conventionnels était d'en instituer : s'il en existait, il s'occupait aussitôt de les réformer et de les *épurer*, pour n'y laisser que les hommes résolus à approuver les atrocités qu'il méditait et à le seconder dans son œuvre. Les agents de la Convention ne voulaient pas seulement être obéis, ils voulaient de plus être loués et applaudis.

Alors commençaient les dénonciations, les perquisitions, les visites domiciliaires, les arrestations, les interrogatoires, les emprisonnements, les tortures, les meurtres de toute espèce et sous toutes les formes, et toujours accompagnés de confiscation et de la ruine des familles.

On se trompe en croyant que ces proscriptions atteignaient principalement les prêtres et les individus appartenant à la classe de la noblesse. Ceux-ci, qui pour la plupart avaient répondu à l'appel des princes en émigrant, ou qui combattaient dans la Vendée, ne montèrent qu'en petit nombre sur les échafauds de la Terreur. Le chiffre des prêtres fut, il est vrai, plus considérable. Mais la masse des victimes appartenait à la classe des artisans, des négociants et des bourgeois, parmi lesquels un grand nombre avaient applaudi aux premiers actes de la révolution. Les cultivateurs, sans parler des Vendéens, figurent aussi pour un chiffre notable dans ce funèbre catalogue, et beaucoup de femmes qui, sans égard au danger, se dévouaient au soulagement des captifs et au secours des proscrits, méritèrent d'y être inscrites. Au surplus, on ne s'étonne pas que les vengeances révolutionnaires aient trouvé des victimes dans tous les rangs de la société, lorsqu'on examine les motifs qui déterminèrent la condamnation de la plupart d'entre elles. Beaucoup de jugements étaient motivés sur de prétendues conspirations nouées entre des gens qui n'avaient jamais eu entre eux aucune relation, et qui se rencontraient pour la première fois au pied de l'échafaud. Mais ordinairement les juges ne prenaient pas même le soin de colorer leur sentence d'un semblable prétexte. Les accusés étaient condamnés individuellement ou en bloc, les uns « pour n'avoir jamais manifesté en public aucune opinion sur les événements de la révolution ; » d'autres « pour être présumés aimer la gloire et les distinctions ; » ceux-ci « pour être de caractère et de relations inconnus ; » ceux-là « pour n'avoir pas affiché leurs opinions présumées secrètes. » Vingt-trois citoyens sont jugés et condamnés « comme coupables de montrer parfois de l'indifférence pour la liberté, l'égalité et la révolution ; » d'autres « pour avoir vécu avec des parents qui ne sont pas dans les bons principes. » Des femmes sont mises à mort « pour avoir conservé dans leurs maisons des signes et des vestiges de fanatisme, » c'est-à-dire de religion. Des propriétaires et des fermiers sont exécutés « pour avoir semé dans leurs champs de la luzerne au lieu de blé. » A Nantes, Carrier avait ordonné aux habitants d'illuminer leurs maisons pour célébrer une victoire des républicains. Le lendemain, ceux qui n'avaient pas obéi à cette injonction furent arrêtés et jetés en prison. Soixante-onze furent guillotinés le jour même.

Les actes de barbarie que les commissaires de la Convention commettaient journellement devenaient encore plus odieux par le faste qu'ils déployaient et par les mœurs dépravées qu'ils affichaient publiquement. On les voyait traîner à leur suite des troupes de prostituées, qui figuraient dans les fêtes publiques et dans les orgies, où ils consumaient tous les moments que n'absorbait pas le soin de pourvoir la guillotine. Souvent ils faisaient avec les femmes et les filles des détenus un infâme trafic de leur autorité, et il était rare qu'après avoir abusé de tous les sentiments de la nature, ils ne maintinssent pas, au mépris de ces déplorables marchés, les arrêts de mort portés contre leurs victimes. D'autres fois ils réussissaient à leur extorquer des sommes importantes par des promesses ou par des menaces ; pour cela, ils supposaient de prétendues lettres venues de l'étranger, chargées d'un faux timbre, et dont la seule existence, en indiquant des relations avec les émigrés, était contre les destinataires un arrêt de mort. D'autres fois, on menaçait des habitants paisibles de les porter sur la liste des émigrés, bien qu'ils n'eussent jamais quitté le pays, et plusieurs durent à un faux de cette nature leur ruine et celle de leur famille. De semblables moyens, venant en aide à des malversations de toute nature, furent la source de profits scandaleux pour quelques-uns de ces conventionnels, parmi lesquels on cite Lequinio, l'un des plus féroces promoteurs du régime de terreur qui pesait alors sur la France.

La plupart des actes des conventionnels en mission sont consignés dans leur correspondance, adressée soit à leurs collègues, soit à la Convention, et qui est un des plus précieux monuments de l'histoire de cette funeste époque. Un des caractères les plus saillants qu'on remarque dans leurs écrits, comme dans leur conduite, celui qui accuse avec le plus de vérité la nature perverse de ces hommes, est cette habitude d'ignoble et cruelle ironie, cette manie de gaieté au milieu des descriptions de sang et de supplices, qui est le partage des âmes rompues au crime et sur lesquelles le remords ne saurait avoir de prise. Un vieux militaire est amené devant Schneider, à Strasbourg ; il marche avec une jambe de bois : *Cet homme*, s'écrie Schneider, *ne peut servir la république, conduisez-le à la mort*. Un autre, en racontant que de jeunes enfants sont venus solliciter auprès de lui la grâce de leurs parents, ajoute que, pour se débarrasser de leurs importunités, il a fait périr les uns avec les autres. Dubois-Crancé, qui avait dressé de petits enfants au maniement du fusil et les contraignait à servir d'exécuteurs, quelquefois même envers leurs parents, appelait cela : *apprendre nationalement à lire dans l'âme des ennemis du peuple*. La guillotine qui joue, les têtes qui tombent, les entrailles qui palpitent, les cadavres qui s'accumulent, tout cela est, dans la bouche des conventionnels, l'objet de plaisanteries immondes, tout cela est raconté dans un langage que la plume se refuse à reproduire et qui sent l'éducation de la chiourme et du bagne. En entendant leurs accents de joie, on croit entendre le rire de l'enfer.

Au nombre des atrocités qui signalèrent, sur tous les points de la France, la mission de ces représentants, nous ne pouvons omettre la destruction de Bédoin, petite ville du département de Vaucluse, sur laquelle le conventionnel

Maignet fit tomber tout le poids de ses fureurs révolutionnaires. Un arbre de liberté avait été renversé dans cette
bourgade pendant la nuit. Aussitôt que Maignet eut connaissance de ce *crime* horrible, il prit avec lui un de ces
bataillons de volontaires organisés dans le but d'exécuter
toutes les vengeances et tous les caprices sanguinaires de
ces hommes de meurtre, et il entra dans Bédoin, sans qu'on
songeât à lui opposer aucune résistance. Maître de la ville,
et attendu que les auteurs de *l'attentat* étaient restés inconnus, il fit saisir tous les principaux habitants, qui furent immédiatement livrés à la guillotine. Quelques-uns
ayant tenté de se réfugier dans les bois voisins, furent aussitôt traqués par ses satellites, poursuivis à coups de fusil,
et ramenés blessés ou mourants sur l'échafaud, où leurs têtes
devaient tomber. Cette première exécution étant achevée, la
ville fut livrée aux flammes avec tout ce qu'elle contenait,
sans que les habitants pussent rien emporter de ce qui leur
appartenait, ses édifices furent détruits par la mine, et
les propriétés du territoire interdites à la culture. « J'ai vu,
écrivait le commissaire qui succéda à Maignet, sur les
ruines de cinq cents maisons incendiées, des affiches qui
défendaient d'en approcher ; les champs ont été condamnés
à la stérilité ; les nombreuses manufactures de soie ont été
brûlées ; les farines et les bâtiments nationaux ont eu la
priorité pour la destruction. Les habitants ont été condamnés, les uns à la mort, les autres au cachot ou à la
plus affreuse misère. » En effet, ceux qui n'avaient pas péri
furent distribués entre quatre communes environnantes, où
ils furent assujétis à une condition qui n'était qu'une véritable servitude. Du reste, ce n'est pas seulement dans
cette malheureuse ville que Maignet trouva l'occasion d'assouvir sa rage de destructeur. « A Orange, continue son
successeur, j'ai fait combler une fosse pleine de cinq cents

cadavres ; j'en ai fait combler six autres destinées à recevoir douze mille victimes : déjà, l'on avait fait venir quatre milliers de chaux pour les consumer. » Ces hommes-là professaient hautement que douze millions d'habitants suffisaient à la population de la France, et qu'il en fallait détruire un nombre égal pour assurer le triomphe de leurs doctrines.

Mais aucun de ces conventionnels ne s'acquit une plus hideuse renommée que le célèbre Carrier, envoyé à Nantes, où il accumula tous les crimes commis par ses collègues dans leurs différentes missions. Obscur avocat de l'Auvergne , il fut envoyé à la Convention, et il trouva moyen de se distinguer par sa férocité dans cette Assemblée d'hommes sanguinaires, disant que, pour régénérer la France, il fallait *supprimer* le tiers de ses habitants. Lorsqu'il se présentait à la tribune de l'Assemblée ou des clubs pour s'associer aux mesures les plus atroces réclamées contre les hommes de bien , contre tous ceux qui n'approuvaient pas les fureurs du jacobinisme, ses yeux petits et hagards , son geste brusque, sa voix rauque, sa chevelure longue et grasse , lui donnaient l'aspect d'une hyène flairant le sang et le carnage. Arrivé à Nantes, il s'indigna d'abord de la tiédeur qu'on mettait dans l'exécution des rigueurs révolutionnaires , et organisa aussitôt, en recrutant tout ce qu'il put trouver de plus abject dans la lie de la population, le tribunal et la force armée qui devaient le seconder dans l'accomplissement de ses vues régénératrices. « A Nantes, s'écriait-il, cinq cents têtes doivent rouler par jour, et je n'en vois pas une ! » Pour atteindre ce but, à défaut de royalistes, il fait arrêter tous les habitants paisibles de la ville, tous ceux qui lui étaient dénoncés pour la modération de leurs opinions. «Je ne veux plus, répétait-il à chaque instant, de négociants, de fédéralistes, de riches, de modérés ; il faut nationalement jouer à la boule avec leurs têtes. » Sur cette simple désignation, ses agents, pénétrant dans les maisons, apposaient les scellés dans chaque appartement, après avoir enlevé avec soin l'argenterie, les meubles précieux, les papiers, le linge, dont personne n'osait demander compte. Carrier avait établi que les dépouilles des prisonniers appartiendraient à ceux qui les avaient dénoncés ou arrêtés : c'était le vol à main armée organisé au nom de la loi.

Bientôt les royalistes, saisis sur les deux rives de la Loire, ou plutôt tous ceux qui étaient suspects de l'être, vinrent augmenter le nombre des malheureux dont regorgeaient les prisons de Nantes. La guillotine dressée en permanence sur la place du Bouffay ne les vidait que trop lentement au gré du proconsul. Il fut même obligé , pendant quelques jours, d'en suspendre l'horrible service. A la suite d'un nombreux convoi, il y avait fait conduire Mme de la Métayrie avec quatre angéliques jeunes filles dont la beauté, l'innocence et la résignation avaient touché le cœur des geôliers eux-mêmes. Ce spectacle avait fait murmurer le peuple, et le bourreau, en rentrant de cette affreuse exécution, était mort dans un accès de délire. Carrier songea donc à remplacer la guillotine par un genre d'exécution moins émouvant et plus prompt, et, comme à Lyon, il résolut de faire fusiller en masse les prisonniers entreposés dans les principaux édifices de la ville. Dans une première expédition, on livre au plomb meurtrier des soldats deux cents captifs, parmi lesquels se trouvaient un grand nombre d'enfants de sept à douze ans, dont quelques-uns réussirent, en émouvant la pitié de leurs bourreaux, à échapper à cette boucherie. De semblables exécutions se renouvelèrent dès lors fréquemment. Un jour, le croirait-on ? il y en eut une exclusivement composée d'enfants. « Ce sont des louveteaux qu'il faut étouffer, disait Carrier. » D'après le rapport d'un écrivain républicain (1), « cinq cents enfants des deux sexes, dont les plus âgés avaient quatorze ans, sont conduits au même endroit pour être fusillés ; jamais spectacle ne fut plus attendrissant et plus effroyable. La petitesse de leur taille en met plusieurs à l'abri des coups de feu ; ils délient leurs liens, s'éparpillent jusque dans les bataillons de leurs bourreaux, cherchent un refuge entre leurs jambes, qu'ils embrassent fortement, en levant vers eux leurs visages, où se peignent à la fois l'innocence et l'effroi. Rien ne fait impression sur ces exterminateurs ; ils les égorgent à leurs pieds. D'autres parviennent à s'écarter de ces bataillons de la mort : des soldats se détachent, et le plomb arrête leur course en les renversant sur la poussière. La vigueur de l'âge les fait relever plusieurs fois sous les coups de crosse qu'on leur assène ; autant de fois ils sont renversés, jusqu'à ce qu'ils soient privés de la lumière. Malheureux enfants! ils appellent à haute voix leur père, leur mère à leur secours : hélas! ils ne sont plus. La nature est muette pour eux ; la mort attend ceux à qui elle inspire le plus léger mouvement. Un soldat perd connaissance à la vue de ce spectacle horrible ; le fer achève de le plonger dans les ténèbres. Un officier ose demander grâce ; il est traduit au milieu de ces groupes d'enfants et fusillé avec eux. »

La plume se refuse à retracer de si lugubres scènes, et cependant nous sommes loin d'avoir achevé le récit des atrocités dont Nantes fut le théâtre à cette horrible époque. Carrier avait lassé la guillotine et les bourreaux, et les prisons se remplissaient toujours de nouvelles victimes. Pour les vider, le conventionnel imagina un nouveau mode d'exter-

(1) Prudhomme.

mination, et résolut de confier aux flots de la Loire le secret
de ses fureurs. Il organisa donc ces *noyades*, qui, plus que
tous ses autres forfaits, ont rendu son nom célèbre dans
l'histoire de la Révolution. L'essai en fut en quelque sorte
timide, et par deux fois, quatre-vingts ou cent prêtres,
transportés sur des bateaux, périrent, comme par accident,
dans les eaux du fleuve. Encouragé par les applaudissements qu'il reçut de ses collègues et de la Convention, Carrier multiplia ces expéditions, qui, faites pendant la nuit,
dans le silence et le mystère, répandaient une terreur d'autant plus grande qu'il n'était pas permis d'en paraître instruit sans compromettre sa sûreté personnelle. On s'entretenait avec effroi de ces exécutions, où l'on ne conduisait
plus seulement un petit nombre de prêtres, mais huit à
neuf cents victimes de toute classe et de tout sexe : on parlait de la rapacité des bourreaux à se partager les vêtements
des malheureux, les dépouillant, sous un ciel de glace,
longtemps avant de les précipiter dans le fleuve ; on s'entretenait de la résistance opposée par quelques-uns, de
leur agonie, de leurs dernières luttes au milieu des flots
avec les aides des bourreaux. Aucun de ces détails n'était
exagéré. « Lorsque je fais des *baignades*, raconte un bate-
lier nommé Perdreau, je dépouille les hommes et les femmes ; je fouille leurs vêtements et les mets dans un grand
mannequin ; je les attache par les bras et par les poignets,
je les fais venir sur les bords de la Loire ; ils montent deux
à deux dans mon bateau ; deux hommes les poussent par
derrière et les précipitent la tête la première dans l'eau ;
puis, lorsqu'ils veulent se sauver, nous avons de grands
bâtons avec lesquels nous les assommons. C'est ce que nous
appelons le mariage civique. » Plus tard, on inventa les
bateaux à soupape, où l'on entassait les captifs, et qui
étaient conduits au milieu de la Loire. Là, la soupape s'ou-

vrait et les infortunés disparaissaient dans les flots, au milieu des chants cyniques que vociféraient les noyeurs. Si par hasard quelques-uns s'échappaient, des misérables armés de gaffes ou de sabres les traquaient de tous côtés, les laissaient approcher de leurs batelets, et leur coupaient en riant les mains ou les assommaient au moment où ils passaient la tête au-dessus de l'eau. On compte, de l'aveu du comité révolutionnaire, plus de vingt-trois noyades de cette espèce, dans le courant des mois de décembre et de janvier.

Bientôt Carrier ne se donna plus la peine de dissimuler ses noyades et les fit exécuter au grand jour, afin que personne n'en ignorât. Lui-même, pour leur donner plus de solennité, se transportait dans le bateau préparé pour les exécutions et y donnait des festins aux complices de ses crimes. Quelquefois aussi, on l'avait vu se donner le spectacle d'une fusillade aux flambeaux, et, suivi de ses agents et de ses courtisanes, il se rendait en parure de bal sur le théâtre des exécutions, au son d'une musique destinée à étouffer les gémissements des mourants, et les cris de grâce que la pitié aurait pu provoquer de la part des spectateurs. Excepté dans ces occasions où la vue du sang et des supplices l'attirait au dehors, il se montrait rarement en public, vivant habituellement dans une maison retirée qu'environnait sans cesse une troupe nombreuse de gardes en bonnet rouge et en carmagnole. Il était interdit aux parents et aux amis des victimes, et même aux autorités républicaines, d'approcher de ce séjour, où il se livrait jour et nuit à des débauches sans fin. Un jour, les autorités voulant lui parler des subsistances, il répondit aux officiers municipaux que ce n'était pas son affaire ; que le premier b...... qui lui parlerait des subsistances, il lui ferait mettre la tête à bas, et qu'il n'avait pas le temps de s'occuper de leurs sottises.

Quelques favoris associés à ses orgies, deux ou trois femmes perdues de mœurs, qui cherchaient à tromper ses visions de sang, avaient seuls accès auprès du terrible proconsul. C'est elles qui étaient chargées de pourvoir son sérail de malheureuses victimes recueillies dans la fange du vice, ou quelquefois dans les prisons, et qui, espérant racheter par l'infamie leur existence ou celle de leurs parents, manquaient rarement, après avoir servi aux brutales convoitises de Carrier, de devenir la proie des noyeurs et des gouffres de la Loire. Quelquefois, au milieu de ses orgies, ce monstre était saisi d'accès de fureur qui faisaient trembler pour eux-mêmes tous ceux qui l'entouraient et qui participaient à ses excès. Ayant, par suite de ses débauches, contracté une maladie honteuse, il fit prendre, pour se venger, un centaine de filles publiques, et les fit aussitôt noyer, prétendant par là donner un exemple de l'austérité des mœurs républicaines. L'ivresse et la luxure la plus effrénée étaient seules capables de suspendre le cours de ses barbaries, et souvent il unissait les unes avec les autres.

Pendant qu'il se livrait sans frein à la crapule et à ses passions sanguinaires, Nantes offrait un aspect de désolation dont il serait difficile d'esquisser le tableau. Quinze mille de ses citoyens avaient péri par la hache ou par les noyades. Une foule d'autres succombaient dans les prisons aux maladies pestilentielles qui avaient envahi ces entrepôts de la mort, affreux cloaques, où la faim, la nudité, les misères de toute sorte, disputaient aux bourreaux des milliers de cadavres vivants. Souvent, plusieurs jours après qu'ils avaient cessé de respirer, les corps de ces malheureux étaient laissés au milieu de leurs compagnons, répandant de nouveaux germes de mort dans ces salles où les geôliers eux-mêmes ne pénétraient pas impunément. Bientôt la peste, s'échappant des prisons, alla répandre la consternation dans la ville, et se joindre à la famine qu'avait engendrée la dévastation des campagnes voisines. Les habitants de Nantes, poursuivis par l'image de tous ces fléaux, se cachaient au fond de leurs demeures, ou cherchaient à fuir loin de la cité, qui eût semblé déserte, si le funèbre cortége des malheureux condamnés au supplice, les clameurs des exécuteurs, les huées des misérables soldés par la société populaire, ne fussent venus d'heure en heure y réveiller de lugubres échos. Lorsque la dernière tête était tombée, tout rentrait dans le silence. Les rues et les places publiques, vides de citoyens, étaient abandonnées à des troupes de chiens se désaltérant dans les égouts et dans des mares remplies de sang, ou dévorant des cadavres souvent abandonnés sans sépulture. L'eau de la Loire, empoisonnée par la décomposition des corps qui y étaient précipités, cessa bientôt d'être potable; on en défendit l'usage. Les bâtiments qui levaient l'ancre faisaient monter par centaines, à la surface du fleuve, les cadavres putréfiés, et depuis Nantes jusqu'à son embouchure, on n'apercevait sur les deux rives que des fossoyeurs enrégimentés et des oiseaux de proie croassant au-dessus de leurs têtes. Une ordonnance de police défendit aux riverains de se nourrir de poisson. On interdit particulièrement la lamproie.

Le proconsulat de Carrier à Nantes dura environ cinq mois, pendant lesquels il périt un nombre incalculable de victimes. Ensuite il fut rappelé par Robespierre lui-même, effrayé des clameurs que ces atrocités soulevaient, même au milieu de tant d'autres qui se commettaient impunément. Carrier reparut dans le sein de la Convention pour y voir applaudir le patriotisme et le zèle dont il avait fait preuve. Cette Assemblée, complice de toutes les horreurs accomplies par ses agents, avait décrété une mention honorable à un rapport par lequel Carrier faisait le récit d'une de *ses noyades.* Cependant, après la chute de Robespierre, l'indignation publique, excitée par les cris des Nantais, le fit mettre en jugement. Ses collègues, espérant le sauver, firent traîner en longueur un procès dans lequel ils étaient tous parties; car Carrier, en se défendant, s'appuyait victorieusement sur les instructions des comités et les décrets de la Convention : « Si l'on veut me punir, disait-il, tout est coupable ici, jusqu'à la sonnette du président. » Enfin, après plusieurs mois, l'Assemblée, s'en désaisissant avec peine, le sacrifia à tant de justes haines qu'il avait excitées. Ses complices furent absous.

Pendant que les agents de la Convention couvraient la France de deuil et de ruines; pendant que le sang le plus pur de la nation était répandu par torrents sur les échafauds, la révolution, tournant contre elle-même la terreur qu'elle inspirait, se déchirait de ses propres mains et dévorait ceux dont elle était l'œuvre. Le spectacle de leurs luttes, et de ces déchirements par lesquels ils prenaient soin de se châtier eux-mêmes, triste satisfaction de tant d'excès dont ils étaient les auteurs, n'est pas l'enseignement le moins utile que nous offre l'histoire que nous retraçons. Le caractère des hommes de la Révolution et la véritable nature de leurs conceptions politiques achèvent de se dévoiler dans ces crises où, comme dans une nouvelle guerre de Thèbes, ils succombent et périssent sous leurs coups mutuels.

Il semblait que, par la chute du parti girondin, les Montagnards, restés maîtres incontestés de la république, unis par la communauté des vues et des opinions, allaient régner sans rivaux sur la France, épouvantée et soumise. La tribune était muette, la presse servile, les factions comprimées, et les sociétés populaires reconnaissaient unanimement l'ascendant des hommes qui dominaient alors sous le nom de *Terroristes*. Mais ces hommes, également dévorés du désir de commander, envieux de leur influence réciproque, pleins d'un orgueil qui ne savait pas reconnaître de rivaux, ne tardèrent pas à se diviser, et, au lieu de deux partis qui partageaient la Convention et la population parisienne, toujours armée par l'émeute du droit d'asservir la nation, on en vit bientôt paraître trois, s'efforçant à l'envi de conquérir le pouvoir et d'en renverser leurs adversaires. Le premier de ces partis, qui régnait au club des Jacobins et au comité de salut public, reconnaissait pour chef Robespierre. Ce démagogue, astucieux et froidement cruel, incapable d'amitié ou de dévouement, ne confiait à personne ses secrètes pensées et vivait solitaire dans son orgueil, au milieu des ruines qu'il amoncelait et du sang qu'il faisait couler. Son silence, son ton sentencieux, son impassibilité, lui donnaient une apparence de profondeur et de génie qui séduisait les masses, dont il était le flatteur le plus adroit, c'est-à-dire le plus abject. Le peuple, auquel il parlait sans cesse de sa vertu et de son désintéressement, était d'autant plus disposé à le prendre pour guide, qu'il caressait ses passions, épousait ses haines, et affectait, en versant des flots de sang, de faire retentir les mots d'humanité et de philanthropie. Un ascendant acquis par de si vils moyens, son hypocrisie, son caractère vindicatif, unis à une ambition sans mesure, lui acquirent sur ses rivaux une supériorité dont il se servit pour les perdre, et à force de scélératesse il parvint à triompher des autres scélérats, qu'il fit périr, ou qu'il contraignit à le servir et à n'être que des valets assassins.

Danton, autrefois son complice, et que le mépris de toute morale avait rendu sanguinaire, formait avec Camille Desmoulins et quelques autres Jacobins, un second parti nombreux dans la Convention, où il s'appuyait sur les restes

des Girondins. Il avait rallié ceux-ci en parlant de la nécessité d'en revenir à quelques idées d'ordre et de modération. Mais ce langage et cette tendance le laissaient sans
appui dans le peuple et dans les clubs, où les motions violentes parvenaient seules à émouvoir les esprits encore agi-
tés de la fièvre révolutionnaire. D'ailleurs Danton, principal auteur des massacres de Septembre, qui, de tout
temps, avait prêché l'audace et l'insurrection et les meurtres ; Camille Desmoulins, excitateur des premiers soulèvements de 89, qui, joignant le sarcasme à la barbarie,
avait abdiqué tout sentiment d'humanité lors du procès
de Louis XVI, étaient mal venus à venir aujourd'hui pré-
coniser le système de la clémence, et le peuple, n'apercevant
dans leur nouvelle attitude que le désir de contrebalancer
l'influence de Robespierre, refusait de prêter l'oreille à des
conseils si étranges dans leur bouche, et qui n'étaient même
point l'effet du remords. D'un autre côté, Danton, ne sachant rien dissimuler, donnait aisément prise aux accusations de ses ennemis, et la dépravation bien connue de ses
mœurs, les malversations dont il s'était rendu coupable
pendant son ministère, les concussions et les rapines qu'il
avait exercées en Belgique et qui avaient fait scandale,
même à cette époque, étaient autant de moyens dont ses
ennemis se servaient avec perfidie pour ruiner sa réputation et son crédit dans les assemblées populaires. Ainsi ce
tribun, qui, par sa perversité, ses vices et sa brutale énergie,
représentait si bien la Révolution, à laquelle il avait donné
tant de gages, n'y trouvait plus, grâces aux ténébreuses machinations de Robespierre, de place pour son influence et
son activité. Il essaya, de concert avec Camille Desmoulins,
de lutter, en arborant le drapeau d'une modération tardive,
contre cette tyrannie qui tendait à les annuler. Divers
écrits lancés par ce dernier firent remonter jusqu'au *ver-*

tueux Robespierre quelques traits acérés, et jetèrent dans cette âme pétrie de fiel les ferments d'une haine mortelle. Le maître des Jacobins, incapable de se défendre par les mêmes armes, se tut et jura de se venger.

Mais, avant d'entreprendre contre ses anciens complices une lutte dont l'issue lui paraissait douteuse, à raison du grand nombre d'amis qu'ils comptaient dans la Convention, il résolut d'abattre une faction que sa turbulence inquiète, son audace et les nombreux appuis qu'elle comptait dans la population parisienne rendaient non moins dangereuse. Cette faction se composait de tous les aventuriers, de tous les fripons, venus à Paris dans l'espoir d'obtenir un profit ou une position au milieu du désordre révolutionnaire. La plupart, mécontents de l'obscurité où ils étaient restés, se montraient disposés à tenter toutes les chances pour supplanter ceux qui, plus heureux, jouissaient alors du pouvoir et des avantages qu'il procure. Quatre mille individus de l'armée révolutionnaire, revenus à Paris, tous l'écume des émeutes, des septembriseurs, des gens sans aveu, qui prenaient le masque du patriotisme, et aimaient mieux butiner sur les pavés de Paris que d'aller chercher sur les frontières les fatigues et les dangers de la guerre, telle était la force principale et redoutable sur laquelle la faction fondait ses espérances de succès. Ces petits tyrans, qu'on désignait sous le nom d'*épauletiers*, parce qu'ils portaient le costume militaire, se montraient avec leurs moustaches et leurs grands sabres dans tous les lieux publics, dans les promenades, dans les tavernes, dans les spectacles, où ils étaient l'effroi des citoyens tranquilles et du gouvernement lui-même. Mais nulle part leur despotisme ne s'exerçait d'une manière plus impérieuse que dans les assemblées populaires, qu'ils remplissaient de bruit et de tumulte, applaudissant avec fureur aux conceptions les plus monstrueuses de leurs orateurs et de leurs chefs. Ceux-ci avaient adopté pour programme d'outrer toutes les idées de Robespierre et des Jacobins, qu'ils accusaient de modérantisme, demandant la construction d'une guillotine monumentale en pierres de taille, le meurtre d'un million de Français, professant le plus abject athéisme, et réduisant tout le système du gouvernement à deux fonctions, dont l'une consistait à juger les suspects, et l'autre à commander la force publique et à les exécuter. Ronsin, Vincent, Hébert, étaient les chefs principaux de ce parti, et se partageaient déjà les hautes positions de ce nouveau régime. Ils trouvaient au club des Cordeliers une tribune où leur but et leurs projets étaient exposés avec pleine liberté, au milieu d'une assemblée de forcenés dont aucune motion, quelque dénaturée qu'elle fût, ne pouvait lasser l'exaltation.

Ronsin, qui de médiocre pamphlétaire était devenu général, n'était guère connu que par les revers qu'il avait subis dans la Vendée, d'où il était revenu en espérant trouver dans les rues de Paris de plus faciles triomphes. Les défaites que lui avait attirées son incapacité ne l'avaient point dépopularisé dans l'armée révolutionnaire, et la faction des Cordeliers l'avait choisi pour chef des mouvements qu'elle organisait contre la Convention. Vincent, devenu avec lui une des sommités de ce parti, était une espèce de frénétique chez lequel le fanatisme démagogique avait dégénéré en véritable maladie. Un jour qu'on lui parlait de la conduite de ses adversaires, rendu furieux par le récit qu'on lui faisait, il s'élança sur un morceau de viande crue et dit en le dévorant : *Je voudrais dévorer ainsi tous ces scélérats.* Le plus décrié, mais aussi le plus populaire des meneurs du parti, était Hébert, successivement vendeur de contremarques à la porte d'un théâtre et laquais, chassé de toutes ces conditions pour ses vols, et ayant vécu couvert d'infamie jusqu'au jour de la Révolution, où son caractère et ses violences lui donnaient une place marquée d'avance. Dès les premiers moments de la Terreur, il se mit à rédiger un journal, intitulé *le Père Duchesne*, dont les pages contenaient tout ce que le vocabulaire révolutionnaire pouvait lui fournir de plus ordurier et de plus crapuleux. Il n'y trouva pas moins l'occasion de se livrer à de honteuses spéculations, grâces à la connivence du ministre Bouchotte, qui en faisait parvenir aux armées de nombreux exemplaires. Ces feuilles, colportées dans les rues de Paris par des bandes de crieurs, allaient, chaque matin, soulever les haines, semer les calomnies, réclamer des têtes, et servaient de *Moniteur* à la faction à laquelle Hébert donnait son nom. Il n'était presque pas de jour où, dans quelque acte de cette tourbe fanatique, on ne reconnût l'inspiration d'Hébert et de ses affidés, qui siégeaient en grand nombre dans la municipalité de Paris. Les cris de mort sans cesse renouvelés, les émeutes quotidiennes, les clameurs contre les accapareurs et contre les riches, les démolitions, les violations de sépulture, les profanations d'église, les honneurs rendus à l'immoralité, étaient les moyens mis chaque jour en usage pour maintenir l'ardeur des soldats du parti, en attendant qu'on les poussât au renversement de la Convention. Les conjurés n'attendaient qu'une occasion favorable pour tenter cette suprême entreprise ; Robespierre en attendait une pour les perdre.

Les Hébertistes, pressés d'atteindre leur but, crurent trouver un prétexte de soulèvement suffisant dans la famine qui continuait à sévir à Paris, nonobstant l'abondance de la récolte et les mesures prises par le gouvernement pour y remédier. Ces mesures mêmes n'avaient eu d'autres résultats que de maintenir la cherté sur le marché de la capitale,

en augmentant les défiances des marchands et des cultivateurs. A la première loi du maximum, rendue sur les clameurs des clubistes, et qui fixait le prix des denrées vendues au détail, les orateurs démagogues, toujours ardents
à flatter la populace, en avaient fait succéder une autre qui
déterminait le prix de la marchandise prise en gros chez le
producteur ou le fabricant, et avait la prétention de régler
leurs bénéfices et de les contraindre à l'écoulement des denrées. Le cultivateur, ainsi forcé de vendre, soit à perte, soit
avec des profits insuffisants, dissimulait ses produits, res-
serrait sa marchandise ou la livrait en cachette, et il ré-
sultait de ces moyens coërcitifs, fruits d'une administration
inepte et violente, une pénurie chaque jour plus sensible et
plus effrayante. D'un autre côté, la Vendée et la Bretagne,
accoutumées à approvisionner la capitale de bestiaux,
avaient cessé leurs envois depuis l'insurrection; et cette
circonstance, jointe à la continuation de la guerre sur la
frontière et aux réquisitions forcées opérées en faveur des
armées, avait fait porter à un taux exorbitant la viande de
boucherie. Les démagogues avaient aussitôt prétendu que
les bouchers aristocrates voulaient affamer le peuple; et,
toujours partisans des mesures extrêmes, ils avaient demandé la peine de mort contre ceux qui tuaient des vaches
ou des brebis pleines.

Les violences de la démagogie, loin de ramener l'abondance, irritèrent encore davantage le mal qu'elles prétendaient guérir, et bientôt le renchérissement de la viande
et des céréales s'étendit à toutes les denrées usuelles ame-
nées sur le marché de la capitale. Les fruits, les œufs, le
beurre, s'élevaient à un prix qui les rendait inabordables au
menu peuple, et le chou coûtait jusqu'à vingt sous. On se
pressait sur les routes des environs de Paris, on entourait
les charrettes chargées de provisions, et on enlevait à tout

prix les légumes et la viande, sans tenir compte du *maxi-mum*, en sorte que les marchés où la taxe était obligatoire, envahis de bonne heure par les acheteurs, restaient vides de vendeurs et de marchandises. Ces désordres, résultat inévitable de la situation politique, provoquaient des murmures et des mécontentements, dont les ultra-révolutionnaires prenaient texte pour accuser l'incurie du gouvernement. Celui-ci, avec plus de raison encore, imputait le mal à leur esprit d'agitation et aux inquiétudes que leurs desseins sinistres répandaient dans les populations. Lorsque les récriminations de part et d'autre furent épuisées, les Hébertistes, jugeant les masses suffisamment préparées, voyant leur armée recrutée et abondamment pourvue de munitions de toutes sortes, songèrent à pousser contre Robespierre et contre ses collègues les bataillons insurrectionnels, que ceux-ci avaient si souvent dirigés contre les gouvernements précédents. Aussitôt, dans les halles et sur les places publiques, on vit paraître des pamphlets annonçant que la Convention était la cause de tous les maux du peuple, qu'il fallait l'épurer et même la renouveler en entier, et organiser un pouvoir plus énergique et plus terrible aux ennemis de la Révolution. En même temps, les épauletiers, les agents de Ronsin, les septembriseurs sans emploi, devenus plus arrogants, semaient l'agitation dans les faubourgs; le journal d'Hébert redoublait de cynisme et de fureur; les orateurs de clubs, traçant sous les plus sombres couleurs le tableau des souffrances publiques, dénonçaient les trahisons du gouvernement, déclaraient que la patrie était en danger et que le peuple rentrait dans l'exercice de ses droits. Ainsi avaient commencé toutes les émeutes et toutes les révolutions.

Robespierre était loin d'être rassuré sur l'issue du mouvement qui se préparait. Cependant, les Hébertistes, soit manque de résolution, soit défaut d'habileté, laissèrent, avant de commencer l'insurrection, s'écouler deux jours, que leur ennemi mit à profit pour les accabler. Un rapport rédigé par Saint-Just, le seul confident de Robespierre, eut pour résultat d'armer le comité de salut public de pouvoirs illimités contre les conspirateurs, qu'il dénonçait dans des termes dont Robespierre et chacun de ses collègues eût pu tout aussi bien se faire l'application. « Quoi! s'écriait-il, notre gouvernement serait humilié au point d'être la proie d'un scélérat qui a fait marchandise de sa plume et de sa conscience, et qui varie, selon l'esprit et le danger, ses couleurs, comme le reptile qui rampe au soleil!... Fripons, allez aux ateliers, allez sur les navires, allez labourer la terre. Mauvais citoyens, à qui la tâche imposée par l'étranger est de troubler la paix publique et de corrompre tous les cœurs, allez dans les combats, vils artisans de calamités!... Mais non, vous n'irez pas, l'échafaud vous attend. » En effet, la nuit suivante, Hébert, Ronsin, Vincent, et leurs principaux affidés, furent jetés en prison, et la nouvelle de leur arrestation suffit pour mettre fin aux complots qui se tramaient en leur nom. Ces misérables, durant leur détention et leur procès, montrèrent autant de pusillanimité qu'ils avaient affecté d'audace et d'inhumanité lorsqu'ils parlaient, dans leurs clubs et dans leurs familles, des mesures sanguinaires à adopter contre les suspects dont ils venaient partager le sort. Il est à remarquer que lorsque les victimes les plus faibles de la Révolution, des femmes, de jeunes filles, des enfants même, savaient souffrir avec dignité et affronter la mort avec courage, la plupart des révolutionnaires qu'elle immola succombèrent sans courage, maudissant la république et la liberté, à laquelle ils avaient sacrifié leur honneur et leur conscience. Vincent, saisi de violentes convulsions, s'écriait que tout était perdu et que la liberté allait périr avec lui. Hébert, encore plus lâche, tombait à chaque instant en défaillance devant le tribunal, qui, pour le condamner, ne lui reprocha même point ses actes politiques et se contenta de lui prouver des vols de chemises et de mouchoirs. Sur la charrette où ce malheureux fut traîné à l'échafaud, la même multitude qu'il avait tant de fois ameutée contre les victimes de la Terreur, ne cessa de le poursuivre à son tour de ses invectives et le couvrit de fange et d'insultes. « *Va, coquin,* lui criait la populace, en empruntant les termes de son journal, dont, la veille encore, elle faisait ses délices, *va jouer à la main chaude; va mettre la tête à la fenêtre; va éternuer dans le sac; il est b.... en colère aujourd'hui, le père Duchesne.* »

Le parti de Danton avait secondé Robespierre dans sa vengeance contre les ultra-révolutionnaires. Mais, loin de leur savoir gré de ce concours, celui-ci ne songea qu'à mettre à profit sa victoire, en les perdant à leur tour. Le dictateur, devenu tout puissant à la Convention, inspirait toutes les résolutions de l'Assemblée, et tous ces hommes qui avaient sans cesse à la bouche les mots d'indépendance et de courage, sachant qu'il tenait entre ses mains leur arrêt de vie ou de mort, tremblaient de lui déplaire et subissaient servilement toutes ses volontés. Si un des membres faisait une proposition qui lui déplût, il le regardait d'un air menaçant, et ce coup d'œil suffisait pour le condamner au silence. Cependant Danton, contrairement à Robespierre, comptait dans le sein de la Convention un grand nombre d'amis et de partisans, dont le dévouement le rassurait contre les projets de son perfide ennemi. Confiant dans sa vieille popularité, il s'endormait dans l'insouciance, oubliant qu'en révolution, ainsi qu'il l'avait dit lui-même, la victoire reste toujours au plus scélérat. La mort de Danton, en délivrant Robespierre d'un rival, était l'épreuve à laquelle il devait reconnaître le degré de son ascendant sur la Convention, et, convaincu de la lâcheté de ses collègues, il n'était pas homme à reculer devant cette dernière expérience.

En effet, dans la matinée du 31 mars, le bruit se répand que Danton a été arrêté pendant la nuit, avec Camille Desmoulins et quelques autres de ses partisans. A cette nouvelle, les représentants frémissent et se troublent. Ils s'indignent de la mise en jugement d'un homme qui a donné des gages si nombreux et si irrévocables à la république, et il leur semble que l'existence d'aucun d'eux n'est assurée si on ose attenter à celle d'un révolutionnaire si fameux. Legendre, son ami, monte à la tribune pour se faire l'interprète des sentiments qui émeuvent l'Assemblée; profitant de l'absence de Robespierre, il ose demander compte au comité de cet acte d'arbitraire, véritable attentat contre la république et la Révolution. La Convention applaudissait à ces paroles, et semblait prête à secouer le joug de la tyrannie en rappelant Danton dans son sein. Tout à coup Robespierre paraît : il promène sur l'Assemblée un regard sévère, gourmande ses hésitations, et fait luire la perspective d'une vengeance inflexible contre quiconque oserait parler le langage de l'indépendance. Legendre balbutie quelques excuses et se tait. Chacun des membres de la Convention, tremblant que les soupçons du dictateur ne se portent sur lui, applaudit à son discours, approuve les mesures proposées, et félicite le comité de l'énergie qu'il déploie contre les ennemis de la patrie. Tous, à force de soumission, espèrent racheter la faible tentative d'émancipation qui a marqué le commencement de la séance. Un décret unanimement rendu défère au tribunal révolutionnaire Danton et ses complices, pour conspiration et autres crimes bien différents de ceux qu'ils avaient véritablement commis. Jamais le sénat de Rome, dans les plus mauvais jours du règne de Tibère, ne s'était montré plus rampant et plus prodigue de bassesses.

Cependant, Danton, jeté avec ses partisans dans la prison du Luxembourg, ne pouvait se consoler de s'être laissé jouer par Robespierre, dont il méprisait autant l'habileté que le caractère, et de n'avoir pas su, par son audace et son initiative, devancer les desseins de son hypocrite adversaire. Les prisonniers, stupéfaits de voir au milieu d'eux des hommes dont les mains avaient trempé dans tous les excès de la Terreur et dont ils étaient accoutumés à ne prononcer le nom qu'avec effroi, accouraient en foule aux guichets pour être témoins de cette grande dérision de la fortune, qui rassemblait sous les mêmes verroux l'ordonnateur des massacres de septembre, et les fils, les parents, les amis des malheureuses victimes de ces journées funèbres. Danton paraissait particulièrement impressionné de ce rapprochement, ainsi que de la curiosité mêlée d'horreur dont il était l'objet. Mais, affrontant sa destinée avec son cynisme ordinaire: « Eh bien, oui, disait-il, avec des éclats de rire affectés, c'est Danton, regardez-le bien ! Le tour est bien joué, je l'avoue ; je n'aurais jamais cru que Robespierre m'escamoterait ainsi ! » Camille Desmoulins, incapable de se soumettre à une destinée qui l'arrachait violemment à une existence pleine de charmes, se frappait la tête contre les murailles et éclatait en invectives contre Robespierre, accusant sa fourberie et l'inflexible ambition qui lui faisait oublier leur ancienne amitié, cimentée au milieu des orages et des crimes de la Révolution. Celui-ci, pressé de toutes parts, au nom des sentiments les plus faits pour l'émouvoir, de pardonner au malheureux ami qui avait osé lui déplaire, demeura inexorable.

Les accusés conservèrent la même attitude devant le

tribunal, où, grâces aux manœuvres de Robespierre, leur condamnation était prononcée à l'avance. L'acte d'accusation, fabriqué par Fouquier-Tinville, n'était qu'un tissu d'allégations mensongères et perfides qui faisait bondir de fureur Camille Desmoulins. Danton professa jusqu'au pied de la guillotine ces idées matérialistes et épicuriennes à l'aide desquelles il était parvenu à étouffer le remords de ses crimes. « Je m'appelle Danton, répondit-il à ses juges, qui l'interrogeaient, j'ai trente-cinq ans. Ma demeure sera bientôt le néant. » Sa défense ne fut qu'un appel rempli de colère et d'indignation aux sympathies du peuple, venu en foule pour assister aux débats du procès et qui débordait dans les rues et dans les places voisines. Il espérait, en rappelant tous les services rendus par lui à la cause de la Révolution, provoquer un mouvement dans ces masses qu'il avait si longtemps entraînées, et les éclats de sa voix puissante, accoutumée à dominer le tumulte des assemblées, allaient jusqu'au dehors de l'enceinte du tribunal solliciter des applaudissements, ou susciter des clameurs menaçantes pour ses ennemis. « On nous immole à l'ambition de quelques lâches brigands, s'écriait-il ; mais ils ne jouiront pas longtemps du fruit de leur victoire.... J'entraîne Robespierre : Robespierre me suit. » Mais ni l'aspect de la stature gigantesque de ce tribun naguère si populaire, ni son éloquence inculte et plébéienne, ni son geste provocateur, ni sa voix retentissante, ne parvenaient à émouvoir une multitude habituée à fouler aux pieds toutes ses idoles et à n'envisager, dans leur chute, qu'un spectacle nouveau pour ses regards blasés par la vue quotidienne des supplices. Cependant Robespierre, craignant quelque réveil de l'opinion en faveur de Danton, fit clore brusquement les débats et prononcer la sentence de mort pour tous les accusés.

Danton se résigna à son sort avec l'insouciance qui lui

faisait mépriser sa vie, comme il avait méprisé celle des autres. « Qu'importe si je meurs? disait-il ; j'ai bien joui dans la Révolution, j'ai bien dépensé, bien ribotté, bien... allons dormir ! » C'était là la morale de presque tous les révolutionnaires, et Danton, dans ces paroles cyniques, révélait quel avait été, pour la plupart d'entre eux, le but de tant de complots et de tant d'agressions contre la société. Camille Desmoulins, au contraire, ne pouvait s'accoutumer à la pensée de mourir ; jusqu'au dernier moment il espéra dans un retour de clémence de la part de Robespierre. Le désir de vivre lui créait des illusions sur le caractère de cet homme au cœur de bronze, qui, non content de l'avoir assassiné, envoya quelques jours après à la mort sa jeune femme, comme coupable d'avoir pleuré son époux. Lorsque les bourreaux vinrent pour se saisir de lui, il engagea contre eux une lutte désespérée, et ne céda qu'à la violence des exécuteurs et à l'épuisement de ses forces. Pendant le trajet de la prison à l'échafaud, il ne cessa de vociférer et de faire appel aux misérables qui entouraient la charrette fatale. « Généreux peuple, s'écriait-il avec des transports violents, malheureux peuple, on te trompe, on te perd, on immole tes meilleurs amis ! Reconnaissez-moi ! Sauvez-moi ! Je suis Camille Desmoulins ! C'est moi qui vous ai appelés aux armes le 14 juillet ! C'est moi qui vous ai donné cette cocarde tricolore. » Ces souvenirs révolutionnaires, par lesquels il croyait réveiller sa popularité, ne lui attiraient que les mêmes invectives et les grossières insultes dont les royalistes et les aristocrates traînés à l'échafaud étaient abreuvés tous les jours. Danton cherchait à calmer son ami et à le rappeler à sa dignité. « Reste tranquille, lui dit-il, et laisse-là cette vile canaille ! » C'était celle qu'il avait flattée si longtemps, et dont il s'était servi pour renverser l'infortuné Louis XVI. Le bourreau bientôt s'empara d'eux et les poussa sous la fatale machine. « Tu montreras ma tête au peuple, lui dit Danton, elle en vaut bien la peine. » Le bourreau obéit, et, ramassant la tête du tribun dans le panier, la montra à la multitude. Le peuple applaudit au supplice, ainsi qu'il applaudissait autrefois aux paroles et aux inspirations de son favori.

XV.

Chute de Robespierre; fin de la Terreur.

Robespierre se voyait désormais sans rival dans la république. Toutefois il n'était pas sans craintes sur les conséquences du dernier coup qu'il venait de porter. Il redoutait le contre-coup de la mort de Danton sur l'opinion, soit à Paris, soit dans les départements, où ce tribun comptait de nombreux partisans. Déjà il s'apprêtait à désavouer la part qu'il avait prise dans l'exécution de ce drame tragique, et à rejeter sur ses collègues du comité, sur Saint-Just, sur Collot-d'Herbois, la responsabilité du sang qui venait d'être versé et qui demandait vengeance à la démagogie. Le succès de son audace surpassa ses espérances. A peine le bruit des grandes *épurations* accomplies dans le sein de la république fut-il répandu dans les départements, que toute la

France révolutionnaire se prosterna devant son tyran. Le peuple, façonné à la servilité par trois années de révolution, ne songea point à lui demander compte de ces nouveaux meurtres venus après tant d'autres, et dont la facilité n'étonnait plus que leurs auteurs. Les villes, les municipalités, les sociétés populaires, envoyèrent de toutes parts au comité des adresses pour applaudir à l'énergie qu'il avait déployée, et le féliciter d'avoir sauvé la patrie, menacée par tant de traîtres à la solde de l'étranger. « C'est donc en vain, disait-on à la Convention, que les enfants des Titans ont relevé leur tête altière, la foudre les a tous renversés... S'il existe encore des intrigants, qu'ils tremblent; que la mort des conjurés atteste votre triomphe!... Pour vous, représentants, vivez heureux des sages lois que vous avez faites pour le bonheur de tous les peuples, et recevez le tribut de notre amour! » « Robespierre, écrivait un autre, colonne de la république, âme des patriotes, génie incorruptible, qui vois tout, prévois tout, déjoues tout, véritable orateur, véritable philosophe, toi que je ne connais, comme Dieu, que par ses merveilles; la couronne, le triomphe te sont dus, en attendant que l'encens civique fume sur l'autel que nous t'élèverons et que la postérité révérera, tant que les hommes connaîtront le prix de la liberté et de la vertu! » Les anciens amis de Danton, ceux qui pouvaient être soupçonnés de regret pour sa mémoire, se distinguaient surtout par leurs adulations et par leur servilisme. Legendre, qui avait eu l'imprudence de prononcer quelques paroles en sa faveur, le jour de son arrestation, ne savait par quelles bassesses expier un dévouement qui le désignait à l'inexorable vengeance du dictateur. « Je le déclare au peuple, disait-il dans une séance des Jacobins, je regarde maintenant comme démontré que j'étais le jouet de traîtres. J'étais, avant la découverte du complot, l'intime ami de Danton ; mais aujourd'hui je suis convaincu de son crime. »

Une circonstance fortuite vint encore augmenter cette espèce de culte décerné à Robespierre, en lui donnant l'apparence d'une victime désignée aux coups des ennemis de la république. Une jeune fille, nommée Cécile Renaud, se présenta un jour au domicile de Robespierre et demanda avec insistance à lui parler. Interrogée sur le but de cette visite, que son air étrange rendait suspecte, elle répond qu'elle est royaliste et qu'elle est venue pour voir comment est fait un tyran. Cette circonstance coïncida par hasard avec une tentative de meurtre commise sur Collot-d'Herbois, par un nommé Ladmiral, un de ces hommes qu'indignait le régime sanguinaire imposé à la France, et qui avait juré de venger tant d'horreurs par la mort de l'un des chefs de la Convention. Quoiqu'il eût déclaré n'avoir pas de complices, il n'en fallut pas davantage pour échafauder une accusation de complot ayant pour but d'assassiner Robespierre et tous ceux qui, comme lui, avaient bien mérité de la république. On trouva moyen d'y rattacher une foule d'individus que dénonçaient de vains propos ou des indices plus vagues encore, et soixante-trois individus, dont la plupart ne se connaissaient pas, payèrent de leur tête l'imprudence de la jeune Cécile. Cette prétendue conspiration fournit aux Jacobins l'occasion de renouveler les témoignages de leur dévouement, et Legendre, plus ardent qu'aucun autre à fournir les preuves de son zèle, demanda qu'une escorte de vingt-cinq hommes restât toujours attachée à chacun des membres du comité. Robespierre refusa avec une modestie affectée de s'entourer d'une garde, insigne extérieur et vain de la tyrannie qu'il exerçait déjà en réalité. Puis il entretint l'Assemblée des périls que lui faisait courir son amour pour la liberté, de sa résolution à braver la méchanceté de ses ennemis, et à employer contre les conspirateurs des mesures énergiques et décisives. « Ne croyant pas, disait-il, à la nécessité de vivre, mais seulement à la vertu et à la Providence, il était prêt à sacrifier le peu de jours qui lui restaient au châtiment des traîtres et au salut de la patrie. » Ce langage hypocrite excita de toutes parts un enthousiasme réel chez les uns, simulé chez les autres. Des transports indicibles éclataient à chacune de ses paroles, et les Jacobins virent dès lors dans leur idole le chef suprême de la nation et l'arbitre unique des destinées de la république. On ne parla plus des volontés de la Convention, mais seulement de celles de Robespierre. Un mot, un caprice de cet homme suffisait pour dépouiller les citoyens de leurs biens et de leur liberté. Les agents du pouvoir, les fonctionnaires, les administrateurs, les chefs de l'armée, avaient tous les yeux sur lui et cherchaient à s'inspirer de ses pensées. Les étrangers eux-mêmes s'accoutumaient à ne plus appeler les soldats français que les soldats de Robespierre.

A la fin de chaque mois, on annonçait à la Convention que les pouvoirs du comité dont il était l'âme étaient expirés et qu'il fallait les renouveler. L'Assemblée répondait avec des applaudissements, que le comité avait bien mérité du pays et qu'il n'avait qu'à poursuivre ses travaux. Quelquefois même on oubliait cette formalité, et le comité n'en restait pas moins en fonctions.

Cependant la puissance illimitée qui lui était reconnue d'un commun accord ne pouvait pas demeurer stérile entre ses mains. Il était temps que le législateur dont la Révolution avait fait choix réalisât les plans qu'il avait si souvent développés, et qu'il fît jouir la nation des promesses fastueuses de félicité, de gloire, de richesse, de paix, dont il l'avait enivrée pendant de longues années. L'ajournement

de cette ère de prospérité tant vantée ne pouvait plus être
imputé aux conspirateurs, aux traîtres, aux aristocrates,
les uns bannis, les autres mis à mort, tous désormais impuissants. Robespierre se voyait revêtu d'une autorité plus
entière que n'eût été celle du chef constitutionnel de l'Etat,
de l'autorité que confère l'opinion, et tous ceux qui avaient
foi en lui s'attendaient à le voir étonner le monde par le
magnifique usage qu'il allait en faire. Les premières mesures qu'il prit furent pour l'augmenter encore et la rendre
plus intolérable et plus tyrannique. Les quatre mille
hommes de l'armée révolutionnaire qui se trouvaient encore à Paris lui donnaient de l'ombrage ; il les licencia.
Mais en même temps il les transforma en autant d'espions
de sa police ; il leur adjoignit tous les individus tarés,
avides de servir un pareil pouvoir, et les chargea de
scruter la conduite de tous les citoyens suspects ou non
suspects, celle des agents du gouvernement, des membres
de la Convention et de ses propres collègues du comité.
Ces misérables, devenus par là encore plus redoutables, se
rencontraient dans les promenades et dans tous les lieux
publics, suivaient à la piste les particuliers, s'introduisaient
dans les cafés et dans les spectacles, épiaient les démarches, les propos, les gestes, et portaient quelquefois leurs
investigations jusque dans le sein des familles. Ainsi, rien
de ce qui se faisait à Paris n'échappait à l'œil de Robespierre, qui en tenait une note fidèle. Les membres de la
Convention étaient surtout l'objet de sa jalouse surveillance,
et sur les pas de chacun d'eux se trouvait sans cesse un de
ces infatigables argus. Par eux, leurs habitudes, leurs liai-
sons, leurs paroles, leur silence, lui étaient dénoncés. Pour
se plaindre d'une semblable inquisition, il eût fallu une
audace dont nul d'entre eux ne se sentait capable.

Du reste, aucune mesure véritablement utile ne vint ré-

,véler l'impulsion nouvelle que le comité prétendait donner aux affaires de la république. Tout se borna à quelques projets inexécutables en faveur de l'agriculture, et à des dispositions pour restreindre au profit de l'administration centrale la liberté des conseils locaux, qu'une loi du 14 frimaire précédent avait déjà resserrée dans les plus étroites limites. Par cette loi, les autorités des départements s'étaient vues dépouiller de toutes leurs attributions importantes, et ne conservaient plus guère que celles qui étaient relatives à la répartition des contributions, à l'entretien des routes et à quelques objets purement économiques. Jaloux de détruire tout ce qui pouvait rappeler au peuple les antiques traditions et les usages antérieurs à la Révolution, l'Assemblée prit l'étrange résolution de supprimer l'ancien calendrier, pour lui en substituer un mieux en harmonie avec les idées nouvelles. Dans celui qu'elle promulgua, les jours de repos, d'une si grande nécessité pour le peuple, se trouvaient portés du septième au dixième jour, et les fêtes qui consacraient le souvenir des annales religieuses de la nation faisaient place à une aride nomenclature de dénominations empruntées aux arts et à l'agriculture. Ce système, comme toutes les institutions purement artificielles, où l'on ne tient pas compte des usages et des besoins populaires, ne pénétra jamais dans les mœurs du pays, et ceux qui l'avaient imaginé ne tardèrent pas à le voir tomber dans l'oubli. Enfin, pour remédier au malaise résultant de la cherté qui continuait à se faire sentir sur les subsistances, le comité ne sut pas employer d'autres expédients que ceux dont les démagogues avaient suggéré l'idée et qui avaient si mal réussi jusqu'alors. Ils consistaient à taxer les denrées jusque chez le producteur, et à en obtenir, par des moyens de contrainte, la déclaration et la vente. Comme on craignait que les moissonneurs n'exigeassent des salaires extraordinaires, on les mit en réquisition, et on les força à faire la récolte nouvelle pour un prix fixé par les autorités. Des mesures de même nature furent prises vis-à-vis des garçons bouchers et boulangers, dont on trouvait les prétentions exorbitantes. Du haut en bas de l'échelle sociale, dans tous les rouages de l'administration, régnaient l'arbitraire, le despotisme, la contrainte, la violence.

Cependant, Robespierre méditait un acte dont il attendait un prodigieux effet pour sa renommée de législateur et de philosophe. La Révolution avait passé comme un incendie dévastateur sur les anciennes doctrines de la société. Tout était à reconstruire dans le domaine des principes, des croyances, des dogmes, et la base de toute institution était elle-même à créer. Cette base devait être naturellement la croyance à un Dieu rémunérateur de la vertu et à l'existence de l'âme immortelle, double dogme sans lequel toute société régulière était à jamais impossible. Soit que Robespierre eût foi dans ces croyances salutaires, soit qu'il les considérât seulement comme indispensables à l'œuvre législative qui s'élaborait vaguement dans ses pensées, il résolut de les faire consacrer par un vote de la Convention, et lui présenta, dans ce but, un rapport plein de cette philosophie nuageuse puisée dans les écrivains du dernier siècle, et qui accuse à chaque instant le néant et l'impuissance de l'orgueil humain. Les membres de l'Assemblée, imbus pour la plupart de ce matérialisme abject qui ne laisse nul remords au crime, et constitue ordinairement toute la religion des révolutionnaires, reconnurent, sur l'injonction de leur tyran, l'existence de l'Etre suprême et l'immortalité de l'âme. Ils votèrent, comme ils l'eussent fait d'un article de loi, ces grandes vérités si indépendantes de l'assentiment des hommes, et décidèrent qu'elles seraient proclamées à la face de la nation et du monde, dans une fête solennelle célébrée, à cet effet, le 8 juin. Le jour venu, Robespierre se rendit à cette fête, à la tête de la Convention, qui semblait n'être là que pour l'escorter ; il prononça un discours dans lequel il déclara que jamais plus beau spectacle que celui de cette solennité n'avait été offert à la Divinité ; puis, saisissant une torche, il alla brûler des figures représentant l'athéisme, la discorde, l'égoïsme, tous les vices que la Révolution se vantait d'extirper, et qu'elle avait en réalité déchaînés sur la nation pervertie par ses doctrines empoisonnées. Des chants, des jeux populaires terminèrent cette cérémonie, qui exalta jusqu'au plus haut degré l'ambition et l'orgueil de Robespierre. En effet, la plus grande part de l'encens brûlé sur les autels de la Divinité semblait n'être décerné qu'à lui seul. Mais les conventionnels, outrés de sa vanité, mécontents des hommages dont le peuple avait entouré Robespierre et du rôle subalterne qu'ils avaient rempli dans la solennité, plus mécontents encore de voir réveiller l'idée de Dieu, qu'ils espéraient être à jamais détruite, et qui leur rappelait toutes leurs infamies, éclatèrent pour la première fois en murmures suspects, et lancèrent des sarcasmes amers contre l'étrange pontife du nouveau culte. Robespierre rentra chez lui, inquiet et pensif. Le seul acte, digne d'éloges peut-être, qu'il eût accompli, devenait la première cause de son discrédit et de sa ruine.

Dès le lendemain, il s'efforça de le faire oublier. Il tremblait que cette grande mesure de moralité, qu'il avait considérée comme une protestation contre les extravagances des Hébertistes, ne fût interprétée comme une tendance aux idées de modération qu'il avait voulu frapper *dans* Danton et dans Camille Desmoulins ; il résolut de détruire toute illusion à cet égard, par un redoublement de rigueurs et de cruautés. Le 10 juin, une loi plus draconienne que toutes les précédentes fut présentée à la Convention et adoptée après une courte discussion, par laquelle les représentants tentèrent de s'assurer de quelques garanties pour leurs propres personnes. Mais ils n'y réussirent point, et votèrent, sur l'injonction de Robespierre, ce nouveau code d'assassinat, qui enlevait aux accusés le simulacre de défense conservé jusqu'alors, étendait à de nouvelles catégories de citoyens la qualification de suspects, accélérait les formes judiciaires, et réduisait toutes les peines à une seule, la mort. En même temps, Fouquier-Tinville, appelé au comité, reçut l'ordre d'activer les travaux du tribunal et de multiplier les supplices. « Le peuple, lui dit-on, commence à se blaser. Il faut réveiller ses sensations par de plus imposants spectacles. Arrange-toi pour qu'il tombe maintenant cent cinquante têtes par jour. » Fouquier-Tinville se retira et se prépara à obéir. « En sortant de là, dit-il plus tard, j'étais tellement troublé que la rivière me parut couler du sang. » Chaque jour, en effet, ses flots étaient rougis par l'égout toujours béant de l'échafaud.

Les jugements du tribunal révolutionnaire, si dérisoires jusque-là, ne furent plus dès lors qu'un mécanisme qu'on cherchait à mettre en rapport avec celui de la guillotine. Dans l'un comme dans l'autre, on semblait ne se proposer qu'un problème d'accélération, et l'œuvre des hommes de cette époque ne différait de celle des assassins de septembre qu'en ce que les meurtres, au lieu de s'accomplir dans les prisons avec des piques et des sabres, s'exécutaient sur la place de la Révolution, avec tout l'appareil des formes judiciaires. Le dialogue entre les juges et les victimes n'était pas plus long que celui dont les massacreurs de septembre avaient fait précéder leurs égorgements. Le président Dumas, siégeant comme un furieux avec deux pistolets sur la table, se bornait à demander aux accusés leurs noms, et ajoutait une question générale qui était censée justifier la condamnation. En voici un exemple. — Dorival : Connaissez-vous la conspiration ? — Non. — Je m'attendais à ce que vous me feriez cette réponse ; mais elle ne réussira pas. Champigny : N'êtes-vous pas ex-noble ? — Oui. — A un autre. Gœdreville : Etes-vous prêtre ? — Oui, mais j'ai prêté le serment. — Vous n'avez plus la parole.—A un autre. Ménil : N'étiez-vous pas domestique de l'ex-constituant Menou ? — Oui. — A un autre. Vely : N'étiez-vous pas architecte de Madame ? — Oui, mais j'ai été disgracié en 1788. — A un autre. L'instruction du procès se poursuivait ainsi, et tous ces malheureux étaient indistinctement envoyés à la mort. Pendant les derniers mois de la dictature de Robespierre, on vit ainsi périr par centaines, et sans autre choix que le caprice de Fouquier-Tinville, des magistrats vénérés, des savants illustres, des poëtes pleins d'avenir. On voyait sur les charrettes funèbres, à côté de l'humble ouvrier, du serviteur dévoué, des hommes appartenant aux grandes familles de la monarchie : tous mouraient avec courage, comme leurs aïeux combattaient. Mais le spectacle quotidien de tant d'héroïsme ne produisait nulle impression sur cette vile multitude, qui usurpait le nom de peuple et qui, par ses infamies, ses crimes, ses turpitudes, était semblable à ses tyrans. Le sentiment moral de la portion plus saine de la population était lui-même émoussé, et il semblait que l'on eût trop à craindre pour soi-même, pour s'apitoyer sur la destinée d'autrui. On avait fini par vivre au milieu de ces égorgements quotidiens comme dans une situation régulière et fatale, et nul ne sentait en soi assez d'énergie pour secouer un despotisme qui tendait à transformer la capitale en une boucherie humaine. On vivait, on dormait, on trafiquait, on bâtissait dans le sang. La terreur d'abord, l'habitude ensuite, fermait accès à toute idée de résistance.

Cependant, parmi tant d'exécutions qui se succédaient, il en fut trois particulièrement qui émurent la pitié publique, blasée par tant d'horreurs, et dégoûtèrent les cœurs les plus viciés du système de gouvernement à l'aide duquel la faction jacobine espérait fonder la république. Au nombre des victimes enfermées au Temple, se trouvait encore Madame Elisabeth, sœur de Louis XVI, qui expiait, dans une captivité aggravée par la dureté d'impitoyables geôliers, son dévouement à l'infortuné monarque et le crime d'une grandeur qui lui avait procuré tant de jours amers. Cette princesse, restée étrangère à toutes les complications de la politique, et que sa piété, sa douceur, son inépuisable générosité, avaient rendue chère à tous les cœurs, était abreuvée d'humiliations et de tous les tourments que pouvait inventer l'imagination de ses ignobles gardiens. Des perquisitions quotidiennes, n'ayant d'autre but que de satisfaire leur besoin de vexations, un abandon qui faisait ressembler la prison des princesses à un cachot, un dénuement qui les forçait à rassembler sans cesse les lambeaux usés de leurs vêtements : tel fut, pendant dix-huit mois, le sort de la pieuse sœur de Louis XVI. Enfin, une nuit, des hommes à figures atroces se précipitent dans sa chambre à coucher et lui ordonnent de les suivre. « Que voulez-vous de moi, leur dit-elle avec une douceur angélique ? — Nous avons l'ordre de t'emmener. — Où la conduisez-vous, s'écrie sa nièce avec désespoir ? — Cela ne te regarde pas.'— Au moins, reprend Madame Elisabeth, qui présageait son sort, laissez-moi le temps de m'habiller ? — C'est bien inutile ;

mais si tu as cette fantaisie, dépêche-toi ; nous sommes pressés. »

Les cannibales conduisirent la princesse à la Conciergerie, d'où elle fut tirée le lendemain pour paraître devant le tribunal révolutionnaire. Son attitude pendant ce procès dérisoire, qui ne dura que quelques instants, ne démentit point ce que devaient faire présager la noblesse de son caractère et la fermeté dont elle avait fait preuve durant sa longue captivité. Elle ne parut s'intéresser qu'au sort de ses co-accusés, qui, pour la plupart, étaient des femmes appartenant aux grandes familles de la noblesse, autrefois attachées à la cour de Louis XVI, et que, par un raffinement de barbarie, on avait choisies pour lui faire cortége à l'échafaud. Elle y fut conduite presqu'en sortant du tribunal. Mme Elisabeth, à qui on avait refusé l'assistance d'un prêtre, puisa dans sa piété non-seulement le courage nécessaire pour affronter la mort, mais encore la force d'encourager ses compagnes d'infortune par des paroles de foi et d'espérance. Pour prolonger son supplice, on voulut qu'elle vît tomber toutes leurs têtes, et, après une longue attente au pied de l'échafaud, le bourreau la jeta la dernière sous le couteau dégouttant de sang. Le sien, plus que tout autre, cria vengeance contre la Révolution qui le versait. Les insulteurs payés par Robespierre avaient eux-mêmes refusé d'en assumer leur part accoutumée : ils étaient restés muets devant tant d'innocence et de malheur.

Un autre jour, les charrettes de Fouquier-Tinville portaient à l'échafaud vingt-deux jeunes filles qu'on avait fait venir de Verdun, pour réveiller, par le spectacle de leur supplice, le sens blasé de la populace. Lors de la prise de Verdun par les alliés, cette ville avait donné une fête à laquelle, soit crainte, soit sympathie, les habitants avaient conduit leurs filles. C'était là tout le crime de ces malheuréuses enfants, et il était oublié depuis deux ans lorsqu'on s'en souvint pour les arracher du sein de leurs familles et les livrer en proie à l'insatiable guillotine. Leur jeunesse, leur innocence, leur candeur, qui n'avaient pu toucher les juges, attendrirent jusqu'à ces êtres féroces chargés d'escorter les condamnés et qui faisaient métier de leur prodiguer l'injure. Les larmes et le regret de la vie chez ces jeunes filles, dont la plupart ne comptaient pas vingt ans, produisirent plus d'impression sur les esprits que ne faisaient le stoïcisme et la sérénité froide dont les suppliciés offraient tous les jours le spectacle. On commença à éprouver quelque pitié pour les victimes : c'était le commencement de la colère contre les bourreaux.

Une autre fois, on vit s'avancer vers la guillotine un vieillard aux cheveux blanchis, à l'aspect vénérable, et dont la charrette était entourée par une foule de pauvres enfants en haillons. C'était l'abbé de Fénelon, prêtre dont l'existence, tout entière consacrée aux pauvres, n'avait été qu'une longue suite de bienfaits, et qui avait créé une œuvre de miséricorde en faveur des petits Savoyards venus à Paris pour gagner leur vie, et qui n'y trouvaient ordinairement que le plus triste abandon. Le pieux vieillard avait alors plus de quatre-vingts ans. Les enfants qu'il avait secourus, apprenant qu'il allait leur être enlevé, se présentèrent en masse à la Convention, demandant qu'on ne livrât pas au bourreau une existence si bien remplie et si près de s'éteindre. La Convention allait s'attendrir. « Etes-vous donc des enfants vous-mêmes, s'écria Billaud-Varennes, pour vous laisser influencer par des pleurs ? » A ce discours, l'Assemblée, recouvrant son insensibilité ordinaire, se hâta de rendre au supplice cette victime que la nature allait lui soustraire. L'abbé de Fénelon, monté sur l'échafaud, se tourna une dernière fois vers ses petits protégés, qui, se jetant à genoux, reçurent, au milieu des sanglots, cette suprême bénédiction. Le peuple, saisi de respect, les imita et s'étonna de sa propre barbarie.

Les hommes qui présidaient à tant d'horreurs, les membres du comité, misérables qui avaient étouffé tout remords et avaient acquis l'indifférence du crime, continuaient leur œuvre, sans s'émouvoir de ces scènes qui attendrissaient parfois jusqu'aux valets des bourreaux. Souvent on les entendait assaisonner de sarcasmes les infamies auxquelles ils se portaient avec une sorte d'odieuse émulation. « Cela va bien, la récolte est bonne, les paniers s'emplissent, » disait l'un, en signant les longues listes d'envoi au tribunal révolutionnaire. « Je t'ai vu sur la place de la Révolution, au spectacle de la guillotine, » disait l'autre. — « Oui, répondait celui-là, je suis allé rire de la figure que font ces scélérats. — Allons-y demain, répliquait un troisième, il y aura une grande décoration. » Ils y allaient en effet. Puis, après avoir signé tant d'arrêts de mort, après s'être repus de la vue de tant de supplices, ils allaient s'asseoir à des tables somptueuses, savourer la musique dans les spectacles et les concerts, et se livrer à tous les enivrements de la volupté. Sanguinaires par système et par instinct, ils ne comprenaient point que le métier de bourreaux, qu'ils avaient adopté, pût mêler quelque ombre aux joies, aux délices, aux débauches de leur existence. Les cris de tant d'infortunés qu'ils immolaient ne troublaient pas un instant une vie où le plaisir et la dissipation succédaient méthodiquement aux proscriptions et aux assassinats.

Mais la population, qui d'abord s'était lâchement soumise à tant d'infamies, les masses qui y avaient applaudi et concouru, commençaient à se lasser de tant d'excès et à ouvrir les yeux sur leur propre dégradation. Les dernières exécutions que nous avons rapportées, jointes à celles qui se renouvelaient chaque jour, avaient excité chez les uns le dégoût, chez les autres l'indignation, et, sans oser se livrer à des murmures qui eussent été un arrêt de mort, chacun commençait à supporter avec impatience le despotisme de Robespierre et attendait l'occasion de le secouer. Ces dispositions existaient, sous des dehors de flatterie et d'aveugle soumission, chez beaucoup de membres de la Convention, et, pour eux, elles étaient augmentées par l'imminence du danger, par les menaces des Jacobins, par les défiances, les ombrages, l'attitude morne et silencieuse de Robespierre. Le dictateur avait cru assurer son pouvoir dans l'Assemblée, d'abord par la perte des Girondins, puis par celle des Hébertistes et de Danton. Mais chacune de ces sanglantes exécutions lui avait créé des ennemis plus implacables, d'autant plus dangereux qu'ils craignaient pour eux-mêmes, et que néanmoins ils prenaient soin de dissimuler leurs ressentiments. Pendant que les visages se composaient, que les formules d'admiration et de servilité étaient prodiguées, les cœurs couvaient de sinistres projets, les trames se nouaient dans l'ombre, et les partis s'observaient avec défiance, résolus à résister avec énergie aux nouvelles et sanguinaires exigences que l'on attendait de celui qui s'était fait l'arbitre de la nation. On savait, en effet, qu'aigri par quelques apparences d'opposition qu'il avait rencontrées dans le comité, et plus encore par quelques sarcasmes adressés à ses hypocrites prétentions de *moralité* et de *vertu*, il avait résolu d'exercer de nouvelles rigueurs contre les membres de la Convention et de se débarrasser de tous ceux qui avaient froissé sa vanité ou éveillé ses craintes. Les appréhensions étaient d'autant plus vives, que la loi du 10 juin l'armait d'un pouvoir en quelque sorte sans limites contre ses collègues. On allait déjà jusqu'à désigner les noms de soixante-douze d'entre eux dont sa soif frénétique de vengeance allait demander les têtes, et dans l'effroi où ces rumeurs les avaient plongés, plus de soixante membres de l'Assemblée, craignant sans cesse d'être arrêtés par les sbires de Robespierre, passaient les nuits hors de leurs maisons, cachés dans de secrets asiles, soit dans Paris, soit dans les environs.

Cette situation, qui devait inévitablement aboutir à une catastrophe, se prolongea pendant plusieurs semaines, entretenue par les provocations des Jacobins, par les discussions du comité, et envenimée par les efforts tentés pour rétablir l'harmonie, c'est-à-dire l'accord dans le crime, entre des hommes qui se connaissaient trop bien pour prendre confiance les uns dans les autres. Robespierre, taciturne et impénétrable dans le sein de la Convention, ne laissait percer ses projets qu'à la tribune des Jacobins, où il régnait souverainement, et où il exhalait sans réserve le fiel dont il était rempli contre ses adversaires. Enfin, animé par les assurances de ses partisans, appuyé sur la municipalité de Paris et sur la force armée, dont le commandant Henriot était toujours au service des plus scélérats, comptant sur une victoire certaine et incontestée, il se résolut à frapper le grand coup qu'il méditait depuis longtemps. Le 8 thermidor (29 juillet 1794), il parut à la tribune de la Convention, le front sévère, l'attitude sombre et menaçante. Il prononça un long discours, où, après avoir, comme de coutume, beaucoup parlé de lui-même, de son patriotisme, de son abnégation, de sa probité, de son courage, il dénonça de prétendues conspirations ourdies contre la république, parla vaguement d'intrigues, de menées séditieuses, de corruptions, et conclut en laissant entrevoir que les chefs de toutes ces trames se rencontraient dans la Convention même, et que le salut de la nation était au prix de leurs têtes. Pour la première fois, l'Assemblée, glacée de crainte

et de stupeur, écouta ces paroles sinistres sans y applaudir ; ·
plusieurs membres qui pouvaient se croire signalés dans la
dénonciation du dictateur, eurent même le courage de l'in-
terpeller vivement, en lui demandant de désigner claire-
ment les représentants auxquels il avait fait allusion, afin
qu'ils pussent justifier leur conduite devant la Convention.
Robespierre, étonné du silence qui avait accueilli son discours, et perdant l'assurance que lui donnait l'habitude de
commander, balbutia une réponse vague et nuageuse, au
milieu des murmures et des interruptions de l'Assemblée. Cette hésitation le perdit. S'il eût hardiment nommé
ceux qu'il voulait faire périr, il est probable que leurs collègues, façonnés à la lâcheté et satisfaits de n'être pas compris dans leur proscription, les eussent aisément livrés à sa
rancune. Mais, le silence où il s'obstina éveilla les craintes
de tous, et chacun, pouvant se croire l'objet de sa vengeance, se prépara à une lutte mortelle contre le tyran qui
demandait à la Convention de se décimer pour la troisième
fois.

Pendant que Robespierre allait aux Jacobins exposer ses
mécomptes et exhaler ses ressentiments, ses ennemis em-
ployèrent la nuit suivante à concerter leurs plans, à encourager les timides, à gagner les douteux, à entraîner ceux
qui, en plus grand nombre, sont toujours prêts à abandonner les partis qu'abandonnent la puissance et la fortune. L'imminence du danger présent qui menace les uns,
la crainte des périls futurs qui attendent les autres, le
souvenir d'anciennes injures, la haine d'un despotisme
dont on commence à s'avouer l'horreur et la honte, tout se
ligue contre l'homme dans lequel, depuis un an, se résu-
maient tous les instincts de la Révolution. Le lendemain,
lorsque Robespierre parut dans la Convention, avec l'assurance que lui donnaient son ascendant jusqu'alors incon-

testé et l'appui de ses Jacobins, il ne trouva que des visages glacés, des contenances mornes, indices non équivoques des dispositions d'une Assemblée qui échappait à son autorité. Aussitôt, un député, Tallien, monte à la tribune, et, revenant sur le discours prononcé la veille par Robespierre, dit qu'on veut précipiter la patrie dans l'abîme et demande que le voile soit déchiré. Un autre, plus hardi, ose attaquer directement le dictateur, et dénonce son despotisme, son désir de domination, et les sourdes trames par lesquelles il cherchait à conserver la suprême direction de toute chose, en menaçant les jours d'un grand nombre de ses collègues et l'indépendance de la Convention elle-même. Robespierre, étonné et furieux d'une audace à laquelle il ne s'attendait pas, se précipite à la tribune, pâle et convulsif, pour écraser un adversaire qu'une de ses paroles eût fait, la veille encore, rentrer dans le néant. Mais l'Assemblée refuse de l'entendre, et par des clameurs unanimes étouffe la voix qui si longtemps commanda le silence et la terreur. Les efforts qu'il tente pour dominer le tumulte ne font qu'irriter davantage des ennemis résolus à le frapper sans délai. Le cri *à bas le tyran !* éclate de toutes parts. En vain Robespierre se cramponne à la tribune et cherche à faire parvenir quelques paroles entrecoupées jusqu'aux oreilles des représentants ; en vain il se tourne vers le président avec un geste furieux et lui crie : *Président d'assassins, je te demande la parole ;* en vain, tour à tour il menace et il supplie ; la Convention reste sourde, et semble jouir de l'épuisement de ses forces et de la chute de son tyran. Désespérant de se faire écouter, il quitte la tribune et va dans la salle, auprès des députés, comptant provoquer quelques marques de sympathie, quelque souvenir d'un servilisme si souvent éprouvé ; il ne recueille partout que des dédains et des rebuts, et ceux qu'il avait vus les plus ardents à témoigner leur dévouement, se montrent les plus violents dans leurs injures et les plus amers dans leurs sarcasmes. Enfin, après une longue scène de tumulte et de confusion, un député demande l'arrestation de Robespierre. Cette motion est votée à l'unanimité, et le tyran conduit en prison avec Saint-Just, Couthon et Robespierre le jeune, ses principaux complices.

Cependant la victoire de la Convention n'était pas encore pleinement assurée. Les Jacobins, instruits de ce qui se passait à l'Assemblée, réunissaient leurs partisans, s'assemblaient à l'Hôtel-de-Ville, et, secondés par Henriot, chef de la force municipale, préparaient les éléments d'une insurrection qui pouvait rendre la puissance aux vaincus de cette journée. En effet, des émeutiers dirigés par eux allèrent disperser l'escorte qui conduisait les accusés en prison et les amenèrent à l'Hôtel-de-Ville, qu'entouraient de nombreux rassemblements armés de fusils et pourvus de canons et de munitions. Si ces forces se fussent audacieusement portées contre la Convention, c'en était fait de ses membres, et Robespierre se relevait plus puissant et plus implacable que jamais. Mais Henriot, qui les commandait, incapable de toute direction intelligente, éclatant en imprécations et chancelant d'ivresse, laissa à Barras, investi par l'Assemblée de l'autorité militaire, le temps de réunir quelques bataillons et de prendre l'initiative de l'attaque. Les soldats de Henriot, honteux d'un tel chef et intimidés par les mesures de Barras, l'abandonnèrent peu à peu, en sorte que les troupes de la Convention, parvenues à l'Hôtel-de-Ville, en trouvèrent les abords entièrement déserts, et purent, sans obstacle aucun, pénétrer jusqu'au lieu où Robespierre se tenait avec ses complices. En entendant les pas de ceux qui venaient pour les arrêter, quelques-uns tentèrent de fuir ; Robespierre le jeune, en sautant par une fenêtre, se cassa une jambe ; Couthon fut trouvé sous une table, tenant à la main un couteau dont il n'osait se frapper ; Henriot, caché dans un égoût, en fut retiré à coups de baïonnettes, encore à demi ivre. Robespierre reçut d'un gendarme un coup de pistolet qui lui fracassa la mâchoire et inonda son visage de sang. Tous furent transportés à la Conciergerie, et de là, pour la forme, au tribunal révolutionnaire, où Fouquier-Tinville, le bras droit de Robespierre, trouva pour accuser son patron les mêmes invectives qu'il employait chaque jour contre ses victimes, et les mêmes juges pour le condamner. Dans la soirée du 10 thermidor, les coupables, au nombre de vingt-deux, furent conduits au supplice, au milieu des imprécations de la foule accourue sur leur passage. Les portes, les fenêtres, les balcons étaient encombrés de spectateurs en habits de fête, qui applaudissaient à cette éclatante manifestation de la justice providentielle. Beaucoup s'approchaient en demandant à voir Robespierre : les gendarmes le leur désignaient avec la pointe de leurs sabres. Devant la maison qu'il avait habitée, une bande de femmes arrêta le cortége, et dansa en rond autour de la charrette. Après une longue marche, on arriva sur la place de la Révolution. C'était le lieu où avait péri Louis XVI. Depuis quelque temps, les exécutions avaient lieu sur un autre emplacement : mais, par une sorte d'instinct de la justice, on dressa l'échafaud des héros de la Révolution sur la place à laquelle la Révolution avait donné son nom, et ce grand criminel vint expier son régicide sur le lieu même que le roi-martyr avait teint de son sang. Robespierre gravit les degrés de la guillotine. Au moment où le bourreau lui arracha l'appareil qui enveloppait sa tête, la douleur lui arracha un cri qui retentit jusqu'aux extrémités de la place. Un instant après, sa tête tomba, et le peuple répondit au coup de la hache par un immense applaudissement. La Terreur avait cessé.

La fin de cette journée, celle qui la suivit, furent tout entières consacrées aux manifestations de la joie populaire. L'allégresse était universelle, et dans les rues, dans les lieux publics, dans le sein des familles, où tous les sentiments étaient comprimés depuis longtemps, les transports éclataient sans contrainte et sans mesure. Dans les prisons on entendait retentir des cantiques; on s'embrassait avec ivresse, et on payait jusqu'à trente francs les feuilles où était contenu le récit des derniers événements. Les hommes de la Convention jugèrent, par cette attitude de la population, que la Terreur avait fait son temps, et qu'ils devaient renoncer au système sanguinaire auquel la plupart d'entre eux s'étaient associés sans remords. Ces anciens complices de Robespierre, presque tous aussi cruels, un grand nombre plus vicieux que lui, voyant qu'ils ne pouvaient régner par le crime, arborèrent le drapeau de la modération, vidèrent peu à peu les prisons et abattirent l'échafaud, qui, jusqu'alors dressé en permanence, semblait être devenu un des monuments de la ville de Paris. Ce n'est pas qu'on n'eût, depuis cette époque, à déplorer encore de nombreuses rigueurs, et qu'on ne comptât encore une multitude de captifs et d'exilés, des confiscations, des déportations et même des supplices. Mais ces maux semblaient légers auprès de ceux qu'on avait soufferts. La Révolution se continua donc en changeant de procédés, mais sans changer de nature. Pendant la Terreur, elle avait marché dans le sang; sous le Directoire, elle se vautra dans la fange, dans les corruptions, dans la honte. Plus tard, vint Napoléon, qui la discipplina, qui l'organisa, et la fit passer dans la plupart de nos institutions, dans l'administration, dans les lois, dans l'enseignement public, et par là dans les idées et dans les mœurs de la nation. C'est ainsi qu'elle est venue jusqu'à nous, traînant après soi les discordes, les inquiétudes, les catastrophes qu'elle promet aux peuples en retour du culte dont ils l'entourent.

—

Nous avons raconté les premiers événements de la Révolution ; et en les racontant, nous avons fait connaître son esprit, ses doctrines, ses instincts, son génie de destruction et de sang. Plus d'une fois nous avons été saisi de dégoût et de lassitude en faisant le récit des œuvres qu'elle a produites, des trahisons, des impostures, des violences, des avanies, des lâches tortures, des meurtres commis par les uns et soufferts par les autres, des rapines, des déprédations, des massacres et de tous les crimes qu'on peut commettre sans courage. Nous en sommes arrivé au point où la Révolution, ne trouvant, pour ainsi dire, plus de victimes à frapper, se retourna contre ses propres auteurs et châtia sur eux ses propres forfaits. Mémorable exemple des jugements de la Providence, qui voulut que ces hommes flétris par tant d'infamies s'infligeassent les uns aux autres la peine de leurs crimes, et que dans cette série inouïe de perversités la justice elle-même fût infâme.

Nous n'avons point la pensée de juger les hommes de la Révolution. Leurs actes suffisent pour les faire connaître. La génération qui cherchera à les réhabiliter prononcera sa propre condamnation. Mais, tout en réprouvant leurs excès,

certains hommes croient pouvoir justifier la Révolution
elle-même et séparer les personnes des œuvres, pour jeter
l'anathème aux unes et glorifier les autres. Pernicieuse erreur, qui prouve que l'esprit des révolutionnaires leur a survécu et prépare à la nation, dans un avenir qui ne saurait
être éloigné, de nouvelles secousses et de nouveaux malheurs.

On entend dire communément que nous devons à la Révolution la réforme de nos lois, de notre administration et
des abus nombreux imputés à l'ancien gouvernement monarchique. Rien n'est moins fondé que cette opinion. La
royauté, comme tous les gouvernements réguliers, avait su,
de tout temps, se rendre compte des nouveaux besoins que
les conjonctures diverses avaient fait, de siècle en siècle,
surgir dans la société, et elle y avait pourvu avec intelligence et fermeté. Son existence tout entière, sur le sol de
la France, n'avait été qu'une suite non interrompue de réformes et de mesures propres à assurer la grandeur et la
prospérité de la France. Les assemblées de la nation au
Champ-de-Mai, du temps des premiers rois et de Charlemagne, l'organisation de la féodalité sous ses successeurs,
l'affranchissement des communes sous les premiers Capé-
tiens, l'institution des parlements, les établissements de
saint Louis, l'abolition du servage, la convocation des
Etats généraux, la création de l'unité nationale, les développements donnés à la marine, au commerce, aux grandes
industries françaises : telles étaient les vastes mesures par
lesquelles la monarchie avait, de siècle en siècle, assuré la
prospérité du pays et créé la suprématie d'un royaume
qu'un étranger (1) disait être le plus beau après celui des
cieux. A la fin du xviii° siècle, elle n'attendit pas que des

_____

(1) Grotius.

réformes utiles lui fussent arrachées par la Révolution,
pour les présenter au pays troublé par les premiers efforts
de la secte philosophique. Loin de là, lorsqu'elle voulut les
réaliser, elle ne trouva pas d'adversaire plus opiniâtre que
l'esprit révolutionnaire, qui comptait pour rien le développement des institutions et de la fortune nationale, s'il n'é-
tait accompagné de la ruine de toutes les idées et de toutes
les doctrines qui jusque-là leur avaient servi de fondements.
L'organisation des grands pouvoirs de l'Etat, l'équitable répartition des charges publiques, le soulagement des peuples
et le progrès de la richesse générale, n'étaient que peu de
chose auprès d'hommes dont les efforts avaient pour but
essentiel la destruction de la religion, l'anéantissement de
toute autorité et de tout frein, le renversement de toute
morale, la ruine de tous les rapports sociaux établis par la
constitution de la famille et de la propriété. De là vint que
les réformes proposées par la royauté rencontrèrent, dès
1787, une résistance obstinée dans l'opinion publique et
dans les corps que l'esprit révolutionnaire avait déjà pénétrés. Cette résistance se reproduisit en 1789, plus mal-
veillante et plus dangereuse, lorsque le roi proposa aux
Etats généraux les mesures sages et conciliatrices qui devaient, sans crise et sans secousse violente, donner satisfaction aux besoins nouveaux de la société. Unissant avec
un art infernal les perfidies aux violences, elle atteignit enfin le but qu'elle s'était proposé : le bouleversement du
pays, le renversement du culte et du pouvoir régulier, et le
règne des passions perverses d'un petit nombre d'hommes
sur une nation asservie et terrifiée.

La Révolution triomphante a-t-elle, du moins, procuré
au peuple les bienfaits qu'elle lui avait promis, en récompense de sa connivence? Gardons-nous de le croire. Vainement montre-t-elle avec orgueil le spectacle de la prospé-

rité nationale, le bien-être et l'accroissement des populations, l'aisance publique, l'activité du commerce et de l'industrie, et prétend-elle, en affectant de les exagérer, que tant de biens sont dus à la salutaire influence qu'elle a exercée sur le pays. L'expérience d'un demi-siècle démontre le néant de ces assertions, et prouve que, loin d'avoir servi au développement de la grandeur de la France, la Révolution est le commencement de sa décadence, et deviendrait la cause de sa ruine si ses doctrines continuaient à inspirer le gouvernement du pays. Des calculs inattaquables établissent qu'à l'époque de l'ancienne monarchie toutes les branches de la prospérité nationale se développaient avec plus de vigueur qu'elles ne le font de nos jours. Mais (chose plus alarmante encore) il résulte de ces mêmes calculs que, depuis soixante années, l'accroissement des peuples voisins suit une proportion bien plus considérable que celui de la France, sous le rapport de la population, de la richesse, du mouvement commercial et industriel, de la prospérité agricole, des influences, et qu'aucun ne se trouve grevé de charges aussi lourdes que celles dont la population française est obérée. Qu'on ajoute à cet état d'infériorité, trop bien constaté, l'affaiblissement du sens moral, les inquiétudes permanentes, les haines civiles, les discordes, les catastrophes politiques, et l'on pourra apprécier les bienfaits réels dont la Révolution a doté notre malheureuse patrie.

On entend quelques-uns de ses admirateurs soutenir que la Révolution a inauguré le règne du droit sur la force, de l'intelligence sur les préjugés, de la raison sur l'autorité: paroles fallacieuses, à l'aide desquelles on s'efforce de colorer d'un vernis de justice un événement accompli au nom des seuls instincts de révolte et de haine. Loin d'avoir été la consécration du droit sur la force et de l'intelligence

sur les préjugés, les hommes de la Révolution, invoquant,
en toute circonstance, la violence et la force brutale, profes-
sèrent le mépris le plus absolu de tout droit, de toute
équité, de toute légalité. Les caprices de démagogues frénétiques, l'arbitraire odieux, la licence des passions, tel
fut le code unique où les révolutionnaires puisèrent leurs
inspirations et dans lequel on peut étudier leur esprit et
leur génie. L'intelligence, dans ses représentants les plus
dignes et les plus illustres, ne trouva pas davantage grâce
à leurs yeux. Ils la proscrivirent comme ils proscrivirent
toute supériorité, celle de la vertu comme celle de la naissance, celle de la moralité comme celle de la science; et
l'on vit monter à l'échafaud, à côté des descendants des
familles les plus célèbres de la monarchie, les savants
Bailly et Lavoisier, ainsi que les poëtes Chénier et Roucher.
Dans cette grande explosion de passions et de vices qui eut
lieu à la fin du siècle dernier, s'il est permis d'en signaler
quelques-uns comme plus caractéristiques de cette funeste
époque, on peut dire qu'elle fut le triomphe de la violence
sur le droit, des mauvaises passions sur la vertu, de l'esprit de désordre sur l'esprit de gouvernement. Mais, par
un artifice de langage dont les révolutionnaires ont, de
tout temps, connu le secret, les hommes de la Terreur,
prostituant les noms sacrés de liberté, de fraternité, de
justice, de conscience, de philanthropie, d'égalité, sont parvenus à couvrir d'un masque trompeur les intentions les
plus perverses et les forfaits les plus inouïs ; et c'est ainsi
qu'aux yeux des peuples déçus, la Révolution s'est présentée quelquefois entourée d'une auréole empruntée, et
que, de chimère en chimère, elle les a conduits sur le pen-
chant de l'abîme où ils s'agitent avec une fatigue et des angoisses inexprimables.

Nous ne désespérons pas de voir les peuples, à la fin de

cette lutte douloureuse et pleine d'anxiété, conjurer la
mort qui les menace aujourd'hui : mais alors, guéris de
leurs funestes illusions, ils porteront de la Révolution
passée le jugement qu'en a porté, dès le commencement,
l'homme dont l'incomparable génie a jeté sur les événements contemporains et sur l'avenir de l'Europe les plus
lumineuses clartés (1) : « Ce qui distingue la Révolution
française, et ce qui en fait un événement unique dans
l'histoire, c'est qu'elle est *mauvaise* radicalement ; aucun
élément de bien n'y soulage l'œil de l'observateur : c'est le
plus haut degré de corruption connue ; c'est la pure im-
pureté. »

(1) De Maistre.

TABLE.

Besançon, imprimerie de J. Jacquin.

CPSIA information can be obtained at www.ICGtesting.com
Printed in the USA
BVOW09s1037170315

392054BV00019B/184/P

9 781277 312201